Mobile-Assisted Language Learning

GIESSENER BEITRÄGE ZUR FREMDSPRACHENDIDAKTIK

Herausgegeben von Eva Burwitz-Melzer, Wolfgang Hallet, Jürgen Kurtz, Michael Legutke, Hélène Martinez, Franz-Joseph Meißner und Dietmar Rösler

Begründet von Lothar Bredella, Herbert Christ und Hans-Eberhard Piepho

Simon Falk

Mobile-Assisted Language Learning

Eine empirische Untersuchung zum Einsatz digitaler mobiler Endgeräte im Kontext des Fremdsprachenunterrichts

narr\f
ranck
e\atte
mpto

Bibliografische Information der Deutschen Nationalbibliothek
Die Deutsche Nationalbibliothek verzeichnet diese Publikation in der Deutschen Nationalbibliografie; detaillierte bibliografische Daten sind im Internet über http://dnb.dnb.de abrufbar.

Dischingerweg 5 · D-72070 Tübingen

Internet: www.narr.de
eMail: info@narr.de

CPI books GmbH, Leck

ISBN 978-3-8233-8316-1 (Print)
ISBN 978-3-8233-9316-0 (ePDF)
ISBN 978-3-8233-0167-7 (ePub)

Inhaltsverzeichnis

Danksagung

Die vorliegende Arbeit stellt die leicht geänderte Form meiner im Mai 2017 am Institut für Schulpädagogik der Philipps Universität Marburg eingereichten Dissertation dar. Mit dieser Publikation endet ein Projekt, das ich ohne die Unterstützung zahlreicher Menschen wohl kaum erfolgreich hätte abschließen können.

An erster Stelle steht dabei Prof. Dr. Frank G. Königs, der mir in seiner Doppelrolle als Doktorvater und Chef nicht nur Freiräume für die empirische Erforschung meines Themas geschaffen, sondern auch meinen wissenschaftlichen Werdegang über all die Jahre gefördert hat. Mit Prof. Dr. Dietmar Rösler habe ich einen Experten in Sachen E-Learning als Zweitgutachter gewinnen können, der mir sowohl bei Unklarheiten als auch bei wissenschaftlichen Zweifeln beratend zur Seite stand. Beiden bin ich zutiefst dankbar für ihre Betreuung.

Meinen Kolleginnen und Kollegen am Informationszentrum für Fremdsprachenforschung der Philipps-Universität Marburg Renate Krist, Carlos Vargas, Heike Lang und Lucia Facciolo sowie Dr. David Gerlach und Dr. Victoria Storozenko vom Institut für Schulpädagogik danke ich für die langjährige Unterstützung. Es tut gut, mit solch tollen Menschen zusammenzuarbeiten.

Weiterhin gibt es zahlreiche Personen, die mir fachlichen und moralischen Beistand geliefert haben. Dazu zählen die Mitglieder der „Tech-AG" sowie des Doktorandenkolloquiums der Justus-Liebig-Universität Gießen, die mich herzlich in ihre Kreise aufgenommen haben. Durch regelmäßige Treffen und den wissenschaftlichen Austausch konnten nicht nur Fragen und Problemstellungen geklärt werden, sondern es haben sich auch verschiedene Perspektiven herauskristallisiert, die mir auf meinem Weg zu Fertigstellung der Arbeit sehr geholfen haben.

Natürlich wäre ein solches Projekt nicht ohne die Kooperation der Schulleitung, der Lehrkräfte, der Schülerinnen und Schüler sowie deren Eltern möglich gewesen. Ich bedanke mich deshalb für das entgegengebrachte Interesse sowie die offene und freundliche Herangehensweise.

Zu guter Letzt möchte ich meine besonders tiefe Dankbarkeit meiner Familie und insbesondere Frank aussprechen, da sie in den zahlreichen Hoch- und Tiefphasen immer an meiner Seite standen und mich so von Anfang bis Ende des Projekts begleitet haben.

1 Einleitung

Vom 20.–24. März 2017 fand die von der UNESCO (*United Nations Educational, Scientific and Cultural Organization*[1]) und UNHCR (*United Nations High Commissioner for Refugees*) gemeinschaftlich organisierte *Mobile Learning Week* 2017 in Paris statt.[2] Das Motto dieser Woche lautete „*Education in emergencies and crises*" und richtete das Augenmerk vor allem auf den Einsatz mobiler Technologien zur Inklusion geflüchteter Menschen sowie der Entwicklung und Implementierung von geeigneten Lernmöglichkeiten im Bildungsbereich. Hierbei wurden Symposien, Workshops oder auch ein sogenanntes „*policy forum*", ein Forum, welches sich mit politischen Fragstellungen befasst, angeboten. Diese internationale Großveranstaltung, die jährlich seit 2011 in der französischen Hauptstadt stattfindet, markiert die Relevanz des Themas neuer Technologien im soziokulturellen und bildungspolitischen Kontext.

Zugleich sind in Deutschland auch auf Bundes- sowie föderaler Ebene Entwicklungen diesbezüglich erkennbar. Neben einer Erklärung des Bundestages, eine flächendeckende Grundversorgung der Bürger[3] mit Hochgeschwindigkeitsnetzen bis zum Jahre 2018 zu schaffen[4] und so vor allem die ländlicheren Gebiete mit Internet zu versorgen, plant Bildungsministerin Wanka den Bildungsbereich, allen voran öffentliche und private Grundschulen, weiterführende Schulen und Berufsschulen, mit fünf Milliarden Euro bis zum Jahr 2021 umfangreich zu digitalisieren. Dabei soll vor allem in die Anschaffung von mobilen Endgeräten wie Laptops und Tablets sowie WLAN-Zugängen für die Schüler investiert werden.[5] Mit diesem Mammutprojekt scheint auf den ersten Blick genau der Nerv der Zeit getroffen zu werden, da Kinder und Jugendliche – und dies belegen Studien wie die KIM- bzw.- JIM-Studie (vgl. Kapitel 3) – zunehmend mit digitaler (mobiler) Technologie in ihrer Freizeit umgehen. Der Lebensalltag der Schüler wird somit quasi in das unterrichtliche Geschehen

1 Zur Verdeutlichung werden englischsprachige Begriffe in dieser Arbeit kursiv hervorgehoben.

2 www.unesco.org/new/en/unesco/themes/icts/m4ed/mobile-learning-week/ (letzter Zugriff: 15.04.2017)

3 Im Rahmen dieser Arbeit wird für Personenbezeichnungen das generische Maskulinum verwendet, welches jedoch beide Geschlechter umfasst.

4 www.bundestag.de/dokumente/textarchiv/2016/kw19-ak-hochgeschwindigkeitsnetze/421530 (letzter Zugriff: 15.04.2017)

5 www.tagesspiegel.de/wissen/digitalisierung-an-deutschlands-schulen-milliarden-fuer-das-ende-der-kreidezeit/14673782.html (letzter Zugriff: 15.04.2017)

eingebunden und kann dieses bereichern. So zumindest der Gedanke dahinter. Kritiker sehen diese positivistische Denkweise jedoch anders, wie zum Beispiel der Präsident des Lehrerverbands Josef Kraus, der vor „Kollateralschäden" warnt, die mit dieser Digitalisierung einhergehen. So würden Schüler sich auf Dauer nur noch „Häppchen-Informationen" und „Häppchen-Wissen" aneignen, zudem werde der zwischenmenschliche Diskurs leiden.[6] Eine Ansicht, die unter anderem auch Manfred Spitzer in seinem Buch „Cyberkrank!" (2015) teilt. Darin führt er empirische Nachweise an, die zeigen, dass insbesondere frühe Mediennutzung bei Kindern zu Schäden in der physiologischen Entwicklung (Kurzsichtigkeit) oder auch einer Störung des Sozialverhaltens führen. Über einen für den (fremdsprachlichen) Unterricht didaktisch-methodisch ratsamen Einsatz digitaler Medien schweigt er sich hingegen aus. Es stellt sich also die Frage, wie man einer durchaus rasanten und viele Lebensbereiche betreffenden technologischen Entwicklung begegnen sollte. Ist es empfehlenswert, sich der Digitalisierung völlig hinzugeben oder gemäß dem Drei-Affen-Prinzip (nichts sehen, nichts hören, nichts sagen), die Finger in die Ohren zu stecken und „lalalala" zu rufen (Stöcker 2016)?

Obgleich beide Wege möglich sind, ist ein reflektierter Umgang mit dieser komplexen Thematik sicherlich am sinnvollsten. Dabei gilt es, sich zunächst zu fragen, was sich hinter dem Begriff der (digitalen) Medien verbirgt und welche gesellschafts- und bildungspolitischen Bereiche davon beeinflusst werden. Wer allerdings davon ausgeht, Medien spielten erst seit einigen Jahren oder Jahrzehnten eine Rolle, der irrt. Ob frühe auf Papyrus geschriebene Nachrichten im alten Ägypten oder der durch Gutenberg Mitte des 15. Jahrhunderts revolutionierte Buchdruck – Medien haben seit langem einen festen Platz im gesellschaftlichen Leben. Auch im Bereich des Fremdsprachenlehrens und –lernens kann mit Comenius' *Orbis sensualium* (Die sichtbare Welt) ein frühes Lehrwerksmedium genannt werden, welches sich neben textcodierten auch bildcodierten Inhalten bediente (Roche 2008: 9 f.). Im Vergleich zu den dargestellten analogen Medien begann die Verbreitung digitaler Medien wie beispielsweise Computern hingegen deutlich später, wobei ihrer Entwicklung als rasanter beschrieben werden kann. Der Unterschied zwischen diesen beiden medialen Formen liegt vor allem in der Übertragungstechnik begründet. Analoge Medien übertragen vorhandene Informationen über ein stufenloses, mehrere Parameter umfassendes System, das wie in den aufgeführten Beispielen auch ohne elektrische Impulse funktioniert, wohingegen digitale Medien ein binäres Codesystem (Einsen und Nullen) nutzt, um Daten zu generieren, zu speichern und zu ver-

6 www.ndr.de/nachrichten/Kritik-an-Digitalisierungsplaenen-fuer-Schulen,digitalisierung114.html (letzter Zugriff: 15.04.2017)

arbeiten.[7] Auf diesem Wege können Informationen schnell über weite Strecken an unterschiedliche Rezipienten gelangen. In der Diskussion um digitale Medien wird zudem häufig der Begriff der „neuen" Medien synonym verwendet, um eine Abgrenzung zu analogen Medien vorzunehmen. Im Rahmen dieser Arbeit soll vorrangig der Begriff „digital" gebraucht werden, da die Bezeichnung „neu" eine nicht-objektivierbare zeitliche Konnotation hervorrufen kann.

Mobile digitale Medien wie Smartphones oder Tablets stellen heutzutage tragbare, leistungsstarke Minicomputer dar, die mit einer schier unübersichtlichen Anzahl von Anwendungen einen ständigen Zugriff auf Informationen sowie die Teilhabe an digitalen sozialen Netzwerken ermöglichen (Bächle/Thimm 2014: 9). Auf virtuellen Plattformen können Menschen auf unterschiedliche Weise interagieren und kollaborieren (vgl. Feick 2016) und dabei für sie vertraute Lernumgebungen nutzen oder neue erschließen. Für den Bereich des Fremdsprachenlernens finden sich sogenannte *educational apps* (vgl. Grimm/Hammer 2014), die Lerninhalte häufig spielerisch zu vermitteln versuchen (Stichwörter: *Game-Based Learning* bzw. *EduGames*) und dabei weltweit Einnahmen in Milliardenhöhe erreichen (Schmidt 2016: 200). Was genau macht den Gebrauch solcher und weiterer mobiler Anwendungen so attraktiv und ist eine Verknüpfung mit (fremdsprachen)unterrichtlichen Inhalten möglich und nötig?

7 http://whatis.techtarget.com/definition/digital (letzter Zugriff 15.04.2017)

2 Erkenntnisinteresse und Aufbau der Arbeit

Vor dem Hintergrund des vermehrten Einsatzes digitaler mobiler Endgeräte in schulischen Kontexten sowie deren Nutzung in außerschulischen Bereichen liegt das Erkenntnisinteresse der vorliegenden Studie auf dem wahrgenommenen Mehrwert sowie der tatsächlichen Nutzung der Geräte durch die Lerner. Es soll der Fragen nachgegangen werden, welche Faktoren bei der Nutzung eine Rolle spielen und wie Lerner bei der Gestaltung Persönlicher Lernumgebungen (PLU) vorgehen. Persönliche Erfahrungen durch den Umgang mit Sprachlernapps wie *Duolingo* oder *Babbel* sowie die weiterführende Beschäftigung mit den dahinterliegenden Konzepten tragen einen bedeutenden Anteil am Erkenntnisinteresse der Arbeit. Ein weiterer Ausgangspunkt war die steigende Zahl sogenannter Tablet- bzw. iPad-Klassen an deutschen Schulen und die Frage, wie diese Geräte konkret eingesetzt werden. Die Untersuchung erfolgte schließlich im Rahmen eines achtwöchigen Unterrichtsbesuchs einer neunten Gymnasialklasse, in der digitale mobile Endgeräte unter anderem im fremdsprachlichen Unterricht (Englisch L2, Französisch L3) eingesetzt werden.

Die vorliegende Arbeit kann dabei in drei Abschnitte unterteilt werden. Der erste Abschitt umfasst die die Kapitel 3 bis 5 und stellt den theoretischen Rahmen mit zugrundeliegenden Konzepten und Modellen aus dem Bereich des Lehrens und Lernens mit digitalen (mobilen) Medien dar. Kapitel 3 fokussiert die Rolle von Medien in der Gesellschaft und zeigt, wie bereits in der Einleitung vorgestellt, dass es sich hierbei um eine sich gegenseitig beeinflussende Beziehung handelt, die kontextuell eingebettet werden muss. Kapitel 4 nimmt dann eine speziellere Perspektive von Medien ein, nämlich ihre Rolle im Bereich der Fremdsprachendidaktik, in dem auch die vorliegende Arbeit zu verorten ist. Dabei wird zunächst die historische Entwicklung von CALL zu MALL nachgezeichnet (Kap. 4.1), um daraufhin genauer auf soziokonstruktivistische Ansätze einzugehen. Das letzte Kapitel diskutiert dann, inwiefern digitale mobile Endgeräte zum (non-)formalen bzw. informellen Lernen (Kap. 4.3) beitragen können und welche Konzepte hinter diesen Begriffen stehen. Das fünfte Kapitel geht der Frage nach, ob „neue“ Medien „neue“ Lernumgebungen ermöglichen. Hierbei wird zuerst ein Blick auf unterschiedliche Konzepte von Lernumgebungen geworfen (Kap. 5.1), um dann Persönliche Lernumgebungen (Kap. 5.2) und die Rolle des Kontexts (Kap. 5.3) detaillierter zu betrachten. In Kapitel 5.4 wird der Einsatz digitaler mobiler Endgeräte in Verbindung mit selbstgesteuertem Lernen verknüpft, um im darauffolgenden Kapitel 5.5 Formen der Kollaboration zu erörtern. Die beiden abschließenden Kapitel stellen die Möglichkeit der Aufgabengestaltung mit digitalen mobilen Geräten in den Vordergrund. So wird zum einen das SAMR-Modell vorgestellt (Kap. 5.6), welches zu allgemeinen Aufgaben- und Übungsformaten überleitet (Kap. 5.7). Abschließend werden die für die Studie relevanten Forschungsfragen vorgestellt (Kap. 6). Der zweite Abschnitt der Arbeit, welcher das siebte Kapitel umfasst, widmet sich der Datenerhebung und dem damit verbundenen methodischen Vorgehen. Neben einer ausführlichen Darlegung des Untersuchungsdesigns (Kap. 7.1) werden die Forschungsteilnehmer näher betrachtet (Kap. 7.2) Die einzelnen Instrumente der Datenerhebung stehen im darauffolgenden Kapitel 7.3 im Mittelpunkt. Schließlich werden noch forschungsethische Aspekte (Kap. 7.4) sowie die eigene Rolle als Forscher reflektiert (Kap. 7.5). Der dritte Abschnitt der Arbeit (Kapitel 8 bis 11) beschäftigt sich mit der Datenanalyse und –auswertung, wobei zunächst die Aufbereitung der Daten (Transkription und QDA-Software) dargestellt werden (Kap. 8). Das neunte Kapitel führt in die Datenanalyse ein und richtet dabei das Augenmerk zunächst auf die Qualitative Inhaltsanalyse und ihren Einsatz in der qualitativen Forschung, um in Kapitel 9.2 mit der Analyse der gewonnenen Schülerdaten zu beginnen. Im zehnten Kapitel findet dann die Datenauswertung statt. Hierfür werden einzelne Falldarstellungen vorgenommen. Dies beinhaltet eine kurze Charakterisierung des jeweiligen Schülers und seiner individuellen Mediennutzung sowie eine prototypische Darstellung der Kategorien, die im Rahmen der Datenerhebung herausgearbeitet wurden. Das elfte Kapitel ermöglicht dann eine fallübergreifende Diskussion der gewonnenen Erkenntnisse, bevor abschließend ein Fazit gezogen sowie ein Ausblick auf weitere Forschungsdesiderate gegeben wird.

3 Medien in der Gesellschaft

Selten gehen zwei Begriffe eine solch feste und zugleich wechselhafte konzeptuelle Verbindung ein, wie es Medien und Gesellschaften tun. Um diese Verbindung zu verdeutlichen, lohnt sich eine gedankliche Zeitreise, die einen Blick in das öffentliche Geschehen werfen soll. Schaut man sich beispielsweise eine Gruppe von Personen an, die mit dem Bus oder der Bahn fahren, so würde man sehen, dass sich die einen unterhalten, die anderen lesen, wieder andere schlafen oder schauen vielleicht aus dem Fenster. In den frühen 1950er Jahren saßen sich die Menschen bei der Unterhaltung höchstwahrscheinlich gegenüber oder befanden sich zumindest in der Nähe voneinander, lasen Zeitungen, Bücher oder Magazine, entkamen den äußeren Einflüssen in ihren Träumen oder schauten sich die vorbeiziehende Landschaft an. In der heutigen Zeit sieht dies vermutlich anders aus. Fahrgäste sprechen mithilfe ihrer Mobiltelefone mit Personen, die sich nicht im Zug oder Bus befinden, sondern zuhause auf sie warten, sie lesen E-Books oder Tageszeitungen, die sie sich auf ihre Tablets geladen haben, hören Podcasts oder auch Musik mit MP3-Playern, bis sie ein Kontrolleur unsanft aus dem Schlaf weckt, oder machen mit ihren Smartphones Fotos von der Landschaft, um daraufhin in den sozialen Netzwerken mitzuteilen, wo sie sich befinden, in der Hoffnung dafür neiderfüllte Reaktionen in Form von Kommentaren oder Emojis zu erhaschen. Dies alles sind mögliche Bilder, die man sehen könnte und die vielleicht jeder anders wahrnimmt. Grundlegend sollen sie allerdings den Fokus auf die Rollen der Medien innerhalb soziokultureller Situationen legen und so eine *Mediatisierungsperspektive* zum Ausdruck bringen (vgl. Schey/Rieder 2014). Dabei steht weniger eine Theorie des Medienwandels im Mittelpunkt als vielmehr eine Beschreibung dessen auf drei Ebenen: der Makro-, Meso- und Mikroebene. Hierbei umfasst die Makroebene den Wandel von Kultur und Gesellschaft, Demokratie und Öffentlichkeit, die Mesoebene den Wandel von Parteien, Organisationen, Institutionen und Unternehmen sowie deren Vernetzung und die Mikroebene den Wandel des kommunikativen Handelns der Menschen, ihrer sozialen Beziehungen und ihres Alltags, ihrer Identität und ihres Selbstbildes. Dabei wäre es allerdings falsch, von einer kausalen oder unilateralen Wirkung der einzelnen Ebenen auf den Medienwandel und umgekehrt auszugehen, sondern das Ganze ist als ein langfristiger Prozess zu verstehen, bei dem eine gegenseitige Beeinflussung stattfindet (Krotz 2014: 22). Im Rahmen der vorliegenden Arbeit werden insbesondere die Meso- und Mikroebene untersucht, die in diesem Fall den Wandel der (Bildungs-)Institution Schule und des Medieneinsatzes (Mesoebene) sowie den Wandel im Alltag von Schülern betrachtet (Mikroebene).

Unabhängig davon, dass es sich bei den oben angeführten Beispielen der Mediennutzung in den frühen 1950er Jahren und heute um Gedankenspiele handelt, lassen sich diese Situationen nicht beliebig übertragen, sondern haben eine räumlich und zeitlich begrenzte Gültigkeit. Als Beispiel kann das Farbfernsehen genommen werden. Während dies in den USA bereits 1953[8] eingeführt wurde, dauerte es in der Bundesrepublik noch weitere 14 Jahre bis es langsam das Schwarz-Weiß-Fernsehen ablöste.[9] Die jeweiligen Medienlandschaften wurden aber weiterhin durch die damaligen Gesellschaften geprägt, und diese beeinflussten wiederum die Entwicklung von Medien. Was also schon Anfang der 1950er Jahre in den Alltag der Menschen in den USA Einzug hielt, war in Deutschland noch Zukunftsmusik.

Untersuchungen über den Zusammenhang zwischen technologischer und soziokultureller Entwicklung haben darüber hinaus gezeigt, dass gewisse Erwartungshaltungen der Gesellschaft in wiederkehrenden Abläufen zu finden sind. Sogenannte *Hype Cycle* stellen das Verhältnis zwischen der zeitlichen Entwicklung von Informationstechnologien und den damit verbundenen Erwartungen der Nutzer dar (Abb. 1). Das US-amerikanische Marktforschungsunternehmen Gartner veröffentlicht diesbezüglich jährlich eine Analyse, die insgesamt fünf Phasen beschreibt (Gartner Inc. 2017).

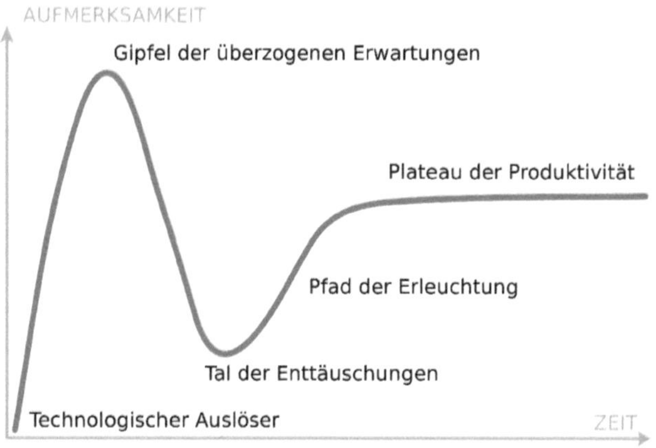

Abb. 1: Visualisierung der fünf Phasen des Hype Cycle (http://en.wikipedia.org/wiki/File:Gartner_Hype_Cycle.svg)

8 „First Home Reception of Color TV Proves Effective in Operatic Field," *The New York Times*, November 1, 1953, 1.

9 „25. August 1967: Beginn des Farbfernsehens in Deutschland" www1.wdr.de/stichtag/stichtag2808.html (letzter Zugriff: 10.04.2017)

Phase 1 steht für einen Beginn einer neuen Technologie. Dies kann die erste öffentliche Bekanntmachung oder bereits einen Prototyp betreffen, der zu einer stark ansteigenden Aufmerksamkeit hinsichtlich des Produkts führt und so in die zweite Phase mündet. Sämtliche an die Technologie gestellten Erwartungen (Technologie als eierlegende Wollmilchsau) werden dabei sinnbildlich als Gipfel der überzogenen Erwartungen bezeichnet, welcher in der dritten Phase ebenso schnell abfällt, wie er zunächst angestiegen ist und so die Enttäuschungen der Nutzer widerspiegelt. Diese bemerken dann vermehrt Schwachstellen und Verbesserungsmöglichkeiten, die die neue Technologie betreffen. Die wiederum metaphorisch klingende vierte Phase (Pfad der Erleuchtung) stellt eine realistische Einschätzung und Abwägung der Vor- und Nachteile des Produkts dar und führt schließlich zum Plateau der Produktivität, bei dem sich die Erwartungshaltung der Nutzer stabilisiert und die Technologie breite gesellschaftliche Akzeptanz erhält (ebd.).

Eine direkte Antwort auf die Frage nach der Relevanz der jeweiligen „Neuheiten" etwa in Form des Nutzungsverhaltens lässt sich jedoch mithilfe einer solchen Analyse oder Visualisierung nicht finden. Hierbei gilt es, die entsprechenden Zielgruppen selbst zu befragen. Da sich das vorliegende Forschungsprojekt primär auf Schüler der Sekundarstufe I (Jahrgangsstufe 9) konzentriert, steht besonders die Gruppe der Jugendlichen im Alter von 14 bzw. 15 Jahren im Vordergrund. In diesem Kontext nennenswert ist die in Deutschland jährlich vom Medienpädagogischen Forschungsverbund Südwest (mpfs) durchgeführte JIM-Studie, die den Medienumgang 12- bis 19-Jähriger mittels Telefonbefragungen untersucht. Sie kommt dabei auf eine Gesamtstichprobe von N=1200 und bietet so ein repräsentatives Spiegelbild der gesellschaftlichen Grundgesamtheit.[10] Neben einer Basiserhebung zur Mediennutzung legen die einzelnen JIM-Studien ein jährliches Schwerpunktthema fest. Im Jahr 2016 umfasste dieser Schwerpunkt die Relevanz unterschiedlicher Optionen für die Nutzung von Bewegtbild und Musik, den Aktivitätsgrad der Nutzung von Social Media-Plattformen, die Verwendung von Smartphones in der Schule, Einstellungen zur Smartphone-Nutzung sowie Eckdaten zum Phänomen Mobbing im Internet (Feierabend/Plankenhorn/Rathgeb 2016: 3).

Bereits bei der Darstellung der Medienausstattung fällt auf, dass in praktisch allen Haushalten (99 %) Mobiltelefone (Handy oder Smartphone), Computer/Laptop (98 %), Fernsehgeräte (97 %) sowie Internetzugang (97 %) vorhanden sind. Weiterhin finden sich Tablet-PCs (65 %), MP3-Player/iPods (66 %) oder auch feste Spielekonsolen (75 %) (ebd.: 6). Da die häusliche Ausstattung und der Besitz

10 Ausgehend von ca. 6,5 Millionen deutschsprachigen Jugendlichen (Feierabend/Plankenhorn/Rathgeb 2016: 4)

verschiedener Medien noch keinen Rückschluss auf die Nutzung oder die wahrgenommene Relevanz durch die Jugendlichen zulässt, ist ein Blick auf weitere Erhebungsdaten notwendig. Es wird schnell deutlich, dass sich die Zahlen bei der Medienbeschäftigung in der Freizeit nur geringfügig für die oben genannten Technologien ändern. So liegt die tägliche Nutzung des Handys bei 92 % (96 % mehrmals pro Woche), des Internets bei 87 % (96 % mehrmals pro Woche) und des MP3-Players bei 82 % (93 % mehrmals pro Woche). Tablet-PCs hingegen werden nur in 19 % aller Fälle täglich genutzt (30 % mehrmals pro Woche) (ebd.: 11). Letzterer Fall macht deutlich, dass das alleinige Vorhandensein von Medien im Haushalt keine Aussagekraft über dessen Gebrauch durch Personen hat. Da es sich bei JIM um eine quantitativ ausgerichtete Studie handelt, werden Fragen über mögliche kausale Zusammenhänge, die auf individueller Ebene verortet sind, nicht hinterfragt. Dies kann auf Basis der Ergebnisse jedoch in quantitativen oder auch qualitativen Studien erfolgen.

Ein weiterer bedeutsamer Aspekt der JIM-Studie sind die täglich bzw. mehrmals pro Woche stattfindenden Aktivitäten von Jugendlichen im Internet mit dem Schwerpunkt der Kommunikation (Mikroebene der Mediatisierung). Hierbei zeichnet sich ein Anstieg der Nutzung von Kommunikationsdiensten und sozialen Netzwerken wie WhatsApp (2015: 89 % vs. 2016: 95 %), Instagram (2015: 44 % vs. 2016: 51 %) und Snapchat (2015: 31 % vs. 54 %) im Vergleich zum Vorjahr ab. Lediglich Aktivitäten auf der Plattform Facebook scheinen rückläufig zu sein (2015: 51 % vs. 2016: 43 %) (ebd.: 32).

Jugendliche werden in der Gesellschaft oft als treibende Kraft bei der Verbreitung neuer Technologien, insbesondere im Kommunikationsbereich, gesehen. Medien sind Teil ihres Alltags, was sich nicht nur im eigenen Umfeld erkennen, sondern auch durch entsprechende Studien belegen lässt. Bildungspolitische Träger sind sich dieser Tatsache bewusst und arbeiten daher an einer verstärkten Einbindung in schulische Bereiche.[11] Im nachfolgenden Kapitel soll der Fokus verstärkt auf die Rolle der Medien in der Fremdsprachendidaktik gelegt werden.

11 Chan (2010) und Kollenberg (2012) geben diesbezüglich einen interessanten Einblick in die Entwicklung in asiatischen Ländern, allen voran China, Japan, Südkorea und Taiwan.

4 Medien in der Fremdsprachendidaktik

In diesem Kapitel soll der Blick verstärkt auf den Einsatz der Medien im Kontext des Lehrens und Lernens von Fremdsprachen gerückt werden. Dabei geht es zunächst um die Entwicklung der beiden didaktischen Konzepte CALL und MALL und ihrer wechselseitigen Beziehung zum fortschreitenden technologischen Wandel. Daran anschließend werden soziokonstruktive Ansätze näher betrachtet, die gerade im Zusammenhang mit dem Einsatz mobiler Endgeräte zu Lehr- und Lernzwecken bedeutsam sind. Abschließend wird die Frage beantwortet, ob und inwiefern der Einsatz digitaler (mobiler) Endgeräte formale mit informellen Lerninhalten verbinden kann, um so erweiterte Lernumgebungen zu schaffen, die im darauffolgenden fünften Kapitel ausführlich dargestellt werden.

4.1 Didaktische Entwicklungen: Von CALL zu MALL

Die Anfänge des *Computer-Assisted Language Learning* (CALL) luden Lerner dazu ein, Fremdsprachen vor allem mithilfe digitaler Übungen, die den *pattern drills* der audiolingualen Methode ähnelten, zu lernen (Summer 2016: 450). Diese häufig auf Grammatik- oder auch das Vokabellernen bezogenen Programme waren dabei schlicht, lieferten wenige bis keine zusätzlichen Informationen, die bei der Bearbeitung der Übung geholfen hätten und gaben lediglich Feedback, wenn der Lerner eine richtige bzw. falsche Antwort eingegeben hatte (vgl. Rösler 2010: 210).

Obwohl der Begriff CALL bereits in den 1960er-Jahren eingeführt wurde (Jarvis/Krashen 2014: 1), findet computergestütztes Fremdsprachenlernen, wie es im deutschen Sprachraum häufig genannt wird, erst Mitte der 1980er-Jahre, als *Personal Computer* salonfähig wurden, bei einem größeren Fachpublikum Anklang. Dudeney/Hockly (2012: 534) nehmen dabei Bezug auf Warschauer (1996) und Bax (2003), die die historische Entwicklung von CALL in drei Phasen einteilen. Die erste Phase wird als „*behaviouristic CALL*" bzw. „*restricted*" bezeichnet und beschreibt die zu Beginn dargestellten kontextlosen Übungsformen, die dem Lerner minimales und undifferenziertes Feedback in Form von Audiosignalen geben. Die an die behavioristische Lerntheorie erinnernden „*drill and kill*" Übungen ermöglichten keinerlei Austausch mit anderen Lernern, da nur eine Interaktion zwischen Mensch und Maschine gefordert wurde. Die zweite

Phase, die Warschauer „*communicative CALL*" und Bax als „*open*" bezeichnen, ist durch deutlich differenzierteres Feedback und komplexere Interaktionen zwischen Programm und Lerner gekennzeichnet. Nicht nur können Programme die Rolle eines Tutors übernehmen, um dem Lerner Hilfestellungen zu geben und ihn zugleich die fremde Sprache entdecken lassen, sondern sie bieten Aufgabenformate, die sowohl das Schreiben als auch kritisches Denken und situativen Sprachgebrauch fördern sollen. Die schließlich dritte Phase, die die Bezeichnungen „*integrative*" bzw. „*integrated CALL*" trägt, beginnt mit dem 21. Jahrhundert und ermöglicht durch die weitverbreitete Nutzung des Internets einen stärkeren Fokus auf alle vier sprachlichen Fertigkeiten sowie auf Interaktionen zwischen Lernern in Form von computergestützter Kommunikation (CMC).

Zugleich entwickelten sich die digitalen Medien immer weiter. Sie wurden kleiner, leistungsfähiger und boten mehr Anwendungen für ihre Nutzer (vgl. Mitschian 2010: 11-14). Es ist daher nicht verwunderlich, dass die Entwicklung von CALL nicht mit der Einteilung von Warschauer und Bax endet, sondern Spielraum für weitere definitorischen Feinheiten lässt. Gegenwärtig umfasst CALL vor allem interaktive, spielbasierte, problemlösungsorientierte, intelligente und adaptive Systeme, die lernerzentriert aufgebaut sind und sowohl synchrone als auch asynchrone Kommunikation ermöglichen. Kollaboration und Kooperation sind darüber hinaus zu wichtigen Aspekten computergestützten Fremdsprachenlernens geworden (Palalas/Hoven 2016: 49).

Jarvis/Krashen (2014: 5) stellen insbesondere in Zusammenhang mit dem schnellen technologischen Wandel die berechtigte Frage „*Is the term CALL still appropriate?*" und regen damit eine Diskussion an, die zeitgemäßere Bezeichnungen wie *Mobile-Assisted Language Learning* (MALL) oder auch *Mobile-Assisted Language Use*[12] (MALU) in den Mittelpunkt rücken soll (vgl. auch Jarvis/Achilleos 2013: 1-3). MALL basiert dabei auf dem Konzept des Mobilen Lernens oder auch *m-learning* (*mobile learning*)[13], wie es im englischsprachigen Raum verwendet wird. Cochrane (2013: 24 f.) teilt die Entwicklung und die damit verbundene empirische Erforschung des *m-learning* in zwei Phasen ein. Die sogenannten *pre*-2005-Untersuchungen zu dem Thema sind in den meisten Fällen Kurzzeitpilotstudien, die explorativ zahlreiche Aspekte für weiterführende, großangelegte Studien offenlegten, jedoch kein Gesamtbild hinsichtlich des

12 Hierbei soll besonders der tatsächliche Sprachgebrauch gefördert werden.

13 In der Fachliteratur (Bsp.: Hockly 2013; Kukulska-Hulme 2009) finden sich noch weitere Begriffe wie *ubiquitous learning* (*u-learning*), *seamless learning* oder *pervasive learning*, auf die jedoch, um den Rahmen nicht zu sprengen, in dieser Arbeit nicht näher eingegangen wird.

methodisch-didaktischen Einsatzes herstellen konnten.[14] Forschungsergebnisse, die seit 2005 vor allem in Großbritannien durchgeführt wurden, zeigten, dass Mobiles Lernen und Web 2.0 Technologien zwar das Lehren und Lernen fördern, jedoch nicht unmittelbar miteinander verknüpft sind:

> M-Learning and Web 2.0 technologies have been identified as emerging tools to enhance teaching and learning, but are not usually explicitly linked together. (ebd. 25)

So konnten großangelegte Forschungsprojekte wie MANOLO[15] empirisch nachweisen, dass der Einsatz mobiler und somit drahtloser Technologie außerschulische, lebensweltliche Lernprozesse ermöglicht und dabei in naturwissenschaftlichen Disziplinen wie der Archäologie zu verbesserten Mess- und Arbeitsbedingungen führt (Kukulska-Hulme 2009: 160). Darüber hinaus zeigte sich anhand weiterer Projekte[16], dass kontextsensitive unterrichtsbezogene Lernerfahrungen wie Museumsbesuche (vgl. Rymarczyk 2013) durch mobile Endgeräte gefördert und auf diese Weise formale mit informellen Inhalten verbunden werden können (Kukulska-Hulme 2009: 161). Inwiefern dabei die jeweiligen Kontexte mit den eingesetzten Endgeräten und ihren Anwendungen genau zusammenhängen, bleib ungeklärt.[17]

Der namensgebende Aspekt der Mobilität von *m-learning* bezog sich in der frühen Phase nur auf die eingesetzten digitalen Endgeräte. Erst im weiteren Verlauf wurden auch die Lerner bzw. das Lernen an sich inkludiert (Pegrum 2014: 5; Hockly 2012: 80 f.). So konnte dank der tragbaren und dennoch leistungsfähigen Geräte zeit- und ortsunabhängig gelernt werden, da der Zugriff auf Informationen sowie Aufgaben und Übungen immer und überall möglich war.[18] Offen blieben allerdings Fragen nach dem didaktischen Mehrwert. Kukulska-Hulme (2009: 160) stellt diesbezüglich fest:

> With appropriate technology, mobile learners can participate in activities that relate directly to their changing location.

---

14 Ein Beispiel für Forschungsberichte zum Einsatz von Tablets in englischen Schulen liefern Twining et al. (2005)

15 www.wur.nl/en/show/Wireless-and-mobile-learning.htm (letzter Zugriff: 19.04.2017)

16 vgl. *The Gidder Project*www.uv.uio.no/iped/english/research/projects/gidder/ (letzter Zugriff 19.04.2017)

17 Königs (2015: 94) stellt analog in Bezug auf außerschulisches Lernen zur Diskussion, ob gesteigerte lernerseitige Motivation beim Betreten „neuer" Lernorte aus entweder selbigen Orten oder aufgrund des Wechsels bzw. der Abweichung von der Routine (Bsp.: Klassenzimmer als Lernort) erwächst.

18 Zumindest war dies theoretisch der Fall, da eine dauerhafte Stromversorgung durch Akkus sowie eine konstante Datenverbindung hierfür notwendig sind.

Die Möglichkeit, direkt mithilfe digitaler mobiler Endgeräte mit wechselnden Umgebungen und Kontexten zu interagieren, stellte eine bedeutende Neuerung dar. Bedingt wurde dies durch die zunehmende Nutzung gerätespezifischer Sensoren, die nicht nur den genauen Aufenthaltsort einer Person feststellen konnten (Bsp.: GPS), sondern auch kontextsensitive Informationen bereitstellten (Bsp.: Geocaching, QR-Codes). Dadurch wurde Lernen spontaner und persönlicher (ebd.: 162). Tragbare Endgeräte wie Smartphones oder Tablet-PCs konnten vom jeweiligen Nutzer/Lerner an seine Bedürfnisse angepasst werden, und es entstand eine Art Lernkontinuum, das heißt, Lernen hörte nicht an „traditionellen" Lernorten wie Schule auf, sondern konnte weitergeführt werden.[19] Palalas/Hoven (2016: 51) fassen die Vorteile Mobilen Lernens sinnbildlich als Brücke zusammen, die folgende Elemente verbindet:

- die Produktion von (Lern-)Inhalten mit der Möglichkeit, diese zu teilen,
- Lernen an der Arbeit mit Lernen zu Hause,
- individuelles mit sozialem Lernen,
- formales mit informellem Lernen (und den dazugehörigen Kontexten) sowie
- unterschiedliche Lerntheorien mit Lernstrategien (vgl. Kapitel 4.2).

Wenn nun digitale mobile Endgeräte all diese Punkte ermöglichen, so bleibt noch die Frage zu klären, wie man sie als Lehrkraft im unterrichtlichen Kontext implementiert. Obwohl Lehrkräfte als Vermittler von Lerninhalten äußerst wichtig sind, scheinen sich nur wenige empirische Studien mit ihrer Rolle bezüglich des Einsatzes dieser Endgeräte im Lehr-/Lernkontext zu beschäftigen (Tai/Ting 2011: 4).

Welches methodische Vorgehen erweist sich als nützlich? Sollte den Lehrern Schritt für Schritt vorgegeben werden, welche Programme und Tools die Schüler wie nutzen sollen oder lässt man sie „einfach mal machen"? Ausgehend von der Ansicht, dass sowohl Lehrer als auch Lerner das Fremdsprachenlernen aktiv gestalten sollen, entwickelten Kukulska-Hulme/Norris/Donohue (2014: 42) ein pädagogisches Rahmenkonzept, das durch folgende Abbildung zusammengefasst wird:

19 Den unterschiedlichen Konzepten von Lernorten bzw. Lernumgebungen wird damit eine besondere Bedeutung beigemessen, die im fünften Kapitel ausführlicher behandelt wird.

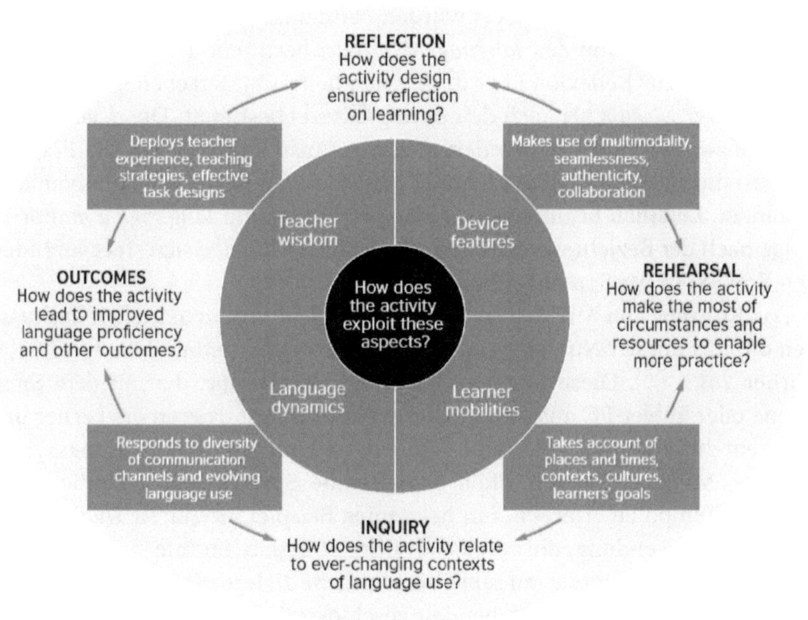

Abb. 2: Pädagogisches Rahmenkonzept für MALL nach Kukulska-Hulme/Norris/Donohue (2014)

Die Hauptfragestellung findet sich in der Mitte der Abbildung und untersucht die zu planende Aktivität hinsichtlich der vier Kernelementen „*device features*", „*learner mobilities*", „*language dynamics*" sowie „*teacher wisdom*".

Teacher wisdom beinhaltet dabei die Erfahrung und das Wissen, welches Lehrkräfte in Bezug auf Unterrichtsplanung und -management (Gruppierungen, Zeitplanung u. ä.) sowie Kommunikation und Sprachgebrauch (sprachliche Korrektheit, Fehlerkorrektur u. ä.) mitbringen (vgl. ebd. 2014: 28). *Device features* beziehen sich auf die Möglichkeit, mit den jeweiligen Endgeräten multimodale, authentische und kollaborative Aufgaben zu gestalten, die nahtlos verknüpft werden können. *Learner mobilities* schließt daran an und versucht, Zeit und Raum, Kontexte und Kulturen sowie die Lernziele der Schüler zu berücksichtigen. Das vierte Element der *language dynamics* richtet den Blick auf die vielfältigen Kommunikationskanäle sowie den damit zusammenhängenden, sich verändernden Sprachgebrauch (u.a.: Konzepte von Mündlichkeit/Schriftlichkeit, Nähe/Distanz oder auch Höflichkeit in CMC). Weiterhin stehen vier Fragen in enger Verbindung mit den soeben dargestellten Kernelementen. Die Frage nach den *outcomes*, also den sprachlichen bzw. inhaltlichen Resultaten, die durch den

Einsatz der Aktivität verbessert wurden, wird zum einen vom *teacher wisdom* und zum anderen von den *language dynamics* bestimmt. Die Frage, inwieweit die Aktivität zur Reflexion über das Lernen beiträgt (Metaebene), wird sowohl vom *teacher wisdom* als auch den *device features* bestimmt. Die *device features* und die *learner mobilities* wiederum haben Auswirkungen auf die Frage, inwiefern die Aktivität Ressourcen und Umgebungen in möglichst hohem Maße einbindet. Letztlich beeinflussen *learner mobilities* und *language dynamics* die Frage nach der Beziehung zwischen der Aktivität und den sich stets verändernden Kontexten des Sprachgebrauchs.

Das Konzept von MALL bzw. Mobilem Lernen wird in aktuellen Diskussionen oftmals mit der Nutzung von Apps (*Applications*) verbunden (Specht/Kalz/Börner 2013: 60). Diese mobilen Sprachlernprogramme, die mit dem Smartphone oder Tablet-PC ausgeführt werden können, motivieren die Lerner unter anderem durch ihren spielerischen Aufbau und integrierte Belohnungssysteme (Punkte, Münzen, Herzen, etc.), eine fremde Sprache selbstständig und in eigenem Tempo zu erlernen. Ein bekanntes Beispiel hierfür ist *Duolingo*, eine Sprachlernanwendung, die bereits auf ihrer Startseite im Internet damit wirbt, die „beste, neue Methode [zu sein], eine Sprache zu lernen[20]". Trotz oder gerade wegen der zur Verfügung stehenden geschlossenen Übungsformate, scheinen solche Anwendungen tatsächlich große Beliebtheit zu genießen, schaut man sich die Downloadzahlen allein im Android-Play Store an (Stand April 2017: ca. 50-100 Millionen[21]). Mobile Sprachlern-Apps lassen sich allerdings in den meisten Fällen aufgrund ihres Aufbaus nur sehr eingeschränkt im Fremdsprachenunterricht einsetzen, da sie viele grundlegenden Prinzipien von Aufgabenkonzepten nicht erfüllen, wie beispielsweise eine gute Balance zwischen der Bedeutungs- und der Formfokussierung, eine Vielfalt fremdsprachlicher Interaktionen, ein hoher Bedeutungsgehalt und Lebensweltbezug für die Lerner oder auch eine thematische wie inhaltliche Angemessenheit (vgl. Schmidt/Strasser 2016: 5). Weitere weniger geschlossene und so durch den Lerner personalisierbare Apps finden sich beispielsweise für das Vokabellernen. Besonders komplexe Anwendungen bieten hier nicht nur die Möglichkeit, lexikalische Einheiten in Form von zweisprachigen Äquivalenzpaaren zu lernen (digitale Karteikarte), sondern stellen auch Kontextualisierungsbeispiele parat, zu denen ebenfalls eine Vertonung vorliegt (Oesterreicher 2016: 185). Die in Kapitel 7.3.2.2 vorgestellte App *Quizlet* bietet so die Möglichkeit, kontextuelle Informationen einzubinden.

---

20 https://de.duolingo.com/ (letzter Zugriff: 30.04.2017)

21 https://play.google.com/store/apps/details?id=com.duolingo&hl=de (letzter Zugriff: 30.04.2017)

Diese Beispiele sollen stellvertretend für den Einsatz von Apps stehen, da es im Rahmen einer einzigen Arbeit fast unmöglich erscheint, sämtliche mobilen Anwendungen darzustellen und zu erläutern[22], zumal sie aufgrund des schnellen technologischen Wandels vielfach kein langes Dasein fristen. Die vorliegende Arbeit befasst sich zwar auch mit konkreten Anwendungen (vgl. Kapitel 7.3.2.1 zu *TitanPad* sowie 7.3.2.2 zu *Quizlet*), jedoch stellen diese nur einen Aspekt mobilen Lernens dar, der in einem Gesamtzusammenhang betrachtet werden muss.

Die folgende Zusammenfassung des Konzepts von MALL soll dies veranschaulichen:

> Given varying levels of mobility based on different trade-offs between affordability and affordances, and given the diverse agendas into which MALL may be integrated, its benefits can only be assessed within specific contexts, and its success can only be judged relative to the agenda(s) which underpin it. Pegrum (2016: 103 f.)

So kann und soll der Einsatz digitaler mobiler Endgeräte in der vorliegenden Arbeit allein im speziellen Kontext der Untersuchung dargestellt und bewertet werden. Das Ziel kann dabei nicht sein, eine Allgemeingültigkeit der gewonnenen Ergebnisse/Erkenntnisse zu erhalten, sondern diese Ergebnisse als Teil einer fortwährenden Forschung zu sehen (vgl. Gütekriterien qualitativer Forschung Kapitel 7.1.2.2).

Insbesondere bei jugendlichen Lernern, die die Zielgruppe der vorliegenden Arbeit darstellen, geschieht die starke Auseinandersetzung mit und Aneignung von (mobilen) Technologien und den damit verbundenen Inhalten zumeist nicht curricular, sondern informell, situativ und in das Alltagshandeln integriert (Grunert 2015: 336). Dies erfordert eine individuelle, kontextsensitive Betrachtungsweise der Nutzung digitaler mobiler Endgeräte und führt somit unweigerlich zu einer Bandbreite an Forschungsdesideraten.

Bildungspolitisch ist die Frage nach dem Einsatz von Smartphones, Tablets und Co. im Unterricht gerade in den letzten Jahren stärker in den Vordergrund gerückt. Dies mag zum einen an der rasanten technologischen Entwicklung und der damit zusammenhängenden Nutzung der jeweiligen Geräte durch Kinder und Jugendliche liegen, aber zum anderen auch an den öffentlichkeitswirksamen Stimmen von Medienkritikern wie Manfred Spitzer, die sich um die psychische und körperliche Entwicklung eben jener Nutzer sorgen. Was sagen demnach Untersuchungen im schulischen Bereich hierzu aus? Aufenanger (2017: 124) führt in seinem Überblick über deutschsprachige Forschungsprojekte mit Schülern an, dass insbesondere 1:1-Modelle wie sie unter anderem der BYOD-Ansatz

22 Eine durchaus differenzierte Darstellung findet sich bei Strasser (2012).

verfolgt, geeignet erscheinen, um Heranwachsende angemessen auf das Leben in einer zunehmend von digitalen Medien geprägten Gesellschaft vorzubereiten. Forschungsprojekte aus dem Bereich der Grundschule, wie beispielsweise *Mobiles Lernen in Hessen* (MOLE), gehen wiederum der Frage nach, ob Zuwächse in der Medienkompetenz der Schüler durch den Einsatz von iPads begünstigt werden und mit welchen weiteren Faktoren dies zusammenhängt (ebd. 125). Als Fazit hält Aufenanger fest, dass anhand nationaler sowie internationaler Studien für den schulischen Bereich gezeigt werden kann, dass der Einsatz von Tablets eine „überwiegend positive Veränderung der Unterrichtskultur" bedingt und sich „Vorteile für das Lernen [...] in fast allen Studien herausstellen" (ebd.: 133). Interessant sind hierbei zum einen die allgemein klingende Formulierung einer veränderten Unterrichtskultur sowie zum anderen die Tatsache, dass trotz Fokus auf individuelle Nutzungsverhalten und Kompetenzen von Schülern, scheinbar pauschal von Vorteilen für das Lernen gesprochen wird. Hockly (2015: 312 f.) verweist gerade hierbei auf „*'newer' learning contexts*" wie *Massive Open Online Courses* (MOOCs), die Aspekte des informellen eigenmotivierten Fremdsprachenlernens als Basis haben und deren Erstellung und Verwendung durch empirische Untersuchungen profitieren könnten. Des Weiteren hebt sie die Bedeutung des Fremdsprachenlernens durch Apps und soziale Netzwerke für zukünftige Forschungen hervor, da hierbei „traditionelle" Grenzen von formalen Kursen aufgebrochen und erweitert werden.

Schließlich stellt sich die Frage nach der forschungsmethodologischen Vorgehensweise bei empirischen Studien zum Einsatz digitaler mobiler Medien im Kontext des Fremdsprachenunterrichts. Die vorliegende Studie ist zwar im Kontext des Fremdsprachenunterrichts angesiedelt; allerdings muss das Thema des Mobilen Lernens bzw. des Lernens mit digitalen mobilen Endgeräten als interdisziplinäres Feld gesehen werden, welches unter anderem medien- und schulpädagogische, didaktische, (informations)technologische oder auch bildungspolitische Bereiche abdeckt. Um also einen Forschungsüberblick zu erhalten, ist es notwendig, sich auf einen bestimmten Bereich zu beschränken. Dieser umfasst für die vorliegende Arbeit vor allem fremdsprachen- und mediendidaktisch ausgerichtete Forschungsergebnisse, die den Einsatz digitaler mobiler Endgeräte aus verschiedenen Blickwinkeln beleuchten.

Viberg/Grönlund (2013) haben hierfür Forschungsprojekte analysiert, die in englischer Sprache zwischen den Jahren 2005 und 2012 publiziert wurden. Ausgehend von der Fragestellung: „*What is the scientific knowledge about applying mobile technologies and techniques in second and foreign language acquisition within educational settings?*" analysierten sie insgesamt 86 Studien, die in unterschiedlichen fachwissenschaftlichen Zeitschriften veröffentlicht wurden. Folgende Aspekte standen dabei im Vordergrund: der Studie zugrundeliegende Theorien und Forschungsmethodologien, experimenteller Einsatz mobiler Technologien, welche Teilbereiche mobilen Fremdsprachenlernens untersucht wurden, welche Ergebnisse erzielt und welche Forschungsdesiderate daraus abgeleitet wurden. Abbildung 3 fasst die Ergebnisse nach den Forschungsansätzen, die in den Studien verfolgt wurden, zusammen. Es fällt auf, dass mehr als die Hälfte aller untersuchten Studien rein deskriptiv aufgebaut sind, das heißt, dass ein Phänomen hinsichtlich seines Auftretens beschrieben wurde, ohne wissenschaftstheoretische Bezüge herzustellen.

Research Approach	**Definition**	**Number of Studies**	**%**
Descriptive	Describes a phenomenon in its appearance without any use of theory.	47	55%
Philosophical	Reflects upon a phenomenon without data and any use of theory.	2	2%
Theoretical	Reflects on a phenomenon based on some theory but without empirical data	3	3%
Theory use	Applies a theory/theories & models as a framework for the conducted study	34	40%
Theory generating	Attempts to analyze quantitative/qualitative data in a systematic manner with the use of theory with a purpose of (taking steps towards) theory building	0	0%
Theory testing	Attempt to test a theory using quantitative or qualitative data in systematic manner, i.e. just strict theory testing.	0	0%
Total		86	100%

Abb. 3: Forschungsansätze nach Viberg/Grönlund (2013)

Nach der obigen Kategorisierung gehen zwar 40 % der Studien theoriebasiert vor, allerdings weisen Viberg/Grönlund darauf hin, dass diese Theorien in den meisten Fällen nur zur Illustration oder Interpretation der Ergebnisse der jeweiligen Studien dienen und lediglich in einem Fall einen klaren MALL spezifischen Bezug herstellen (ebd.: 76). Theoriegenerierend bzw. –testend war dahingegen keine der untersuchten Studien, was gerade bei einem sich schnell entwickelnden und verändernden Forschungsfeld vielleicht zu erwarten wäre. Entsprechend zeigt sich in Abbildung 4 bei der Darstellung des forschungsmethodologischen Vorgehens, dass knapp die Hälfte (48 %) der untersuchten Studien experimentell vorgegangen sind, wobei Umgebungsvariablen nicht explizit kontrolliert wurden. Weiterhin verfolgten 20 der 86 Studien (23 %) interpretative Ansätze, zu denen zumeist Fallstudien gezählt wurden. Bei der Betrachtung des methodologischen Vorgehens wird ebenso deutlich, dass keine der Studien ethnographische Grundlagen hat und nur in einem Fall der konkrete Einsatz der *Grounded Theory* als qualitatives Verfahren gebraucht wurde. Bei der Einteilung der Studien bezüglich ihrer thematischen Ausrichtung (Teilaspekte von MALL) zeigt sich eine durchaus größere Vielfalt, welche Viberg/Grönlund (ebd.: 78-80) in vier Basiskategorien unterteilen. So umfasst die erste Kategorie „*Technological Concepts of Learning*“ Konzepte wie CALL oder MALL im Allgemeinen, kollaboratives Lernen, *Game-Based-Learning* oder auch informelles Lernen.

Method	Description	Number of Articles	%
Argument	Logical argument but not based in any particular theory or relating explicitly or by clear implication to any theory.	2	2%
Case story	Tells about a case but as opposed to a case study there is no strict data collection method.	5	6%
Ethnography	Any attempt to understand actions by systematic observation and interpretation.	0	0%
Experiment	Field and quasi experiments included. This category applies to systematic/structured tests even though clearly in field settings many environmental variables are not controlled, and tests may be rather explorative.	41	48%
Grounded Theory		1	1%
Interpretative	Any kind of more strictly performed data collection than a "case story" but not necessarily strictly explained or spelled-out method for interpretation. Case study belongs here but also more limited studies where qualitative and quantitative data is used.	20	23%
Literature study	Only documents used (scientific, policy documents etc.). Not necessarily strict method or even explicitly labelled as literature study.	2	2%
Product description	IT product, method or similar, described by the manufacturer or someone else.	11	13%
Survey	This covers also qualitative overviews of several documents and cases.	3	4%
Unclear	Even the widely defined categories above fail to capture the method.	1	1%
Total		86	100%

Abb. 4: Forschungsmethodologisches Vorgehen nach Viberg/Grönlund (2013)

Die zweite Kategorie „*Technology-Centered Concepts*“ richtet das Augenmerk stärker auf die Anwendungen oder Funktionen, die durch die Medien ermöglicht werden, wie zum Beispiel Podcasts, SMS oder elektronische Wörterbücher. Die beiden weiteren Kategorien fokussieren die Lernumgebung zum einen aus theoretisch- bzw. entwicklungsorientierter Perspektive („*Learning Environment Theoretical Developmental*“) und zum anderen hinsichtlich praktischer Aspekte („*Learning Environment Practical Aspects*“). Im Mittelpunkt der theoretisch- bzw. entwicklungsorientierten Perspektive stehen beispielsweise Konzepte der *contextual familiarity*, des *ubiquitous learning environment* oder auch des *interactive learning environment.* Die praktischen Aspekte wiederum konzentrieren sich vielmehr auf lernerseitige Elemente wie Personalisierung der Lernumgebung, wahrgenommene Nützlichkeit oder auch den damit verbundenen Spielecharakter. Viberg/Grönlund ziehen als ein bedeutendes Fazit aus ihrer Analyse, dass nur wenige Untersuchungen individuelle fremdsprachlichen Lernprozesse und -strategien berücksichtigen, obgleich Wissen hierüber einen kritischen Einfluss sowohl auf Lehrkräfte als auch Lerner haben kann.

> Very little attention is devoted to individuals' language learning strategies and learning styles when employing mobile devices for their language learning. This knowledge can have a crucial impact on both educators, when for example designing language learning activities adopting mobile devices [...] and learners, as they can achieve higher proficiency. (ebd.: 85)

Zu einem ähnlichen Ergebnis kommt Aufenanger (2017), der festhält, dass differenziertere Studien notwendig sind, was seiner Meinung nach bedeutet, „*lernrelevante Schülerdaten einzubeziehen, Lern- und Lehrstile zu untersuchen oder insgesamt mehr Unterrichtsbeobachtungen durchzuführen, um konkrete Einsatzszenarien besser bewerten zu können*" (ebd.: 134).

Diesen forschungsmethodischen Empfehlungen soll in der vorliegenden Arbeit entsprochen werden, indem individuelle schülerseitige Daten im Kontext des Englischunterrichts an mehreren Stellen erhoben und so zu einem möglichst detaillierten Bild zusammengefügt und interpretiert wurden.

4.2 Soziokonstruktivistische Ansätze

Die Diskussion um lerntheoretische Ansätze im Kontext des Fremdsprachenlehrens und -lernens lässt sich mit ebenso großer Spannung nachvollziehen wie die im vorangegangenen Kapitel präsentierte Entwicklung von CALL bzw. MALL. Zudem lassen sich hier mehrere Anknüpfungspunkte finden. Eine detaillierte und zugleich ausgewogene Darstellung aller lerntheoretischen Ansätze, vom Behaviorismus über den Kognitivismus hin zum Konstruktivismus, kann und soll im Rahmen dieses Kapitels nicht geleistet werden, da zumal der Anspruch bestünde, jeweils Vor- und Nachteile darzulegen, miteinander zu vergleichen und in Relation zum Einsatz digitaler mobiler Medien zu setzen. Der Fokus soll vielmehr auf der Diskussion um (sozio)konstruktivistische Ansätze liegen, die im englischsprachigen Raum oft unter Verweis auf Vygotskys soziokulturelle Theorie der „*Zone of Proximal Development*" geführt wird. Grundlegend steht jedoch in diesem Kapitel die Frage im Raum, was unter dem Begriff des Lernens verstanden wird.

Frühe lerntheoretische Ansätze gingen davon aus, dass das Verhalten von Menschen als Reaktion auf bestimmte Reize von außen gesehen werden kann. Diese behavioristische Sicht besagt, dass positive Konsequenzen (Belohnungen) das Verhalten einer Person insofern beeinflussen, als dass sie es in Zukunft häufiger zeigt. Weiterhin führen negative Konsequenzen (Bestrafungen) dazu, dass das Verhalten zumindest kurzfristig reduziert wird. Schließlich führt keine Reaktion auf ein Verhalten längerfristig zu dessen Löschung (Kerres 2013: 130 f.).

Kognitive Ansätze entwickelten sich aus der Vorstellung heraus, dass interne Prozesse beim Lerner nicht einfach ausgeblendet werden können, sondern für die Informationsverarbeitung eine wichtige Rolle spielen. So ist die Wahrnehmung ein aktiver Prozess, bei dem der Lerner auf allen Ebenen der Informationsverarbeitung eingreift und diese beeinflusst (ebd.: 137). Das Gehirn wird dabei nicht mehr als sogenannte „*Black Box*" gesehen, die nach dem Reiz-Reaktions-Modell funktioniert, sondern ermöglicht Einblicke in individuelle Denk- und Verarbeitungsprozesse. Die Kritik an dieser Lerntheorie hängt mit der Reduktion menschlichen Handelns auf eben jene kognitive Informationsverarbeitung und der Ausblendung von menschlichen Attributen wie Emotionalität, Leiblichkeit und Situiertheit des Handelns in der Lebenswelt zusammen (ebd.: 142).

Die Idee des Konstruktivismus setzt an dieser Stelle an und besagt, dass jede menschliche Wahrnehmung die Wirklichkeit subjektiv konstruiert, also gestaltet. Dies führt dazu, dass Menschen, die den gleichen Informationen ausgesetzt sind, aufgrund ihrer individuellen und persönlichen Erfahrungen und ihres Weltwissens zu unterschiedlichen Wissensstrukturen kommen (Vetter 2008: 98). Obwohl in dieser Annahme deutliche Übereinstimmungen zum Paradigma der Informationsverarbeitung bestehen, grenzen sich die Vertreter des Konstruktivismus (vor allem in seiner radikalen Form) klar davon ab (Königs 2005: 449). In der deutschsprachigen Fremdsprachenforschung kam es dabei zu einer Diskussion in extenso, zwischen Fürsprechern, allen voran Wendt (2002) sowie (2003), und Kritikern wie Bredella (2002), Edmondson (2002), Grotjahn (2002), Hu (2002) oder auch Wolff (2002). Rösler (2010: 217) sieht in dem konstruktivistischen Diskurs die Vermischung von normativen Vorstellungen (wie hat Unterricht zu sein) und Auseinandersetzungen mit der Lehr-Lernpraxis (wie ist Unterricht tatsächlich) als problematisch.

An dieser Stelle soll ein Schnitt gemacht und geschaut werden, welche Bedeutung der lerntheoretische Ansatz von Vygotsky in diesem Kontext hat. Die Entwicklung digitaler (mobiler) Medien und mit ihnen die zunehmende Nutzung sozialer Netzwerke (vgl. Kapitel 5.2) tragen dazu bei, dass Menschen vernetzter sind. Dies bedeutet zum einen, dass Informationen aus unterschiedlichen Quellen für unterschiedliche (Lern)Zwecke zur Verfügung stehen und zugleich ein intensiver Austausch mit anderen Personen stattfinden kann. Kollaboratives Arbeiten/Lernen wird durch erweiterte Kontexte, in denen *peer groups* interagieren (vgl. Kapitel 5.3), gefördert, indem Wissen geteilt, neue Ideen und Konzepte besprochen und reflektiert werden. Vygotsky (1978) deutete mit seinem soziokonstruktivistischen Konzept der „*Zone of Proximal Development* (ZPD)" bereits früh an, dass Interaktionen für den Lernprozess bedeutsam sind. Er beschreibt die ZPD als:

> distance between the actual developmental level as determined by independent problem solving and the level of potential development as determined through problem solving under adult guidance or in collaboration with more capable peers. (ebd.: 86)

Somit spielen beispielsweise Lehrkräfte eine wichtige Rolle, wenn es darum geht, Lernern in der ZPD Hilfestellungen zu geben (*scaffolding*), damit diese Probleme (z.B.: in Form von Aufgaben) lösen können und sich so entwickeln (vgl. De Guerrero/María C.M./Villamil 2000). Oft werden diese Entwicklungsstufen als zwei Kreise dargestellt, die sich zu einem gewissen Anteil überschneiden. Es gibt allerdings keine feste Anzahl solcher Stufen. Diese Überschneidung stellt die ZPD dar. Alm-Lequeux (2001: 2) verweist darauf, dass drei Aspekte erfüllt sein müssen, damit Lerner die nächste Entwicklungsstufe erreichen. Zum einen muss die kognitive Bereitschaft des Lerners generell vorhanden sein, zum anderen muss er durch detaillierte Anleitung auf für ihn unbekannte Aufgabenelemente hingewiesen werden und schließlich muss eine kontextuelle Einbindung der Aufgabe vorgenommen werden.

Im Bereich des Lehrens und Lernens mit digitalen Medien bieten sich kollaborative Plattformen wie Wikis, Blogs, Etherpads o. ä. an, um Interaktionen zwischen Lernern aufgabenorientiert zu fördern (vgl. Wang 2014; Brückner 2012; Cullen/Kullman/Wild 2013; Dausend 2017; Dowling 2013).

Abschließend kann festgehalten werden, dass (sozio)konstruktivistische Ansätze, die das Zusammenarbeiten von Lernern mithilfe von Anwendungen und den dazugehörigen Endgeräten beinhalten, einen wichtigen Beitrag zur Fremdsprachendidaktik leisten, da sie die Beschränkungen des gesteuerten Fremdsprachenlernen zu einem gewissen Grad überwinden (vgl. Rösler 2010: 219; Esteve 2008). In späteren Kapiteln sollen dabei Aspekte wie Fremd- bzw. Selbststeuerung (Kap. 5.4), Kollaboration (Kap. 5.5) und auch Aufgabenformate (Kap. 5.6 sowie 5.7) detaillierter betrachtet werden.

4.3 Formales und informelles Lernen

In zahlreichen Mittagspausen, die meine Kollegen und ich in der Mensa oder bei schönem Wetter auch draußen bei einem Spaziergang verbrachten, kamen sehr oft durch intensive Gespräche über verschiedenste Themen Fragen auf, auf die zunächst niemand von uns eine Antwort wusste. So diskutierten wir beispielsweise über die Zubereitung des Tagesgerichts „Grüne Soße“ und mussten nicht lange warten, bis jemand fragte: „*Was genau sind das eigentlich für Kräuter, die da verarbeitet werden?*“. Schnell zückten ein/zwei Personen ihr Smartphone und begaben sich auf die Suche nach einer Antwort. Dies wiederum gab Anlass für weitere spannende Fragestellungen, wie zum Beispiel „*Ist Gartenkresse mit Brunnenkresse verwandt?*“ oder „*Ob wir wohl Pimpinelle auf unserem Spaziergang finden?*“. Mittlerweile wissen wir, dass zwischen den beiden Kressen nur eine Namensverwandtschaft besteht und dass es wohl keine Pimpinelle auf unserem Spaziergang gibt.

Diese Situation soll beispielhaft für informelles Lernen stehen. Unter diesem Begriff werden Lernprozesse aufgefasst, die außerhalb formaler Kontexte wie einer (Hoch)Schule stattfinden. Livingston (2001) knüpft daran an und definiert es als:

> any activity involving the pursuit of understanding, knowledge or skill, which occurs without the presence of externally imposed curricular criteria. (in Sockett 2014: 9)

Lernen findet in informellen Situationen demnach ohne Anbindung an curriculare Vorgaben statt und wird in erster Linie von den Lernern selbst gesteuert. Empirische Studien zeigen dabei, dass gerade informelles Lernen einen Großteil (80 %) des Lernens Erwachsener ausmacht (Dabbagh/Kitsantas 2012: 4).

Um Abgrenzungsmöglichkeiten zu weiteren Begriffen wie formales und non-formales Lernen vorzunehmen, sollen Definitionen aus der europäischen Bildungspolitik als Grundlage dienen (Europäische Kommission 2001: 33-35):

- **Formales Lernen**: Lernen, das üblicherweise in einer Bildungs- oder Ausbildungseinrichtung stattfindet, (in Bezug auf Lernziele, Lernzeit oder Lernförderung) strukturiert ist und zur Zertifizierung führt. Formales Lernen ist aus der Sicht des Lernenden zielgerichtet.
- **Non-formales Lernen** (Orig.: nicht-formal, S.F.): Lernen, das nicht in Bildungs- oder Berufsbildungseinrichtung stattfindet und üblicherweise nicht zur Zertifizierung führt. Gleichwohl ist es systematisch (in Bezug auf Lernziele, Lerndauer und Lernmittel). Aus Sicht der Lernenden ist es zielgerichtet.
- **Informelles Lernen**: Lernen, das im Alltag, am Arbeitsplatz, im Familienkreis oder in der Freizeit stattfindet. Es ist (in Bezug auf Lernziele, Lernzeit oder Lernförderung) nicht strukturiert und führt üblicherweise nicht zur

Zertifizierung. Informelles Lernen kann zielgerichtet sein, ist jedoch in den meisten Fällen nichtintentional (oder „inzidentell"/beiläufig).

Zielgerichtetheit und Zertifizierung spielen in diesen Definitionen eine wichtige Rolle. Im schulischen Bereich bestehen diese beiden Aspekte aus vorgegebenen Lernzielen sowie den Noten und Zeugnissen als Zertifizierung. Kurse, die außerhalb von Bildungseinrichtungen besucht werden, die jedoch keine (anerkannten) Zertifikate ausstellen, sind in der Regel dennoch zielgerichtet, was ihren Aufbau angeht (vgl. Online-Kurse). Ein Hauptunterschied informellen Lernens bezogen auf die obigen drei Definitionen ist die Tatsache, dass es sowohl bewusstes, intentionales als auch unbewusstes, nicht-intentionales Lernen außerhalb von Bildungseinrichtungen umfasst (Kahnwald 2013: 57).

Die erste Erwähnung des Begriffs „informelles Lernen" ist auf den US-amerikanischen Erziehungswissenschaftler John Dewey zurückzuführen, der bereits Ende des 19. Jahrhunderts darauf hinweist, dass informelle Bildung Hintergrund formaler Bildung sei (Rohs 2013: 77; Overwien 2015: 41 f.). Nachdem das Thema in den 1950er-Jahren erneut aufgegriffen wurde und in den 1970er-Jahren vor allem durch die Faure-Kommission der UNESCO auf internationaler Ebene diskutiert wurde, trat es in Deutschland erst in den 1980er-Jahren durch Schöfthaler und Sandhaas in Erscheinung (ebd.: 43 f.). Ende der 1990er-Jahre breitet sich dieser Diskurs weiter aus und veranlasst zunehmend Bereiche wie die Erwachsenenbildung, die berufliche Bildung, Vertreter der Sozialpädagogik, Jugendforschung, Umweltbildung und Freizeitbildung, sich mit informellem Lernen auseinanderzusetzen (ebd.: 49). Für die vorliegende Studie zeichnen sich dabei zwei Bereiche ab, die besonders wichtig sind, wenn es um informelles Lernen geht. Zum einen ist dies die Rolle des informellen Lernens im Jugendalter, zum anderen der Einfluss, den Medien beim informellen Lernen haben.

Heranwachsende Jugendliche stehen in Kontakt mit vielen unterschiedlichen Handlungsfeldern, die zu ihrer Sozialisierung beitragen. Neben der primären Sozialisationsinstanz der Familie sind dies vor allem Gleichaltrige, kommerzielle und nicht-kommerzielle Freizeitanbieter und nicht zuletzt die Medien, die sie allesamt als Möglichkeitsräume zur Auseinandersetzung mit sich selbst, ihrer symbolisch-dinglichen und sozialen Umwelt auffassen und in denen Lern- und Bildungsprozesse stattfinden (Grunert 2015: 334). Innerhalb dieser Möglichkeitsräume können dabei affektive Beweggründe Auslöser informellen Lernens sein. So stellte Murray (2008) beispielsweise fest, dass japanische Lerner durch ihre emotionale Verknüpfung mit der englischsprachigen Popkultur, die für sie fremde Sprache informell lernten (in Cole/Vanderplank 2016: 32). Freundschaften und *peer groups* stellen zudem gerade für den schulischen Bereich des Jugendalters spezifische Beziehungsstrukturen dar. Lernen findet nicht nur innerhalb der Bildungseinrichtung statt, sondern wird darüber hinaus durch gemeinsame Interessen und Werteorientierungen geprägt (Grunert 2015: 338).

Anhand der JIM-Studie wurde bereits im dritten Kapitel verdeutlicht, welchen Stellenwert digitale Medien bei Jugendlichen vor allem im Bereich der Freizeit einnehmen. Allerdings gibt eine solch quantitative Erhebung keinen Hinweis darauf, inwiefern die Mediennutzung als Form informellen Lernens verstanden werden kann. An dieser Stelle sei speziell auf die Massenkommunikation- und -informationsmedien sowie soziale Netzwerke hingewiesen. Insbesondere letztere haben eine wachsende Bedeutung für Prozesse der Sozialisation (Iske 2015: 514). Die sogenannte *„participatory culture"*, die sich von der *„consumer culture"* durch ihre aktive Teilnahme, Mitwirkung und Mitbestimmung abgrenzt, spielt im Rahmen informeller Lernprozesse eine bedeutende Rolle (ebd: 520 f.). Der Begriff geht dabei auf Jenkins/Purushotma (2009) zurück und beinhaltet partizipative Medienkulturen, die sich in informellen Lerngemeinschaften wie sozialen Netzwerken aufhalten, auf „gemeinschaftlich-sozialen Praxen, auf gemeinsam geteilten Interessen und Zielen gründen und damit eine hohe alltagsweltliche Relevanz besitzen" (Iske 2015: 521).

Schließlich kommen wir noch auf die Bedeutung des informellen Lernens für Schule und Unterricht zu sprechen. Geht man strikt nach den oben genannten Definitionen, so scheint es im schulischen Bereich keinen Platz für informelles Lernen zu geben, da es sich ja um eine Bildungseinrichtung handelt, die zielgerichtet und zertifiziert ist. Dennoch beginnen und enden Lernprozesse nicht mit dem Betreten und Verlassen des Klassenzimmers, sondern sind in ihrer Struktur wesentlich komplexer. Auch in hochformalisierten Lehr- und Lernsituationen gibt es immer wieder „das Moment des Ungeplanten, Zufälligen, Anlassbezogenen, Nichtintendierten, Impliziten und von den individuellen Interessen des Lernenden Ausgehenden" (Rohlfs/Hertel 2015: 633). Pettit/Kukulska-Hulme (2011: 199 f.) beschreiben dies als *„blurring between the Professional and the Personal"* und meinen damit das Verschwimmen von Arbeits- oder wie im vorliegenden Fall Schulwelt und dem persönlichen Leben. Die Lernumgebung Schule setzt sich bereits aus einer Vielzahl an informellen (Sub-)Kontexten zusammen, wie etwa Pausen, den dargestellten *peer groups* uvm., in denen sich die einzelnen Schüler untereinander austauschen. Aber auch während des Unterrichts kann es immer wieder dazu kommen, dass abweichend von Themen, die die Lehrkraft gerade behandelt, eigene Inhalte mit unmittelbarem Lebensweltbezug aufgrund ihrer großen subjektiven Bedeutung für die Schüler in den Vordergrund geraten (Rohlfs/Hertel 2015: 634). Was können Lehrkräfte tun, um Lernprozesse in informellen Lernsituationen zu unterstützen? Böttcher (2015: 11-13) schlägt in diesem Zusammenhang vier verschiedene Aspekte vor. Der erste Aspekt betrifft die Sensibilisierung für die Interessen der einzelnen Schüler und ihrer Lebensumstände. Wenn die Lehrkraft diese gut kennt, kann sie gezielt Lerntipps geben. Der zweite Aspekt umfasst die Förderung der Lernerautonomie. Schüler sollen in der Lage sein, ihren Lernprozess eigenverantwortlich zu gestalten und dabei auf für sie hilfreiche Mittel zurückgreifen können. Der dritte Aspekt beschreibt die Vermittlung von (meta-) kognitiven Lernstrategien, die zum Beispiel beim Vokabellernen oder ähnlichem eingesetzt werden können. Schließlich ruft Böttcher dazu auf, zusätzliche Angebote für die Lerner zu schaffen. Diese können je nach Vorlieben der Lerner auch nicht-didaktisierte Materialien beinhalten. Dabei geht es nicht darum, als Lehrer immer auf dem aktuellsten Stand der Entwicklung von Apps und sonstigen digitalen Anwendungen zu bleiben, sondern den Lernern zu helfen, geeignete Lernhilfen zu finden (vgl. McQuiggan et al. 2015: 242 f.).

Zusammenfassend lässt sich sagen, dass informelles Lernen eine Vielzahl an wichtigen Bereichen des schulischen wie auch außerschulischen Lebens betrifft. Um zu verstehen, welche Bedeutung informelles Lernen für Schüler hat, muss untersucht werden, welche Entscheidungsprozesse bei der Gestaltung und Nutzung informellen Lernens eine Rolle spielen (vgl. Harrop/Turpin 2013: 59). Im Rahmen der vorliegenden Arbeit geschieht dies anhand Fallbeispielen, die mittels unterschiedlicher Datenerhebungsverfahren detailliert dargestellt werden.

5 Neue Medien, neue Lernumgebungen?

Obgleich bereits im Erkenntnisinteresse der Arbeit die durchaus kontroverse Bezeichnung „neue Medien“ diskutiert wurde, scheint sie als Bestandteil der Überschrift des fünften Kapitels geeignet, da auf diese Weise die in der Fachliteratur prävalente Annahme neuer (Lehr- und) Lernumgebungen durch digitale mobile Medien aufgegriffen wird. In den folgenden Kapiteln sollen hierzu unterschiedliche Aspekte betrachtet und in den Kontext der Studie eingebunden werden. Zunächst werden dabei der Begriff der „Lernumgebung“ und die damit verbundenen Definitionen und Konzepte näher beleuchtet, um im Anschluss Persönliche Lernumgebungen vor dem Hintergrund der Mediennutzung zu diskutieren. Weiterhin soll der Frage nachgegangen werden, welche Rolle der Kontext bei digitalen mobilen Medien für die Lerner aber auch Lehrer spielt und wie selbstgesteuertes Lernen damit zusammenhängt. Schließlich beschäftigen sich die weiteren Kapitel mit methodischen Aspekten von Lernumgebungen wie Kollaborations- und Kooperationsmöglichkeiten bzw. der Gestaltung neuartiger Aufgaben und deren Formaten.

5.1 Konzepte von Lernumgebungen

Bei der wissenschaftlichen Auseinandersetzung mit Lernumgebungen stößt man unweigerlich auf weitere Bezeichnungen, wie „Lern(stand)orte“, „Lernräume“ oder auch „Lernwelten“ (vgl. Gehring 2010; Legutke 2003; Legutke 2010; Pfeil 2015a). In vielen Fällen wird keine explizite Erläuterung für die terminologische Wahl gegeben, vermutlich sollen damit jedoch konzeptuelle Aspekte berücksichtigt werden. Im Rahmen der vorliegenden Arbeit soll hierfür der Begriff „Lernumgebung(en)“ verwendet werden. Im Vergleich zu Orten bzw. Räumen erscheinen mir Umgebungen als beschreibende Elemente des Konzepts gewissermaßen umfassender und kontextsensibler. Welten sind meiner Auffassung nach wiederum zu groß, beinahe grenzenlos und damit weniger durch den Lerner veränderbar, als es Umgebungen sind.

Ein Blick in die historische Entwicklung von Lehr- und Lernumgebungen zeigt, dass vor allem reformpädagogische Bewegungen dazu beigetragen haben, traditionelle Umgebungen fremdsprachlichen Lehrens und Lernens wie das Klassenzimmer nach draußen zu verlagern und so außerschulische Aktivitäten zu ermöglichen (vgl. Gehring 2010: 8). Insbesondere die kommunikative

Wende des Fremdsprachenunterrichts, die in den 1970er Jahren angestoßen wurde (Piepho 1974), trug dazu bei, eine Neubestimmung von Lernumgebungen vorzunehmen, welche zielsprachliche Handlungsfelder sowie kommunikativen Sprachgebrauch in den Mittelpunkt setzte (Legutke 2010: 172). Das bekannte „Airport-Projekt“[23] von Legutke/Thiel (1983) steht beispielhaft für ein solches zielsprachliches Handlungsfeld, da sich die Schüler an einem Flughafen nicht nur außerhalb ihrer gewohnten Lernumgebung befinden, sondern mittels kommunikativer Aufgaben auch ihre sprachlichen Fertigkeiten in authentischen Situationen trainieren. Die Schüler übernahmen Verantwortung für ihren eigenen Lernprozess, und die Lehrkräfte nahmen an vielen Stellen eine passive Rolle als Helfer bzw. Moderator ein (Wicke 2012: 72). Die Frage, die sich bei der Planung eines solchen außerschulischen Projekts jedoch stellt, ist die nach dem didaktischen Potenzial einer Lernumgebung. Grau/Legutke (2013: 4) unterscheiden hierbei zwischen primären und sekundären Lern*orten*, wobei erstere mit pädagogischen Zielsetzungen eingerichtet sind (Bsp.: Museen, Gedenkstätten), letztere hingegen nicht (Bsp.: Flughafen, Bahnhof). Um das jeweilige Potenzial einer Lernumgebung nutzen zu können, bedarf es der Konzeption entsprechender Aufgaben, der Bereitstellung von Werkzeugen und Hilfen durch die Lehrkraft sowie einer Vor- und Nachbereitung in der Kernzone Klassenzimmer (ebd.: 5 f.). Die bisher dargestellten Lernumgebungen haben eines gemein: sie repräsentieren real existierende Umgebungen, an die Schüler gehen und an denen sie mit anderen Personen oder Gegenständen in direkten Kontakt interagieren können. Wie sieht es aber im Falle von virtuellen Lernumgebungen aus? Welche Möglichkeiten der Interaktion bestehen bei der Nutzung von Chats, Foren, sozialen Netzwerken oder Lernplattformen, um einige der virtuellen Begegnungsstätten zu nennen? Gerade bei Jugendlichen besteht der außerschulische Wissenserwerb und das Wissensmanagement fast ausschließlich durch die Ressource des Internets, wo oftmals Suchmaschinen als „zweites Gedächtnis“ der Nutzer fungieren (Pfeil 2015a: 3).[24] An dieser Stelle sollte eine Verzahnung zwischen Präsenz- und Onlineelementen eintreten, die es nicht nur den Lernern erlaubt, Inhalte eigenverantwortlich und je nach Aufgabenstellung alleine oder mit anderen Lernern zusammen zu erarbeiten, sondern auch den Lehrern erlaubt, ihre Schüler in analogen als auch digitalen Lernumgebungen zu begleiten und zu unterstützen (Pfeil 2015b: 29 f.). Insbesondere digitale mobile Endgeräte

23 Weitere Projekte wie „Französisch in unserer Gemeinde“ oder „deutsche Spuren in unserer Stadt“ umfassen darüber hinaus Umgebungen wie Campingplätze, internationale Schulen, Altersheime oder auch Bahnhöfe (vgl. Legutke 2015: 128)

24 Pietraß (2005) warnt in diesem Zusammenhang vor sogenanntem „leeren Wissen“, welches entsteht, wenn keine Rückbindung an den Horizont eigener Erfahrungen stattfindet.

wie Smartphones ermöglichen zudem kommunikative Freiheiten, die im Hinblick auf realsprachliche Situationen kaum möglich wären und deshalb für den Einsatz zu Lehr- und Lernzwecken berücksichtigt werden müssen. Hierzu zählen vor allem veränderte kommunikative Normen, wie das sofortige Antworten, eine generelle kommunikative Bereitschaft, neue Höflichkeitsregeln oder eine andere Verwendung von Sprache (bspw. Abkürzungen, vermehrter Gebrauch ikonischer Stilmittel wie *Emojis* oder *Emoticons*) (Bächle/Thimm 2014b: 45). Der Austausch von Nutzern in virtuellen Lernumgebungen lässt neue Wissensquellen entstehen und erweitert so das expositorische Lernen um das kooperative sowie das entdeckende und soziale Lernen (Lackner/Kopp 2014: 182).

Abschließend möchte ich auf einige ausgewählte von Kurtz (2015) vorgeschlagenen Dimensionen von Lernumgebungen eingehen, die sowohl eng miteinander verbunden sind als auch unterschiedlich aufeinander einwirken können und für das Erfassen und Kategorisieren von Lernumgebungen hilfreich erscheinen. So beschreibt die Dimension der *Materialität*, um welche Art von Umgebung es sich handelt (bspw. das Klassenzimmer als realer physisch begrenzter Raum). Die Dimension der *Novität* richtet das Augenmerk auf die schülerseitige Wahrnehmung der Umgebung als vertraut oder neuartig und kann dabei die Neugier beeinflussen. Die Dimension der *(Multi-)Funktionalität/Intentionalität* umfasst die durch die Nutzer zugeschriebenen Zweckbestimmungen einer Umgebung (Bsp.: „Dient mir diese Umgebung für mein Lernen?"). Diese Perspektive ergänzend findet sich die *Didaktizität* als Dimension curricular-normativer Vorgaben und Zielsetzungen. Als weitere Dimension ist die *Affektivität* bzw. *Erlebnisqualität* hervorzuheben, die wiederum mit der *Novität* verknüpft sein kann und das sinnlich-subjektive Erleben einer Lernumgebung beschreibt. Schließlich sind die beiden Dimensionen der *Relationalität/Konnektivität* und der *Effektivität/Effizienz* zu nennen, wobei erstere die bereits erwähnte Vernetzung unterschiedlicher Lernumgebungen beinhaltet und letztere eine Bewertung der Wirksamkeit verschiedener Lernaktivitäten und -prozesse in eben jenen Umgebungen versucht vorzunehmen (ebd.: 109-111).

Die in diesem Kapitel vorgestellten und beschriebenen Faktoren, die bei der Gestaltung und Nutzung von Lernumgebungen zum Tragen kommen, spielen auch für die vorliegende Studie eine wichtige Rolle, da durch den Einsatz digitaler mobiler Endgeräte im Kontext des Englischunterrichts nicht nur verschiedene Lernumgebungen zur Verfügung stehen, sondern auch von den einzelnen Schülern individuell wahrgenommen werden. Hierfür soll im Folgenden der Begriff der Persönlichen Lernumgebung näher betrachtet werden.

5.2 Persönliche Lernumgebungen

Die JIM-Studie belegt, was im Alltag häufig zu beobachten ist: Jugendliche nutzen digitale mobile Endgeräte – darunter vor allem Smartphones – in zahlreichen Lebenssituationen. Ob zuhause oder auf dem Weg zur Schule, um sich zu informieren oder mit anderen zu kommunizieren – die scheinbar ubiquitären Verwendungsmöglichkeiten der Geräte nehmen einen wichtigen Stellenwert gerade bei jüngeren Nutzern ein. Im Bereich des Mobilen Lernens kommt, wie in Kapitel 4.1 deutlich wurde, neben der Orts- und Zeitungebundenheit der Aspekt der Personalisierung zum Tragen. Nutzer können ihre digitalen mobilen Endgeräte dank des Zugriffs auf zahlreiche Anwendungen individuell an ihre (Lern-) Bedürfnisse anpassen, was im Falle konventionellerer E-Learning-Angebote nur begrenzt möglich ist (Crompton 2013: 50). Auf diese Weise können sogenannte Persönliche Lernumgebungen (PLU) aktiv gestaltet und genutzt werden. PLUs sind dabei nicht nur auf das (Fremd)Sprachenlernen begrenzt, sondern finden sich in vielen Bereichen des alltäglichen Lebens, wie beispielsweise der Planung und Organisation bestimmter Aktivitäten, der Wissensaneignung und -verwaltung oder auch des Wissensaustausches mit anderen Personen (Reinders 2014: 15). Insbesondere der von Kurtz beschriebenen Dimension der *(Multi-)Funktionalität/Intentionalität* einer Lernumgebung wird dabei Rechnung getragen, da die Zweckbestimmung allein vom Lerner ausgeht. Wie genau sieht nun aber eine PLU aus? Attwell (2007: 4f.) beschreibt sie vor allem als sozial, was bedeutet, dass Interaktionen in jedweder Form (Chats, Foren, Messaging-Dienste uvm.) mit anderen Menschen genutzt werden, um Netzwerke herzustellen. Dabei kontrolliert jeder Nutzer, welche Inhalte er wie nutzt, in welchem Maße er sie verändert und so eventuell an seine Bedürfnisse anpasst und wiederum anderen zur Verfügung stellt (van Harmelen 2006: 815). Ein wichtiges Merkmal, das damit zusammenhängt, betrifft die Wahrnehmung und Darstellung der einzelnen Lerner innerhalb ihrer PLU:

> A key feature of a PLE (Personal Learning Environment, S.F.) is that the learner develops an online identity where the personalized learning environment provides cues (affordances or possibilities for action) that prompt the learner about what to share, what not to share, who they choose to share with, and how to effectively merge among formal and informal learning. (Dabbagh/Kitsantas 2012: 5)

Es sollte dabei jedoch klar zwischen einer PLU und einer virtuellen Lernumgebung (VLU) unterschieden werden. VLUs sind in der Regel institutionell (bspw. durch Lehrkräfte) organisiert sowie kontrolliert (zu nennen wären hierbei Lernplattformen wie *Moodle*, *Blackboard* oder Ilias) und werden oftmals in Kontexte von Kursen eingebettet (Reinders 2014: 16). Eine Zweckbestimmung ist in diesen

Fällen vorgegeben und nur zu einem bestimmten Anteil, insbesondere in Bezug auf die Inhalte, durch die Nutzer personalisierbar.

PLUs stellen demnach „zugeschnittene", individuelle Lernumgebungen dar, die sowohl formale als auch informelle Lerninhalte miteinander verbinden (vgl. Kapitel 4.3 und 4.4) und sozial geprägt sind. Das Lernen in sogenannten *Communities of Practice* (vgl. Wenger 1998) ist dabei kein Gegensatz zur ansonsten individuell geprägten PLU einer Person. Diese selbst organisierten sozialen Einheiten sind dadurch gekennzeichnet, dass ihre Mitglieder sich einem gemeinsamen Zweck verschreiben und so ihre persönliche und professionelle Identität weiterentwickeln (Arnold/Kumar 2014: 474).

Kollaboration und Kommunikation sind zudem zwei Kernelemente der zunehmend geforderten *21st-Century Skills*, die zusammen mit den Elementen kritisches Denken und Problemlösung sowie Kreativität und Innovation die sogenannten *Learning and Innovation Skills*[25] beschreiben und Teil einer professionellen Identität darstellen (Lai/Dicerbo/Foltz 2017: 5-7). Jugendliche sollen, indem sie innerhalb ihrer Lernumgebungen bestimmte Fertigkeiten ausbilden, auf eine immer komplexer werdende Lebens- und Arbeitswelt vorbereitet werden. Gerstein (2013: 271) fasst die spezifischen Fertigkeiten der Elemente Kommunikation und Kollaboration folgendermaßen zusammen, die in Teilen stark an die Formulierungen in den Bildungsstandards für die fortgeführte Fremdsprache (Englisch/Französisch) für die Allgemeine Hochschulreife erinnern (vgl.: „Funktionale kommunikative Kompetenz" KMK 2014: 14-18):

25 Partnership for 21st Century Skills: Framework for 21st Century Learning www.p21.org/about-us/p21-framework (letzter Zugriff: 22.04.2017)

1. Communicate clearly:

- Listen effectively to decipher meaning, including knowledge, values, attitudes, and intentions.
- Use communication for a range of purposes (e.g., inform, instruct, motivate, and persuade).
- Utilize multiple media and technologies, and know how to judge their effectiveness a priori as well as assess their impact.
- Communicate effectively in diverse environments.

2. Collaborate with others:

- Demonstrate the ability to work effectively and respectfully with diverse teams.
- Exercise flexibility and willingness to be helpful in making necessary compromises to accomplish a common goal.
- Assume shared responsibility for collaborative work, and value the individual contributions made by each team member.

Persönliche Lernumgebungen sind also von individuellen und zugleich sozialen Merkmalen geprägt. Sie umfassen Bereiche des formalen wie auch informellen Lernens und verlangen ein hohes Maß an Selbststeuerung seitens der Lerner. Digitale mobile Medien spielen bei der Gestaltung dieser PLUs eine wichtige Rolle, da sie Lernkontexte miteinander verbinden, Kommunikations- und Kollaborationsmöglichkeiten bereitstellen sowie von den Nutzern an ihre Bedürfnisse angepasst werden können. Für den Fremdsprachenunterricht bedeutet dies, dass individuelle Lernumgebungen der Schüler ermöglicht werden können, jedoch vor allem durch die Lehrkraft berücksichtigt werden müssen. Die oben aufgeführten *Skill*-Beschreibungen sollten als Regelwerk im Umgang mit eben jenen Medien bzw. der Medienerziehung der Schüler Beachtung finden, ohne jedoch dabei *output*orientierte Vorgaben wie Bildungsstandards zu ersetzen.

Im folgenden Kapitel soll daher geschaut werden, in welchen Kontexten (persönliche) Lernumgebungen genutzt werden können und wie sich diese Kontexte kategorisieren lassen.

5.3 Die Rolle des Kontexts

Der Begriff des Kontexts bietet im Zusammenhang mit dem Einsatz digitaler mobiler Endgeräte einen multiperspektivischen Zugang zu didaktisch-methodischen Überlegungen und sollte zunächst in seinen einzelnen Aspekten betrachtet werden. Bereits in der konzeptuellen Darstellung von MALL bzw. *m-learning* in Kapitel 4.1 wurde erläutert, dass der Kontext ein hervorstechendes Merkmal ist, welches in Verbindung mit den Aspekten der Bewusstheit und Adaptivität Charakteristika ubiquitären Lernens entspricht:

> Although context is an important aspect of m-learning, it is the core concept of u-learning, owing to two important affordances of the learning environment, namely 'context awareness' and 'adaptivity'. (Milrad et al. 2013: 95)

Es ist hierbei zu beachten, dass Bewusstheit sowie Adaptivität ausgehend von den didaktischen Inhalten für die Lerner ermöglicht werden sollen, damit diese ihre Lernumgebungen mit den digitalen mobilen Endgeräten gestalten können.

Frohberg (2008: 42-44) nimmt den Begriff des Kontexts als speziellen Klassifizierungsgegenstand von *m-learning*-Projekten vor dem Hintergrund u. a. lernpädagogischer Grundverständnisse (Abb. 5).

Kategorie	**Irrelevanter Kontext**	**Formalisierter Kontext**	**Physischer Kontext**	**Sozialisierender Kontext**
Kapitel	5	6	7	8
Funktion des Umgebungskontextes	keine	organisatorische Funktion	kognitive Funktion	sozialisierende Funktion
Typisierter Kontext	Schreibtisch, Bus, Baggersee	Klassenraum	Museum, Zoo, Stadtführung	Community
Entsprechung traditioneller Methoden	Lehrbuch, Hausaufgabe	Aktive Mitarbeit, Quiz, Buzz-Groups	Expedition	Interessensgruppe
Pädagogisches Grundverständnis	Behaviorismus (Inhaltsvermittlung)	Konstruktivismus	Soziokultureller Konstruktivismus	Soziokognitiver Konstruktivismus
Lernform	isoliertes Lernen	kollektives Lernen	situiertes Lernen	gemeinschaftliches Lernen
Ziel von Mobile Learning	Zugang zu Daten	Aktivierung Lernender	Kontextanreicherung, Moderation	Zugang zu Personen, Moderation, Awareness
Relativer Komplexitätsgrad	sehr gering	gering	hoch	sehr hoch

Abb. 5: Kategorisierung von Lernkontexten in Bezug auf Mobiles Lernen nach Frohberg (2008)

Die vier Kategorien „irrelevanter Kontext“, „formalisierter Kontext“, „physischer Kontext“ und „sozialisierender Kontext“ nehmen dabei unterschiedliche Funktionen ein, die zunächst näher erläutert werden sollen, um daraufhin eine Sinnverwandtschaft zu den in den beiden vorangegangenen Kapiteln präsentierten Konzepten von Lernumgebungen herzustellen.

In der ersten Kategorie des irrelevanten Kontexts spielt die Umgebung für die Bearbeitung des Lerngegenstands keine unmittelbare Rolle; das bedeutet, dass ein Lerner sich an einem beliebigen Ort aufhalten kann, um beispielsweise seine Hausaufgaben zu erledigen, die er per E-Mail von der Lehrkraft erhalten hat. Es findet eine an den Behaviorismus angelehnte Vermittlung von Lerninhalten statt (konsumieren und verinnerlichen von Lerninhalten), bei der der Lernende in der Regel isoliert, das heißt, nicht mit anderen Lernern zusammen lernt. Dementsprechend stellt der irrelevante Kontext einen relativ geringen Komplexitätsgrad hinsichtlich der Verwendungsform mobiler Medien dar, die nur den Zugang zu Daten/Informationen ermöglichen (ebd.: 45-46).[26]

Bei der zweiten Kategorie des formalisierten Kontexts hat der Umgebungskontext eine organisatorische Funktion. Das Klassenzimmer oder der Seminarraum in einer (Hoch)Schule sind typische Vertreter dieser Kategorie. Kollektives Lernen findet vor allem aufgrund der räumlichen Nähe der Lerner zueinander statt. Der Lerngegenstand wird auf Basis kognitivistisch/konstruktivistischer Ansätze vermittelt, wobei auch hier kein direkter Zusammenhang zwischen Lernumgebung und Lerngegenstand besteht. Der Komplexitätsgrad der Verwendung mobiler Medien ist allenfalls gering einzustufen. Die Lehrkraft kann in diesem Kontext die Schüler aktivieren, die ansonsten lediglich passiv konsumieren (ebd.: 61).

Der physische Kontext als dritte Kategorie ermöglicht situiertes, kooperatives Lernen beispielsweise in Museen, Zoos oder anderen didaktisch motivierten Lernumgebungen. Mobile Medien können hierbei als Werkzeuge zur kontextsensitiven Aufgabenbearbeitung genutzt werden und so den jeweiligen Lerngegenstand anreichern. Exponate einer Ausstellung können als Grundlage dienen, um gemäß soziokulturell-konstruktivistischer Ansätze kognitive Prozesse bei Schülern anzustoßen (ebd.: 139). In diesem Zusammenhang lässt sich eine klare inhaltlich konzeptuelle Überschneidung zu der in Kapitel 5.1 vorgestellten Klassifikation primärer Lernumgebungen feststellen.

Schließlich führt Frohberg noch den sozialisierenden Kontext an, der, wie der Name bereits impliziert, eine sozialisierende Funktion erfüllt und somit dem Ansatz des soziokognitiven Konstruktivismus folgt. Im Vordergrund steht dabei die Verknüpfung des Lerngegenstandes mit der physischen Umgebung und darüber hinaus mit anderen Lernern. Der relative Komplexitätsgrad gestaltet sich innerhalb dieses Kontexts als sehr hoch, da es viele wechselseitige, zwischenmenschliche und dynamische Interaktionen gibt, die nur bedingt beispielsweise von einer Lehrkraft gesteuert werden können, sondern vielmehr in *Communities of Practice* (vgl. Kapitel 5.2) ausgehandelt werden (Frohberg 2008: 329).

Lernumgebungen und Kontexte stellen demnach zwei vielschichtige Konzepte dar, die gerade für die Planung des unterrichtlichen Einsatzes digitaler mo-

---

26 An dieser Stelle möchte ich bereits auf die in Kapitel 5.6 thematisierten Kategorisierungen mittels SAMR-Modell bzw. der Bloom'schen Taxonomie hinweisen.

biler Endgeräte von Bedeutung sind (vgl. White/Direnzo/Bortolotto 2016: 4f.). Analog zu den *Communities of Practice*, die durch ein hohes Maß an sozialen Elementen gekennzeichnet sind, entsteht im sozialisierenden Kontext von Frohberg eine Vernetzung von Lernern auf Grundlage gemeinsamer Eigenschaften und Ziele. Selbstgesteuertes Lernen steht dieser Vernetzung in keiner Weise im Weg, sondern kann, wie im folgenden Kapitel diskutiert wird, in Bezug auf die Kontextnutzung ein ebenso wichtiges Charakteristikum sein.

5.4 Selbstgesteuertes Lernen

Bei der Diskussion um selbstgesteuertes Lernen findet oft eine Vermischung mit Begrifflichkeiten wie Selbstlernen oder auch Lernerautonomie statt. Rösler (2012: 117) hebt in diesem Zusammenhang hervor, dass das Konzept der Lernerautonomie, welches auf Holec (1979) zurückgeht, beim Lernen mit digitalen Medien zunächst wenig mit der Frage zu tun hat, ob eine Person alleine oder in einer Gruppe lernt. Darüber hinaus verweist Rösler (ebd.) auf die Tatsache, dass digitale Lerninhalte, die beispielsweise auf CDs oder anderen Medien zu finden sind, „fremdbestimmt“ bleiben, obgleich die Lerner selbst bestimmen können, wann und wo sie sie einsetzen.[27] Computerunterstütztes Selbstlernen wird dabei, so Würffel (2016: 387), oftmals lediglich als individuelles Lernen außerhalb von Bildungsinstitutionen gefasst und schließt somit vielfältige Formen des computergestützten selbstgesteuerten Lernens im Klassenzimmer, ob individuell oder in anderen Organisationsformen, aus. Was macht nun aber selbstgesteuertes Lernen aus, welche Rolle spielen digitale mobile Medien dabei und worin besteht schließlich das Potenzial?

Die Eigenschaften selbstgesteuerten Lernens beziehen sich vor allem auf die Unabhängigkeit des Lerners von Zeit und Raum sowie seines selbstbestimmten Umgangs mit Lerninhalten (Rösler 2010a: 34). Betrachtet man Selbststeuerung als Gegenteil von Fremdsteuerung, so beinhaltete Selbststeuerung all jene Einflüsse und Faktoren auf die Gestaltung des Lernens, die vom Lerner selbst ausgehen, wobei Fremdsteuerung im Gegenzug diejenigen Einflüsse und Faktoren umfasst, die von außen auf den Lerner und die Gestaltung seines Lernens einwirken (Konrad/Traub 2015: 4). Es ist jedoch undenkbar, von jeweils reinen Formen der Selbst- bzw. Fremdsteuerung auszugehen. Nimmt man den Frontalunterricht als Paradebeispiel fremdgesteuerten Lernens, so lassen sich

27 Für eine ausführliche Darstellung des Begriffs der Lernerautonomie im Kontext der Fremdsprachenforschung siehe Martinez (2008) bzw. Schmenk (2008).

selbst hier aus konstruktivistischer Sichtweise selbstregulative[28] Aktivitäten nachweisen, die zum Beispiel die Reflexion des Gelernten betreffen (ebd.: 5). Selbstgesteuertes Lernen geht demnach immer zu einem gewissen Anteil mit Fremdsteuerung einher und vice versa.

Wir haben in den vorangegangenen Kapiteln die Bedeutungen von Lernumgebungen und PLUs sowie des Kontexts kennengelernt, in denen digitale mobile Medien eingesetzt werden. Im schulischen Bereich kommen zudem immer häufiger personalisierende Ansätze wie BYOD zum Tragen, die den Schülern ermöglichen, ihre eigenen Endgeräte zu Lernzwecken zu nutzen. Selbststeuerung findet dabei auf unterschiedlichen Ebenen und innerhalb verschiedener Kontexte statt. Die lernerseitigen Entscheidungen hinsichtlich der Auswahl dieser Kontexte bilden ein Kernelement der vorliegenden Arbeit und stehen in enger Verbindung mit den Fragen nach den Möglichkeiten der Einbindung informeller Lerninhalte. Würffel (2016: 390) stellt dabei heraus, dass leider viele mobile Anwendungen, wie Sprachlernapps, zwar zeitliche und räumliche Unabhängigkeit von formalisierten Kontexten bieten, oftmals jedoch stark an tradierte Lehrmethoden (Grammatik-Übersetzungs-Methode) angelehnt sind und sich inhaltlich kaum durch den Lerner verändern oder ergänzen lassen, was wiederum zu Frustrationen sowie schnellen Abbrüchen im Lernprozess führen kann.

Neben gesellschaftlichen Begründungszusammenhängen wie der schnellen technologischen Entwicklung und dem Einfluss von Medien auf den Alltag der Menschen führen Konrad/Traub (2015) lerntheoretische Begründungen für die Förderung selbstgesteuerten Lernens an. Dies bedeutet konkret, dass Lernern die Möglichkeit gegeben werden muss, Lerninhalte auf ihren favorisierten Wegen zu bearbeiten und dabei Lernstrategien zu entwickeln und anzuwenden. Die Lehrkräfte nehmen zugleich eine passivere Rolle ein, die sich sowohl auf die Unterrichtsplanung, die damit zusammenhängenden Lerninhalte sowie den Unterrichtsablauf bezieht. Die Lerner stehen ihren Lernprozessen eigenverantwortlich gegenüber und können so in ihrer Vielfältigkeit eingebunden werden (ebd.: 21 f.).

Problematisch kann es allerdings werden, wenn das Konzept der Selbststeuerung beim Lernen mit digitalen mobilen Medien ohne Berücksichtigung der Voraussetzungen bei den Lernern Anwendung findet. Lenkungen seitens der Lehrkraft, die der Bewusstmachung der Lerner im Umgang mit (Lern)Inhalten dienen, welche möglicherweise nicht didaktisiert sind, sind in diesem Zusammenhang bedeutsam (vgl. Rösler 2015: 192). Um selbstgesteuert zu lernen, be-

28 Selbstregulation wird in der Fachliteratur vielfach als Teilaspekt selbstgesteuerten Lernens gesehen (vgl. Konrad/Traub 2015: 6) und soll, um die Darstellung nicht weiter zu verkomplizieren und den Rahmen des Kapitels zu sprengen, nicht näher analysiert werden.

darf es nicht nur strategischer metakognitiver Vorwissenskomponenten, die vor Beginn der Bearbeitung von Lerninhalten durch den Lerner bewusst gemacht werden sollten, sondern auch einer eigen- sowie fremdbestimmten Kontrolle während des Lernprozesses. Darüber hinaus sollten nach Beendigung der Bearbeitung eine Selbstreflexion initiiert werden, die positive wie auch negative Elemente des Lernprozesses hervorheben (vgl. Konrad/Traub 2015: 34; Zimmerman 2002: 67).

5.5 Kollaboratives Lernen

„*Gemeinsam statt einsam*" oder „*Zusammen schaffen wir das*" – diese Aussprüche findet man in vielen Lebenslagen vor, wo Zusammenarbeit als Weg zum Ziel gesehen wird. Ähnlich verhält es sich bei dem Begriff „Kollaboration", der zwar auch eine kriegspolitische Konnotation umfasst, allgemein jedoch gemeinschaftliches Handeln beschreibt. Wie sieht es aber bei Kollaboration im Hinblick auf das Lernen aus? Gerade Aspekte wie PLUs und selbstgesteuertes Lernen scheinen eine Zusammenarbeit verschiedener Personen zunächst nicht vorauszusetzen, dennoch finden sich bei näherem Hinschauen kollaborative Elemente, die Gruppenprozesse und gemeinsame Zielsetzungen betonen.

Im Mittelpunkt des kollaborativen Lernens stehen Lernergruppen, die zusammen an der Lösung eines Problems/einer Aufgabe oder auch der Erstellung eines Produkts arbeiten und dabei sozial wie auch emotional herausgefordert werden, unterschiedliche Perspektiven einzunehmen, gegeneinander abzuwiegen und ihre eigenen Ideen auszudrücken und zu verteidigen (Laal/Laal 2012: 491). Weiterhin wird gerade im wissenschaftlichen Diskurs in vielen Fällen das Konzept des kooperativen Lernens synonym verwendet. Tatsächlich ähneln sich die beiden Begriffe *Kollaboration* und *Kooperation* hinsichtlich ihrer Bedeutung; dennoch gibt es Unterschiede, die im Rahmen der vorliegenden Arbeit berücksichtigt werden sollen. Beatty/Nunan (2004) machen dies vor allem an sozialen Aspekten innerhalb der Gruppe fest:

> However, cooperative can also be contrasted to collaborative in that cooperation only requires that learners work together, each learner completing a part of the task, rather than negotiating with others about all aspects of the task, as is necessary in collaboration. (ebd.: 166)

Kollaboratives Lernen findet nicht statt, wenn sich Lerner mit anderen austauschen, ihre Aufgaben jedoch individuell bearbeiten und sobald sie fertig sind, anderen Lernern bei der Bearbeitung helfen. Es geht vielmehr um eine Form der Zusammenarbeit, die auf Basis eines gleichberechtigten und aktiven Austauschs untereinander stattfindet[29]. Dieser Austausch wiederum fördert das Interesse der Gruppenteilnehmer sowie deren Fähigkeit zum kritischen Denken (Laal/Laal/Kermanshahi 2012: 1697; vgl. Kapitel 5.2 zu *21st Century Skills*). Digitale mobile Endgeräte erleichtern in ihrer Rolle als beinahe ubiquitäre Zugänge zu sozialen Netzwerken sowie weiteren kommunikationsfördernden Anwendungen (SMS, E-Mail, VoIP uvm.) die Bildung und damit Nutzung solcher Gruppen. Gleichzeitig sollte nicht unerwähnt bleiben, dass diese Medien dabei auch die Wahrnehmung sozialer Beziehungen und der sozialen Situation aufgrund der reduzierten Übertragung sozialer Hinweisreize beeinflusst. Schließlich kann sich diese Reduktion erneut auf den Informationsaustausch auswirken (Landkammer/Sassenberg 2016: 110). Dies bedeutet, dass bei computervermittelter Kommunikation schlichtweg Aspekte fehlen, die bei einer *face-to-face* Kommunikation vorhanden sind. Zum einen sind das Gestik und Mimik, aber auch weitere nonverbale Kommunikation, die sich nur schlecht durch die Verwendung von Ideogrammen wie *Emojis* oder *Emoticons* ausdrücken lassen. Zum anderen geben virtuelle Umgebungen den Nutzern mehr Möglichkeiten, anonym zu agieren. So kommt es beispielsweise vor, dass Mitglieder innerhalb einer virtuellen Gruppe schneller ihre Einstellungen ändern, als dies im echten Leben der Fall wäre (ebd.: 111).

Nun bleibt die Frage zu klären, welche Vorteile kollaboratives Lernen hat und welche Voraussetzungen für diese Vorteile vorhanden sein sollten. Laal/Ghodsi (2012: 487 f.) unterteilen die Vorteile des *collaborative learning* (CL) in die vier Kategorien „*social*“, „*psychological*“, „*academic*“ sowie „*assessment*“ (Tab. 1)

Social benefits	– CL helps to develop a social support system for learners; – CL leads to build diversity understanding among students and staff; – CL establishes a positive atmosphere for modelling and practicing cooperation, and; – CL develops learning communities.
Psychological benefits	– Student-centered instruction increases students‘ self-esteem; – Cooperation reduces anxiety, and; – CL develops positive attitudes towards teachers.

29 Beispiele für Aufgaben, die kollaboratives Lernen fördern finden sich in Arich-Gerz (2008), Fisher/Lucas/Galstyan (2013), van der Zwaard/Rose/Bannink (2014) oder auch Wang (2014).

Academic benefits	- CL promotes critical thinking skills - Involves students actively in the learning process - Classroom results are improved - Models appropriate student solving techniques - Large lectures can be personalized - CL is especially helpful in motivating students in specific curriculum
Alternate student and teacher assessment techniques	- Collaborative teaching techniques utilize a variety of assessments

Tab. 1: Kategorisierung der Vorteile kollaborativen Lernens in der Zusammenfassung von Laal/Ghodsi (2012)

Es lässt sich anhand der Tabelle erschließen, dass viele der genannten Vorteile Überschneidungen zu den behandelten Konzepten der vorangegangenen Kapitel, wie beispielsweise der Gestaltung Persönlicher Lernumgebungen oder des sozialisierenden Kontexts nach Frohberg, aufweisen. Die Rolle der Lehrkraft stellt eine solche Überschneidung dar. Beim kollaborativen Lernen wird der ansonsten vielleicht typisch lehrerzentrierte Unterricht zugunsten der aktiven Gestaltung durch die Lerner aufgegeben. Lehrer nehmen in kollaborativen Lernszenarien eine passivere Rolle ein und sehen sich „*as designers of intellectual experiences for students – as coaches or midwives of a more emergent learning process, not just as transmitters of knowledge to students*“ (Laal et al. 2013: 1428).

An dieser Stelle soll noch auf die Voraussetzungen eingegangen werden, die vorhanden sein müssen, damit Kollaboration sich positiv auf das Lernen innerhalb multimedialer Umgebungen auswirkt. Kirschner/Kirschner/Janssen (2014: 548) führen hierbei das „*collaborative principle*“ an, welches aus insgesamt drei Grundsätzen besteht. Der erste Grundsatz besagt, dass eine Lernaufgabe kognitiv anspruchsvoll genug sein muss, um kollaboratives Arbeiten zu ermöglichen. Dieses an die *Flow*-Theorie von Csikszentmihalyi (2010) erinnernde Prinzip schließt dabei Übungen und Aufgaben, die beispielsweise reines Faktenwissen abfragen, als potenziell kollaborationsfördernd aus. Der zweite Grundsatz besagt, dass kognitive Prozesse und lernrelevante Informationen mittels digitaler Medien effektiv und effizient unter den Gruppenmitgliedern geteilt werden müssen. Auf diese Weise findet eine Externalisierung der eigenen Gedanken statt, welche von der gesamten Gruppe diskutiert werden können (Kirschner/Kirschner/Janssen 2014: 553 f.). Schließlich besagt der dritte Grundsatz, dass die digitalen Medien die notwendigen Werkzeuge für eine effektive und effiziente Kommunikation bereitstellen müssen, sodass Interaktionen der Gruppenmitglieder untereinander gewährleistet werden können (ebd.: 561 f.).

In der vorliegenden Untersuchung stellen die iPads (und darüber hinaus bei manchen Schülern auch Smartphones) solche Werkzeuge dar. Mit ihrer Hilfe wurden nicht nur vielseitige Kommunikationskanäle zwischen den Schülern, innerhalb unterschiedlicher Gruppen, hergestellt, sondern auch Aufgabenbearbeitung ermöglicht. Eine dieser Aufgaben bezog sich auf die Fertigkeit des Schreibens in einer Fremdsprache. Gesichtspunkte, die sowohl während der Datenerhebung als auch bei deren späteren Analyse eine wichtige Rolle spielten, bezogen sich zum einen auf die Wahrnehmung der Lernumgebungen, aber zum anderen auch auf die beim Schreiben stattfindenden kollaborativen Aktivitäten. Unter Vorgriff auf die im zehnten Kapitel vorgestellten Schülerdaten soll an dieser Stelle ein Zitat von Lea verdeutlichen, wie Zusammenarbeit mithilfe der digitalen mobilen Endgeräte aufgefasst werden kann. Auf die Frage, wie sie die iPads zukünftig im Unterricht einsetzen würde, schlägt sie vor:

> [...] dass man manchmal mehr mit den iPads arbeiten und zum Beispiel mehr Präsentationen erstellen oder auch mehr in Gruppen zusammen machen darf, ja. Leider dürfen wir oft nicht zusammenarbeiten, obwohl das echt besser ist. (Lea, Z. 68-71)

Es stellt sich bei dieser Aussage weniger die Frage, ob als vielmehr inwiefern die Lehrkraft geeignete Aufgabenformate mit dem Einsatz der iPads verbindet und so den Schülern die Möglichkeit gibt, zusammenzuarbeiten.

Im folgenden Kapitel sollen Aufgabenformate fokussiert werden, die durch den Einsatz digitaler mobiler Endgeräte ermöglicht bzw. unterstützt werden können. Hierfür werden zunächst zwei Modelle zu näheren Beschreibung und Kategorisierung dieser Aufgaben vorgestellt, um dann einen allgemeinen Blick auf die Rolle der Aufgaben in der Unterrichtspraxis zu werfen.

5.6 SAMR-Modell

Eine zentrale Aufgabe von Fremdsprachenlehrkräften besteht darin, sprachliche Fertigkeiten und Kompetenzen von Schülern mittels gezielter Aufgabenstellungen zu fördern. Digitale (mobile) Medien lassen sich durch ihre Bandbreite an Einsatzmöglichkeiten für die Gestaltung dieser Aufgaben nutzen. Dabei können neben einer Integration in traditionelle Lehrwerke und weiteren didaktischen Verwendungsweisen wie Begegnungen in virtuellen Kontexten (vgl. Biebighäuser 2014; Marques-Schäfer 2013; Zibelius 2015), digitalen Tandems (Funk 2016) oder kooperativen Schreibens in Wikis auch Interaktionen in sozialen

Netzwerken ohne didaktische Steuerung oder Anleitung stattfinden (vgl. Rösler 2012: 50 ff.). Zur Visualisierung des potenziellen didaktischen Mehrwerts digitaler (mobiler) Medien wird häufig auf das sogenannte SAMR-Modell rekurriert. Der stetig wachsende und auch sich verändernde Bereich der digitalen Anwendungen wie beispielsweise Apps, (Lern)Software oder auch Endgeräte allgemein erschwert eine systematische und dauerhafte Kategorisierung und somit Mehrwertzuschreibung. So ist es möglich, dass Anwendungen nur kurze Zeit zur Verfügung stehen, funktional grundlegende Änderungen seitens der Entwickler erfahren und so ihre ursprünglichen Einsatzmöglichkeiten verlieren oder aber neue Anwendungen mit verbesserten Eigenschaften auf den Markt kommen. Gerade für den Einsatz im Bildungsbereich ist es daher eher schwierig, eine verlässliche Prognose zu treffen, was die Entwicklungen angeht. Das Ziel des SAMR-Modells ist es, ausgehend von der Nutzungsintention (vgl. UTAUT-Modell Kapitel 7.1.1.1), eine grundlegende Kategorisierung unterschiedlicher digitaler Medien vorzunehmen und so mögliche Aufgabengestaltungen zu berücksichtigen. Der Modellname setzt sich dabei aus den Initialen der vier Stufen *Substitution*, *Augmentation*, *Modification* und *Redefinition* zusammen, die den deutschen Begriffen Ersetzung, Erweiterung, Veränderung und Neubestimmung entsprechen. Angelehnt ist das Modell an die Bloom'sche Taxonomie (Anderson 2014), die ebenso wie das SAMR-Modell eine stufenförmige Darstellung unterschiedlicher Niveaus beschreibt.

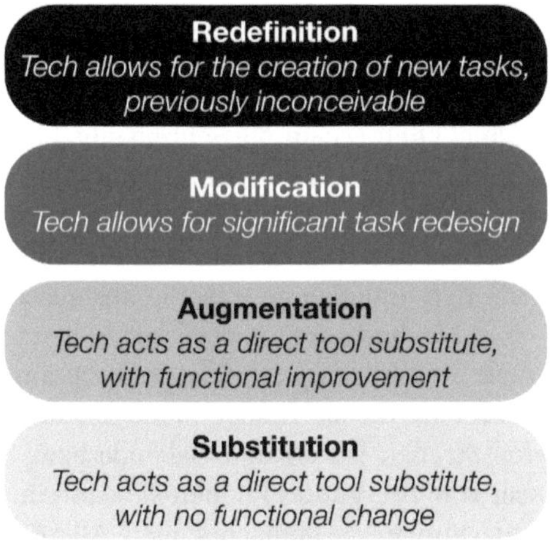

Abb. 6: SAMR-Modell nach Puentedura (2014)

Die erste und unterste Stufe (*Substitution*) des Modells (Abb. 6) stellt die Ersetzung eines bestimmten Werkzeugs im Unterricht durch ein digitales Medium dar, ohne dabei eine funktionale Veränderung zu bewirken. Folgendes Beispiel soll dies verdeutlichen: Ein Englischlehrer gibt seinen Schülern die Aufgabe, einen bestimmten Text zu schreiben (Ferienerlebnis, Personenbeschreibung, etc.). Er bittet sie darum, den Text statt in das Arbeitsheft zu schreiben in einem Texteditor zu verfassen. Das analoge Arbeitsmaterial, welches aus dem Heft und Stift besteht, wird also durch das digitale Schreibprogramm ersetzt. Angenommen der Texteditor ermöglicht nur das Schreiben und Speichern von Texten ohne jedwede zusätzliche Funktion, so wird keine funktionale Veränderung bewirkt.

Die zweite Stufe des Modells (*Augmentation*) hingegen bringt eine Verbesserung auf funktionaler Ebene mit sich. Anhand des angeführten Beispiels könnte dies eine programminterne Rechtschreibprüfung sein, die den Schülern hilft, Fehler zu erkennen und möglicherweise automatisch zu korrigieren. Funktionale Verbesserungen können oftmals in Form von *Add-ons*, also zusätzlichen Funktionen, die ein Nutzer aktivieren oder installieren kann, auftreten und müssen natürlich nicht genutzt werden. Die dritte Stufe des Modells (*Modification*) ermöglicht eine signifikante Änderung von Lernaufgaben mithilfe digitaler Medien. So können Aufgaben beispielsweise in Form von Wikis oder Blogs oder eines zusammengestellten bzw. erweiterten elektronischen Lehrwerks multimodal, d.h. mehrere Sinneskanäle nutzend, bearbeitet werden. Dabei können audiovisuelle Materialien wie Bild- bzw. Video- oder Tondokumente die von den Schülern verfassten Textsorten erweitern und für Lernzwecke nutzbar machen. Die schließlich vierte Stufe des Modells (*Redefinition*) soll zu einer Neubestimmung von Aufgaben verhelfen, die zuvor ohne den Einsatz digitaler Medien nicht möglich gewesen wäre. Als Beispiel kann erneut die Schreibaufgabe aus dem Englischunterricht dienen. Wenn nun statt eines einfachen Texteditors ein kollaboratives Schreibprogramm in Form eines *File-hosting*-Dienstes wie *Google Docs* oder *TitanPad* (vgl. Kapitel 7.3.2.1) verwendet wird, bei dem die Schüler synchron an einem Textdokument arbeiten und sich gegenseitig austauschen und korrigieren können, kann von einer Neubestimmung gesprochen werden. Ein weiteres Beispiel wäre eine virtuelle Stadtführung mithilfe des Programms *Google Street View*. Die Schüler können eine für sie fremde Stadt/Gegend erkunden, dabei virtuell durch einzelne Straßen laufen und Gebäude bzw. Sehenswürdigkeiten betrachten. In Form von Tourguides können sie dann ihren Mitschülern präsentieren, welche Entdeckungen sie gemacht haben. Allerdings gilt auch hier, dass die Funktionen, die solche Programme bieten, nicht per se von allen Personen gleichermaßen genutzt werden. So können die Texte beispielsweise auch ohne wechselseitige Korrekturen durch Dritte geschrieben oder Standortprogramme in ihrer grundlegenden Form als virtuelle Landkarten genutzt werden, was den Einsatz des jeweiligen Mediums auf die ersten beiden Stufen des SAMR-Modells begrenzen würde. Abbildung 7 verdeutlicht die Anlehnung des Modells an die Bloom'sche Taxonomie. Die insgesamt sechs Stufen (*Remember, Understand, Apply, Analyze, Evaluate, Create*) der Taxonomie, die die Lernziele im kognitiven Bereich beschreiben, können in ein niedriges und ein hohes Niveau eingeteilt werden. Dabei entsprechen die unteren drei Stufen (*Remember, Understand, Apply*) den beiden Stufe *Substitution* und *Augmentation* und die oberen drei Stufen (*Analyze, Evaluate, Create*) den beiden Stufen *Modification* und *Redefinition*. Eine Verbindung der beiden Modelle ist jedoch nicht zwingend erforderlich, kann aber genutzt werden, um kognitive Lernziele einer bestimmten Stufe des SAMR-Modells zuzuordnen (Bastian 2017: 143).

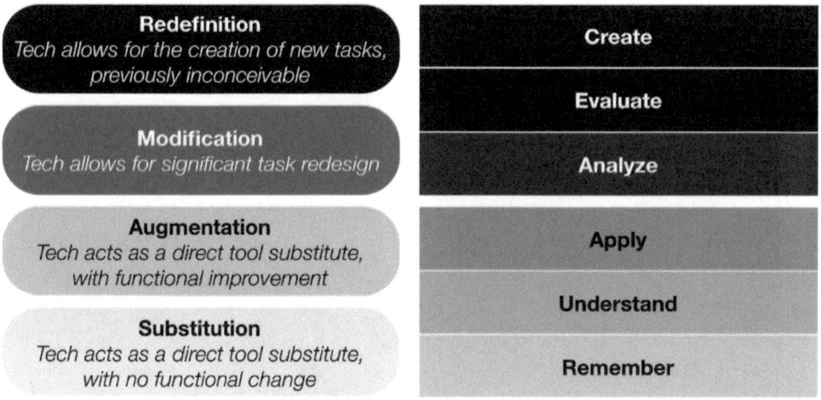

Abb. 7: Anlehnung des SAMR-Modells (links) an die Bloom'sche Taxonomie (Puentedura 2014)

Obwohl das SAMR-Modell eine scheinbar einfache Kategorisierung des Einsatzes digitaler Medien hinsichtlich möglicher Aufgabenstellungen bietet, gibt es doch Kritikpunkte, die nicht unerwähnt bleiben sollten. Einer der Kritikpunkte betrifft die fachwissenschaftliche Diskussion um das oft zitierte Modell. In einem offenen Brief an Ruben Puentedura kritisiert der schwedische Pädagoge Jonas Linderoth, dass es sich hierbei um kein wissenschaftlich fundiertes Modell handelt (vgl. Bastian 2017: 144). Obgleich Puentedura zahlreiche Vorträge zu seinem Modell gehalten und Erläuterungen hierzu gegeben hat, finden sich keine einschlägigen Publikationen, die eine Evaluation bzw. wissenschaftliche Auseinandersetzung ermöglichen.

Ein weiterer Kritikpunkt wird bei der Stufeneinteilung deutlich. Wie man bereits anhand der oben angeführten Beispiele sehen kann, ist es nicht immer möglich, mit digitalen Medien eine „hohe“ bzw. die „höchste“ Stufe des Modells zu erreichen oder eine klare Abgrenzung zu anderen Stufen vorzunehmen. Nicht nur der stufenförmige Aufbau des SAMR-Modells, sondern auch der stufen- bzw. in einigen Darstellungen pyramidenförmige Aufbau der Bloom'schen Taxonomie sollten daher kritisch gesehen werden. In einer kreisförmigen Darstellung, wie sie das *Padagogy Wheel*[30] zeigt, entfällt dieser scheinbar streng hierarchische Aufbau (Abb. 8).

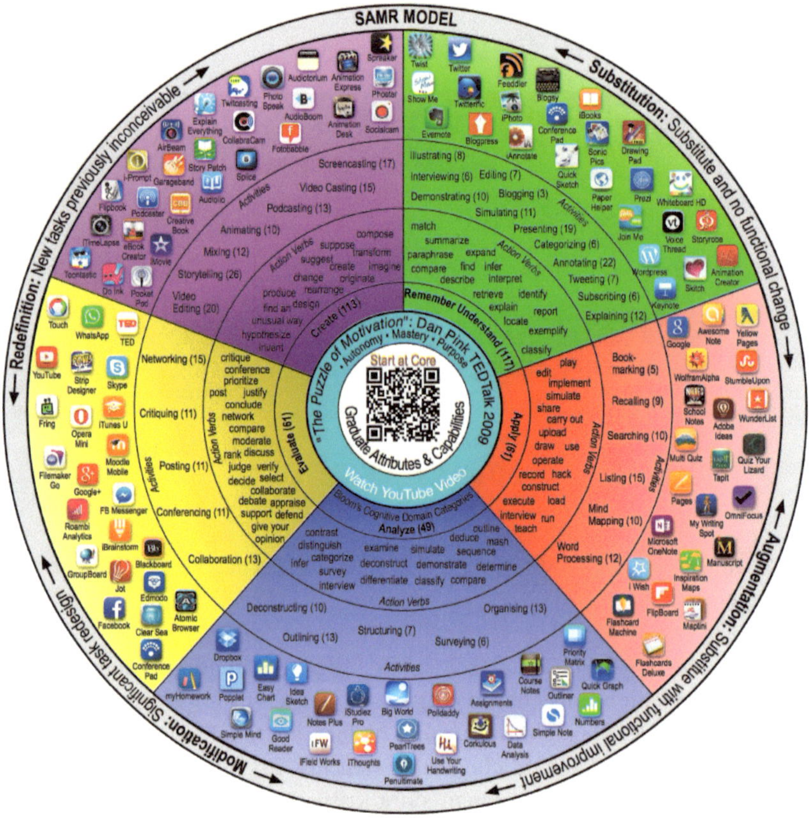

Abb. 8: *Padagogy Wheel* 4.0 nach Allan Carrington

30 http://tinyurl.com/posterV4 (letzter Zugriff: 25.04.2017)

Die farblich abgesetzten Abschnitte des Kreises repräsentieren die Bloom'sche Taxonomie, wobei die beiden Kategorien *Remember* und *Understand* zusammengefasst werden. Die vier Stufen des SAMR-Modells umspannen dabei diesen Kreis und deuten anhand der Pfeile an, dass keine eindeutige Entsprechung zu den Bloom'schen Kategorien gibt. Diese Darstellung entzerrt gewissermaßen das Anspruchsdenken, die höchste Stufe/Ebene oder Kategorie erreichen zu müssen, um den Einsatz digitaler Medien zu rechtfertigen. Vergleicht man den Aufbau der beiden Modelle (SAMR und Bloom) mit den Kontextkategorien von Frohberg, fällt auf, dass in allen drei Fällen eine Hierarchisierung impliziert wird, die allerdings kaum als solche gedacht ist. Nimmt man beispielsweise die Stufe der *Substitution* des SAMR-Modells und stellt sie der Kategorie des irrelevanten Kontexts gegenüber, so wird deutlich, dass der Einsatz digitaler (mobiler) Medien hinsichtlich seiner Komplexität gering bleibt. Digitale Medien dienen jedoch nicht per se Lernzwecken und somit auch nicht immer der Neubestimmung von Aufgabenformaten oder sozialisierenden Kontexten. Allzu hohe Erwartungen an digitale Medien sollten durch eine Bewusstmachung in dieser Hinsicht gerade bei Personen im Bildungsbereich relativiert werden, um vielmehr den eigentlichen Sinn solcher Modelle herauszustellen, nämlich Kategorisierungs*möglichkeiten* zu bieten.

5.7 Aufgaben- und Übungsformate

Lehrkräfte stehen beim Umgang mit digitalen mobilen Endgeräte im (fremdsprachlichen) Unterricht häufig vor dem Problem, keine konkreten Ideen zur aufgabenorientierten Implementierung zu haben und so die zur Verfügung stehende Technologie schlichtweg als Ersatz anderer (analoger) Medien zu verwenden. Die folgenden Aussagen stammen aus dem Interview mit der Lehrkraft der iPad-Klasse und sollen als Vorgriff auf weiteren Daten an dieser Stelle die subjektive lehrerseitiger Sicht auf den Einsatz der digitalen mobilen Endgeräte darlegen, welche auf den ersten Blick weniger aufgabenorientiert als vielmehr pragmatisch begründet scheint:

> Lehrkraft (Z.22-24): „Es war die Überlegung da, auch die Schulbuchsituation ein wenig zu entschlacken. Das ist jetzt aber so noch nicht praktikabel, das kommt, also die Schulbuchverlage, die ziehen langsam nach."

Diese Vorstellung der Lehrkraft scheint sich vor allem darauf zu beziehen, das Medium iPad zumindest partiell als Schulbuchsammlung zu nutzen, um Inhalte, die traditionell in gedruckter Form vorliegen, digital einsetzen zu können. Dies hätte laut Lehrkraft auch den Vorteil, dass die Schüler ihre Schulbücher nicht immer von einem Ort an den anderen tragen müssen.

> Lehrkraft (Z.54-58): „Ich fände es großartig, wenn wir irgendwann dahin kämen, dass die Schulbücher zumindest so nutzbar sind, dass das Schulbuch gar nicht komplett ersetzt werden muss, aber dass die Schulbücher dann in der Schule bleiben können ODER Zuhause. Je nachdem, wie man damit umgeht, die Schüler aber nicht mehr alles hin- und herschleppen müssten."

Bei der konkreten Verwendungsweise der Geräte zeigt sich dann, dass Lehrkräfte in vielen Fällen nach dem PPP-Prinzip (*Presentation, Practice, Production*) verfahren, das seit Mitte der 1960er Jahren ein weitverbreitetes, auf behavioristischen Theorien basierendes, methodisches Vorgehen des Unterrichtens darstellt (Jarvis 2015: 2). Hierbei präsentiert die Lehrkraft beispielsweise ein grammatisches Phänomen, welches daraufhin von den Schülern mit dem Ziel der sprachlichen Korrektheit eingeübt wird, um schließlich das Phänomen in bestimmten Situation mündlich zu produzieren, wobei der Fokus weniger auf der Korrektheit, sondern mehr auf dem Bereich der *fluency* liegt. Obwohl zahlreiche Kritikpunkte in Bezug auf dieses formorientierte Vorgehen existieren, findet es noch immer Anwendung im fremdsprachlichen Unterricht. Willis/ Willis (2007: 4-6) heben in diesem Zusammenhang die Vorteile des Bedeutungsgehalts von Aufgaben[31] hervor, die die kognitiv und affektiv heterogene Schülerschaft stärker berücksichtigen. An welchen Stellen werden nun aber digitale (mobile) Endgeräte einsetzt und welcher Zweck wird damit verbunden? Die Lehrkraft der iPad-Klasse fokussiert dabei vor allem die Möglichkeit, eine Vielzahl an Grammatikübungen zu nutzen:

> Lehrkraft (Z. 46-53): „Dann gibt es die Möglichkeit mit Grammatikübungen, WEIL es halt relativ viele Grammatikübungen auch im Internet gibt oder halt auch auf irgendwelchen Apps. Nur Nachteil jeglicher Grammatikübungen in diesem Alter [14-15 Jahre Anm.: S.F.] ist halt, dass sie eigentlich zu einfach sind. Ja, wenn ich vorher was mit den Schülern durchgenommen habe und das dann konkret einübe, ist das weniger das Problem, als wenn ich Texte schreiben lasse. Und ich MACHE es teilweise auch so, dass ich, wenn sie Texte schreiben, dass sie sich raussuchen können, ob sie jetzt das im iPad eingeben oder im Heft, wobei die Tendenz jetzt wieder witzigerweise zum Heft geht [...]"

Dieses Zitat verdeutlicht, und dies lässt sich durch die Unterrichtsbeobachtungen stützen, dass die Lehrkraft durch die iPads und das Internet verfüg-

31 Für eine Übersicht der zentralen Elemente, Beschreibungs- und Analysekriterien sowie Gütemerkmalen von Aufgaben siehe Biebighäuser/Zibelius/Schmidt (2012a).

baren formfokussierten Grammatikübungen nutzt, diese allerdings aufgrund des Alters der Lerner und der damit zusammenhängenden fremdsprachlichen Kompetenz generell als ungeeignet einschätzt. Ebenso ist zu erkennen, dass es keine verbindliche Nutzung der Endgeräte gibt und die Schüler sogar vermehrt die Schulhefte als Mittel ihrer Wahl nehmen. Es stellt sich die Frage, ob fehlende Konzepte zum Einsatz der iPads auf Seiten der Lehrkraft zu dieser Entscheidung der Schüler führen, da auch sie einen möglichen Mehrwert nicht erkennen.

Die von Frohberg in Kapitel 5.3 beschriebenen Kontexte und deren Verknüpfung können gerade im Bereich des mobilen Fremdsprachenlernens dazu genutzt werden, einen Lebensweltbezug und somit eine hohe Relevanz für die Schüler herzustellen, sodass diese verstärkt Aufgaben in kommunikationsorientierten Lernszenarien bearbeiten können (vgl. Biebighäuser/Zibelius/Schmidt 2012b: 35).

6 Forschungsfragen

Obgleich sich aus der Vielzahl an wichtigen Aspekten, die in den Kapiteln 4 und 5 behandelt wurden, zahlreiche Forschungsfragen ableiten ließen, muss für eine gegenstandsangemessene Beantwortung eine für den Kontext der Arbeit relevante Auswahl getroffen werden. So stehen zwei Forschungsfragen im Mittelpunkt, die eine gewisse Zuordnung hinsichtlich der Forschungsparadigmen ermöglichen. Die erste vorrangig quantitativ ausgerichtete Forschungsfrage geht der Frage nach den bestimmenden Faktoren der Nutzungsabsicht digitaler mobiler Endgeräte nach.

Forschungsfrage 1: Welche Faktoren bestimmen die Nutzungsabsicht digitaler mobiler Endgeräte und damit das Nutzungsverhalten von Schülerinnen und Schülern?

Der in der Frage implizierte Zusammenhang zwischen Nutzungsabsicht und Nutzungsverhalten soll dabei zunächst anhand einer quantitativen Vorstudie untersucht werden. Die Ergebnisse sollen dann in der qualitativ ausgerichteten Hauptstudie fallanalytisch betrachtet und verglichen werden. Die Begründung für dieses geteilte Verfahren ist in der Forschungsmethodologie verortet. So führen faktorenanalytische Untersuchungen besonders mit größeren Stichproben zu einem verlässlicheren Ergebnis als es für kleine Stichproben der Fall ist (vgl. Kap. 7.1.1). Die zweite Forschungsfrage betrachtet dann die Gestaltung der Persönlichen Lernumgebungen der Schüler.

Forschungsfrage 2: Nach welchen Kriterien gestalten die Schüler der iPad-Klasse mit digitalen mobilen Endgeräten ihre Persönlichen Lernumgebungen?

Weiterhin findet eine Untergliederung der zweiten Forschungsfrage in einzelne Perspektivbereiche statt, die folgendermaßen formuliert werden:

Forschungsfrage 2.1: Welchen Anteil haben bei dieser Gestaltung formale bzw. informelle Lernkontexte?

Forschungsfrage 2.2: Welche Rolle nimmt die Fremdsprache dabei ein?

Forschungsfrage 2.3: Können Strategien der Schüler bei der Gestaltung ihrer Persönlichen Lernumgebungen erfasst werden?

Die zweite Forschungsfrage samt ihrer Unterfragen beziehen sich auf die in der Hauptstudie durchgeführte Datenerhebung und –auswertung und beinhaltet Fragen nach den für die Schüler bedeutsamen Aspekten ihrer jeweiligen Nutzung der digitalen mobilen Endgeräte inner- und außerhalb des fremdsprachlichen Unterrichts sowie deren Wahrnehmung hinsichtlich eines individuellen Mehrwerts. Zur Beantwortung der zweiten Frage werden verschiedene Datenquellen miteinander verknüpft, um ein möglichst detailliertes Bild zu erhalten, welches sowohl individuelle als auch fallübergreifende Merkmale enthält.

7 Methodisches Vorgehen

Die im vorangegangen Kapitel dargestellten Forschungsfragen geben zugleich einen forschungsmethodischen Weg vor, der sich auf unterschiedliche Teilprozesse der Studie auswirkt. So soll im Folgenden zunächst das Untersuchungsdesign der Studie erläutert werden, welches die beiden Paradigmen der quantitativen sowie der qualitativen Forschung beinhaltet und gegenüberstellt. Der Weg in das Forschungsfeld Schule und die damit zusammenhängenden Kontaktaufnahmen mit den Forschungsteilnehmern werden anschließend präsentiert, ohne jedoch detailliert einzelne Personen und ihre Rollen im Laufe der Studie zu charakterisieren. Dies geschieht im Rahmen der Datenanalyse. Weitere wichtige Aspekte, die im Kontext der Forschungsmethodik erörtert werden, sind Samplingfragen, die zur letztendlichen Auswahl der Forschungsteilnehmer führten. Bevor im achten Kapitel die Datenanalyse und –auswertung im Fokus stehen werden abschließend für das Projekt forschungsethische Problemstellungen evaluiert und die eigene Rolle als Forscher reflektiert.

7.1 Untersuchungsdesign

Die Gestaltung eines Untersuchungsdesigns hängt vorrangig von den Zielen des Forschenden ab, die in Form von Forschungsfragen formuliert sind. Es müssen Überlegungen angestellt werden, welche zu erhebenden Daten gegenstandsadäquat und aussagekräftig sind, um darauf eine Antwort zu finden (Grotjahn 2000: 20 f.; Schramm 2016b: 376).

Zum einen stehen bei dem vorliegenden Projekt die Nutzungsabsichten von digitalen mobilen Endgeräten durch Schüler im Vordergrund. Diese Absichten umfassen Vorstellungen, wie beispielsweise iPads oder Smartphones zu privaten wie auch Lernzwecken einzusetzen sind. Damit einher geht die Frage, nach welchen Kriterien Schüler ihre Persönlichen Lernumgebungen gestalten. Zum anderen soll diese „Innenansicht“ mit konkreten Nutzungssituationen verglichen werden, um zu schauen, ob weitere Handlungsmuster erkennbar werden oder auch mögliche Diskrepanzen zwischen Wahrnehmungen bzw. Vorstellungen und Handlungen der Schüler auftreten.

Die in Kapitel 5 dargestellten theoretischen Konzepte, welche sich auf das Lehren und Lernen mit digitalen mobilen Endgeräten konzentrieren (vgl. MALL, SAMR-Modell, Kontextsensibilität) sollen dabei auf eine konkrete bildungspolitisch relevante Umgebung – in diesem Fall der Englischunterricht der Sekundarstufe I – angewandt werden. Um dem oben erwähnten Kriterium der Gegenstandsangemessenheit zu entsprechen, musste für die Datenerhebung an einer Schule vorab eine Reduktion der zu untersuchenden Faktoren vorgenommen werden. Da dies nicht willkürlich durch den Forscher geschehen sollte, wurden im Rahmen einer Vorstudie die Erwartungshaltungen bezüglich des Einsatzes digitaler mobiler Endgeräte von unterschiedlichen Personengruppen, die im Bereich des Lehrens und Lernens von Fremdsprachen tätig sind (Lehramtsstudierende, Lehrkräfte, Mentoren oder auch Ausbilder an Studienseminaren) untersucht (Kapitel 7.1.1.2). Die Ergebnisse dieser quantitativen Erhebung ermöglichten dann, in der qualitativ-explorativ orientierten Hauptstudie einen fokussierten Blick einzunehmen. Generell kann das Untersuchungsdesign in vier Phasen eingeteilt werden (Abb. 9).

Abb. 9: Phasen der Datenerhebung

Die soeben beschriebene quantitative Vorstudie bildet in Form der außerschulischen Datenerhebung die erste Phase. Die nachfolgenden drei Phasen orientieren sich dabei chronologisch an der durchgeführten Unterrichtseinheit im Englischunterricht der neunten Klasse eines Gymnasiums (siehe Kapitel 7.2). So umfasst die zweite Phase der Datenerhebung, die vor der Unterrichtseinheit stattfand, ein narratives Interview mit der Lehrkraft sowie Fragebögen zu den Mediennutzungsbiographien der Schüler. Zwar wurde auch das Interview mit der Lehrkraft transkribiert, jedoch musste aus forschungspragmatischen Gründen auf eine vollständige Analyse und Auswertung verzichtet werden. Es werden lediglich selektiv Inhalte als Referenzen für die Interpretationen weiterer Schülerinterviews genutzt. Im Laufe der Unterrichtseinheit konnte der Einsatz der iPads sowie das Verhalten der Schüler im Englischunterricht in Form von Unterrichtsbeobachtungen dokumentiert werden. Diese Notizen stellten sich später sowohl bei Fragen des Samplings (Kapitel 7.2.2) als auch der Analyse der unterrichtsbezogenen Schülerprodukte (Kapitel 7.3.2) als hilfreich dar. Die Sammlung der Schülerprodukte wurde kontinuierlich während der Unterrichtseinheit, die sich über insgesamt acht Doppelstunden erstreckte, betrieben. Dazu wurden vor allem Screenshots der digitalen Texte und Vokabelkarten angefertigt. Ziel war es, neben einer Analyse der entstandenen Produkte, diese ebenso als Impuls im Rahmen der introspektiven Interviews zu nutzen (Lautes Erinnern; Kapitel 7.1.2.1). Die mit den Schülern geführten retrospektiven Interviews bildeten die vierte, abschließende Phase der Datenerhebung.

7.1.1 Ziele quantitativer Forschung

Die im vorangegangenen Kapitel erwähnten Paradigmen der qualitativen sowie quantitativen Forschung sind für die Planung einer empirischen Untersuchung von großer Bedeutung. Dabei wird man als Forscher zu keiner *Entweder-Oder*-Entscheidung gezwungen, sondern kann, sofern gegenstandsangemessen, auch eine Mischform beider Paradigmen (*mixed methods*) verwenden. Worin genau die Unterschiede liegen und wie die Auswahl für das vorliegende Forschungsprojekt begründet ist, soll im Folgenden zunächst anhand des quantitativen Paradigmas erläutert werden.

Settinieri (2012: 250) führt hierzu die folgenden Merkmale an, die quantitative Forschung kennzeichnen:

– Ergebnisse in Zahlen
– Hypothesentestend
– Klare Vorannahmen
– Kontrollierte Untersuchung (Bsp.: Standardisierte Fragebögen)
– Fokus auf gemeinsame Eigenschaften (Variablen)
– Analytische Betrachtungsweise (Bsp.: Korrelationen, Signifikanztests)
– Externe Perspektive (Bsp.: Distanz zu Forschungsteilnehmern)
– Hohe Probandenzahl

Tab. 2: Merkmale quantitativer Forschung

Generell können zwei Arten quantitativer Forschung unterschieden werden: sogenannte *associational research* sowie *experimental research.* In beiden Fällen werden Beziehungen zwischen Variablen untersucht. *Associational research* prüft dabei, ob eine Beziehung zwischen Variablen besteht und wenn ja, wie stark diese ist. Häufig wird dies mittels Korrelationen getestet (beispielsweise: Gibt es einen Zusammenhang zwischen den beiden Variablen „Motivation" und „Medieneinsatz"?). Diese Art quantitativer Forschung kann jedoch keine kausalen Zusammenhänge untersuchen. So kann trotz eines starken Zusammenhangs zweier Variablen hierbei niemals bestimmt werden, welche der beiden Variablen die andere bedingt oder ob mögliche Drittvariablen den Zusammenhang verursachen. In *experimental research* werden hingegen bewusst (unabhängige) Variablen verändert, um deren Auswirkungen auf andere (abhängige) Variablen zu testen. Das Ziel dabei ist es, kausale Zusammenhänge zu bestimmen (Mackey/Gass 2016: 189).

Generell bedient sich quantitative Forschung statistischer Datenauswertung, die validierte Verallgemeinerungen in Bezug auf das jeweilige Erkenntnisinteresse ermöglicht (Grum/Zydatiß 2016: 319). Validität repräsentiert in diesem Zusammenhang neben Objektivität und Reliabilität eines der Gütekriterien quantitativer Forschung. Es beschreibt die Gültigkeit des durchgeführten empirischen Verfahrens und kennzeichnet, ob und inwieweit die wissenschaftliche, begrifflich-theoretische Konstruktion dem empirischen Sachverhalt, also dem untersuchten Phänomen, angemessen ist (Przyborski/Wohlrab-Sahr 2010: 36). Umschreiben kann man dieses Gütekriterium auch mit der Frage „*Wird mit dem eingesetzten Erhebungsinstrument das gemessen, was gemessen werden soll?*". Das Gütekriterium der Objektivität zielt sowohl auf den Einsatz der Messinstrumente als auch deren Analyse, welche möglichst forscherunabhängig sein sollten. Es soll ausgeschlossen werden, dass die Ergebnisse im Rahmen der Erhebung, Auswertung und Interpretation durch den Forscher beeinflusst worden sind. Hierbei sind die bereits erwähnten standardisierten Verfahren wichtig, welche intersubjektiv überprüft und nachvollzogen werden können sowie auswertbar sind (Albert/Marx 2010: 30). Als drittes Gütekriterium wird die Reliabilität (Zuverlässigkeit) eines Forschungsprojektes angeführt. Durch sie soll eine möglichst exakte Reproduzierbarkeit der Untersuchung bzw. der Ergebnisse ermöglicht werden. Erforderlich ist hierfür idealerweise eine standardisierte Operationalisierung, die die Sachverhalte eindeutig beschreibt (verwendete Termini, Konzepte uvm.), sodass kein interpretatorischer Spielraum besteht (Settinieri 2014: 59 f.).[32]

32 An dieser Stelle weist Diekmann (2009: 256-257) darauf hin, dass die beiden Gütekriterien Objektivität und Reliabilität Minimalanforderungen an ein Messinstrument darstellen. Validität hingegen wird hinsichtlich des Problems der Zweckmäßigkeit von Definitionen kritischer gesehen.

Quantitative Ansätze sind demnach besonders bei Projekten hilfreich, die multivariate Forschungsfelder untersuchen. Der Fremdsprachenunterricht, welcher durch seine Faktorenkomplexion, das heißt, durch die Abhängigkeit zahlreicher Variablen bestimmt wird (Königs 1983: 17 ff.; Königs 2016: 283; Riemer 2014: 24 f.), bietet statistischen Verfahren systematische Untersuchungsmöglichkeiten zur Sichtbarmachung wechselseitig beeinflussender Variablen (Grum/Zydatiß 2016: 319).

Im Kontext des Medieneinsatzes im Fremdsprachenunterricht sind diese Variablen nicht nur auf Lernerseite, sondern auch darüber hinaus zu verorten. Lehrkräfte, methodische Vorgehensweisen, individuelle Mediennutzungserfahrungen oder Motivation können dabei genauso relevante Variablen sein, die es zu beachten gilt, wie das Alter des Lerners, dessen Geschlecht oder der soziale Kontext, um nur einige Aspekte zu benennen. Es wäre weit gefehlt, anzunehmen, alle Faktoren dabei gleichsam berücksichtigen bzw. untersuchen zu können. Daher bietet es sich an, das Erkenntnisinteresse zu präzisieren. Die theoretische Auseinandersetzung mit Modellen und Konzepten (Kapitel 5) liefert hierfür mögliche Ansatzpunkte. Mein Erkenntnisinteresse und die damit verbundenen Forschungsfragen befassen sich neben dem Einsatz digitaler mobiler Endgeräte im Kontext des Fremdsprachenlehrens und -lernens vor allem mit der Wahrnehmung bzw. Schaffung Persönlicher Lernumgebungen durch die Nutzer (in diesem Falle Schüler). Im Rahmen der vorliegenden Studie wurde hierfür das UTAUT-Modell verwendet.

7.1.1.1 UTAUT-Modell

Technologische Entwicklungen werden nicht von allen Personen gleichsam genutzt bzw. als nützlich empfunden. Zwar beschreiben Modelle, wie der im dritten Kapitel dargestellte Gartner *Hype Cycle* Erwartungshaltungen, die an neue Technologien gestellt werden, dennoch bleibt die Frage offen, weshalb Menschen diese Technologien letztendlich nutzen. Gleiches gilt auch für den Medieneinsatz im (Fremdsprachen-)Unterricht, da die Anschaffung von iPads und Co. nicht per se zu besserem Lehren bzw. Lernen führt. Die im vorangegangen Kapitel erwähnte Faktorenkomplexion, die auch die individuelle Ebene der einzelnen Lerner umfasst, muss dabei stets berücksichtigt werden.

Ein Modell, welches der komplexen Frage nach den Nutzungsabsichten nachgeht, ist das UTAUT-Modell. Die Abkürzung steht hierbei für *Unified Theory of Acceptance and Use of Technology* und ist u. a. eine weiterentwickelte Form des *Theory Acceptance Model* (TAM).[33] Das TAM macht Auswahlentscheidungen

33 Tatsächlich handelt es sich bei UTAUT um ein Modell, das aus sieben weiteren, weniger in der Fachliteratur rezipierten Modellen (C-TAM-TPB, IDT, MM, MPCU, SCT, TPB und

hinsichtlich des Einsatzes technologischer Entwicklungen im Arbeitskontext (Firma, Schule, etc.) sichtbar. Dabei stehen vor allem die beiden Konstrukte „Einfachheit der Bedienung/Nutzung“ (*Ease of Use*) und „Wahrgenommene Nützlichkeit“ (*Perceived Usefulness*) im Vordergrund. Entwickelt wurde dieses Modell Ende der 1980er Jahren als vermehrt Computer und mit ihnen E-Mail- und Textverarbeitungsprogramme genutzt wurden, die herkömmlichere Formen der Kommunikation wie Schreibmaschinen oder auch handgeschriebene Briefe ersetzten (vgl. Dizon 2016). Man wollte mit TAM der Frage nachgehen, weshalb sich manche Nutzer für den Gebrauch der „neuen“ Medien entschieden bzw. weshalb sie bei den ihnen vertrauten „alten“ Medien blieben.

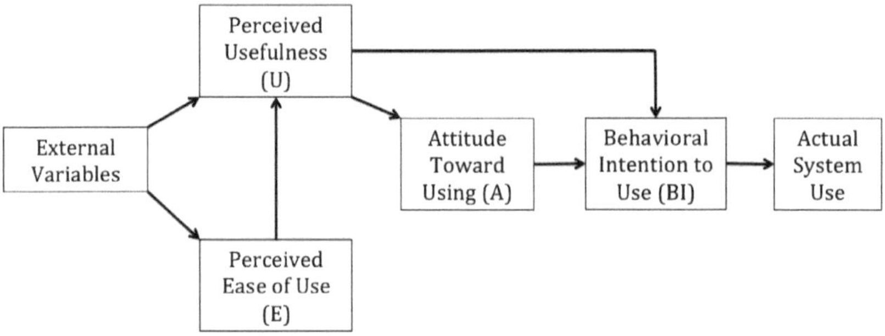

Abb. 10: Technology Acceptance Model (TAM) nach Davis/Bagozzi/Warshaw (1989: 985)

Laut Modell (Abb. 10) prädiziert die wahrgenommene Einfachheit der Bedienung (*Perceived Ease of Use*) die wahrgenommene Nützlichkeit der Technologie (*Perceived Usefulness*). Beide Konstrukte werden darüber hinaus durch externe Variablen bedingt. Diese werden im ursprünglichen Modell nicht explizit benannt, jedoch fanden Hubona/Whisenand (1995: 3), dass die Bedienung als einfacher wahrgenommen wurde, je länger die erstmalige Nutzung der Technologie zurücklag. Zudem sagte der Rang des Jobs des Nutzers sowohl die wahrgenommene Einfachheit als auch die Nützlichkeit voraus.

Die wahrgenommene Nützlichkeit wirkt sich nun zum einen auf die Einstellung der Nutzer hinsichtlich des Gebrauchs der Technologie (*Attitude Toward Using*) und zum anderen auf die weitere Nutzungsabsicht (*Behavioral Intention to Use*) bezüglich der spezifischen Technologie aus. Die Nutzungsabsicht wiederum prädiziert den tatsächlichen Gebrauch (*Actual System Use*).

TRA) entwickelt wurde (vgl. Tan, P. J. B. 2013: 5).

Aufgrund der Tatsache, dass nicht alle Handlungsweisen einer solch rational erscheinenden Planung unterliegen, wie es das Modell vorgibt, haben Venkatesh et al. im Jahre 2003 das UTAUT-Modell (Abb. 11) entwickelt.

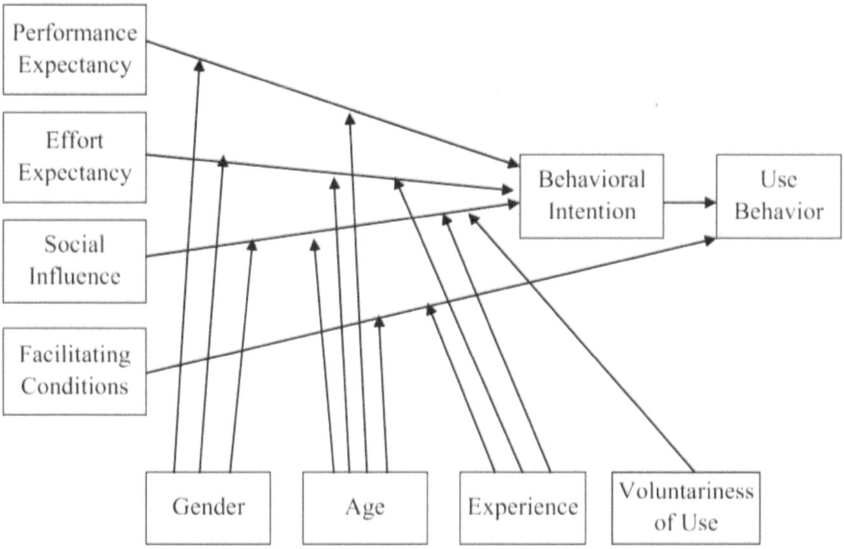

Abb. 11: UTAUT-Modell nach Venkatesh et al. (2003)

Vergleicht man die beiden Modelle, so fällt auf, dass bei UTAUT die vier Variablen „Geschlecht“ (*Gender*), „Alter“ (*Age*), „Erfahrung“ (*Experience*) sowie „Freiwilligkeit der Nutzung“ (*Voluntariness of Use*) als Moderatoren fungieren. Dies bedeutet, dass sie auf die Effekte wirken, die die unabhängigen Variablen auf die abhängigen Variablen haben und diese verstärken bzw. abschwächen können. Die vier Hauptkonstrukte von UTAUT lassen sich folgendermaßen beschreiben (Birch/Irvine 2009: 301-304):

- *Performance Expectancy*: Die Erwartungshaltung eines Nutzers bezüglich der Leistung der Technologie im persönlichen (Arbeits-) Kontext
- *Effort Expectancy*: Die Erwartungshaltung des Nutzers bezüglich des Aufwands, der mit der Nutzung der Technologie verbunden wird
- *Social Influence*: Der Einfluss anderer Personen, die für den Nutzer bedeutsam sind
- *Facilitating Conditions*: Die durch den Nutzer wahrgenommenen organisatorischen sowie technischen Infrastrukturen, welche die Nutzung der Technologie beeinflussen

Jedem dieser Konstrukte werden Items in Form einer festgelegten Aussage zugeordnet, welche je nach Erkenntnisinteresse angepasst werden können. Unter Bezug auf die von Venkatesh et al. entwickelten Items soll folgendes Beispiel dies verdeutlichen (vgl. Spil/Schuring: 2006). Das Konstrukt *Performance Expectancy* umfasst im Original das Item P3 „*Indem ich Technologie X gebrauche, steigt meine Produktivität*". Da sich der zu untersuchende Kontext in der vorliegenden Studie auf den Einsatz mobiler Endgeräte im Lehr- und Lernkontext bezieht, wird das Item wie folgt modifiziert: „*Mobile Endgeräte steigern die Lernproduktivität*".[34]

Soziodemographische Angaben wurden in der vorliegenden Studie durch Nominalskalen (Geschlecht, Beruf, Fächer, Schulform) abgefragt. Die restlichen Variablen wurden durch eine Intervallskala (5-stufige Likert-Skala) mit den folgenden Abstufungen „*Stimme überhaupt nicht zu*", „*Stimme nicht zu*", „*Weder noch*", „*Stimme zu*", „*Stimme voll und ganz zu*" bedient (vgl. Settinieri 2016: 325 f.). Das ursprünglich im UTAUT-Fragebogen vorhandene Konstrukt der *Facilitating Conditions* wurde nicht übernommen, da es für die intendierte Zielgruppe der späteren Hauptstudie irrelevant war. Weiterhin wurde auf die Variable des *Actual Use* verzichtet, da diese im Rahmen der qualitativ ausgerichteten Hauptstudie mit den Schülern untersucht werden sollte.

Eine Pilotierung der Vorstudie fand mit insgesamt 15 Testprobanden (Lehramtsstudierende) im Rahmen eines Fachdidaktikseminars statt. Mackey/Gass (2016: 52) stellen die Wichtigkeit einer Pilotierung anhand der drei Schritte „Testen (*test*) – Überarbeiten (*revise*) – Fertigstellen (*finalize*)" heraus. Durch das Testen eines Fragebogens und dessen Items können beispielsweise Verständnisprobleme hinsichtlich der Formulierungen erschlossen und durch das Überarbeiten beseitigt werden. Auch wenn die Pilotierung einen zeitlichen Mehraufwand für den Forscher bedeutet, so ist sie für die spätere Durchführung und Qualität der quantitativen Datenerhebung von großer Bedeutung (ebd.: 53). Für die vorliegende Studie war es wichtig, den Online-Fragebogen unter möglichst reellen Bedingungen zu testen, das heißt, mit Probanden der intendierten Zielgruppe. Anhand der anonymen Rückmeldungen konnten Items angepasst werden, sofern Unklarheiten bestanden. Diese Rückmeldungen wurden von den Studenten in Form von kurzen Notizen in der Testversion des Online-Fragebogens erhoben. Der so entstandene Fragebogen (siehe Anhang) wurde für die Vorstudie genutzt.

Im folgenden Kapitel sollen die Ergebnisse dieser Vorstudie und deren Auswirkung auf die qualitativ ausgerichtete Hauptuntersuchung vorgestellt werden.[35]

---

34 Eine vollständige Übersicht der Variablen und Items findet sich im Anhang.

35 Da es sich hierbei um die Vorstudie handelt, die Erkenntnisse hinsichtlich der Hauptstudie liefert, ist diese als Teil der Methodendiskussion eingeordnet.

7.1.1.2 Vorstudie UTAUT

Die Vorstudie wurde im Zeitraum vom 01.04.2015 bis 01.07.2015 über die Online-Plattform *SoSciSurvey* (www.soscisurvey.de) durchgeführt. Um eine möglichst große Anzahl an potenziellen Teilnehmern zu erreichen, wurde der Link zum Fragebogen über soziale Netzwerke wie auch einen E-Mail-Verteiler der Philipps-Universität Marburg verschickt. Es nahmen insgesamt 252 Personen teil. Für eine weiterführende Analyse der Daten wurden Personen eingeschlossen, die folgendes Kriterium erfüllten: Ausbildung im Bereich mindestens einer Fremdsprache. Dies umfasst sowohl Lehramtsstudierende, Lehrkräfte im Hochschuldienst (Dozenten) oder an Schulen sowie Mentoren. Die Stichprobe, die schließlich in die Datenanalyse einging, bestand aus N=118 Personen.

Folgenden Hypothesen bzw. Unterhypothesen konnten aus dem adaptierten UTAUT-Modell (Kapitel 7.1.1.1) abgeleitet werden:

H_1:	Die Variablen *Performance Expectancy* (PE), *Effort Expectancy* (EE) sowie *Social Influence* (SI) sagen die *Behavioral Intention* vorher.
$UH_{1.1}$:	Die Variable *Perfomance Expectancy* sagt die *Behavioral Intention* vorher.
$UH_{1.1}$:	Die Variable *Effort Expectancy* sagt die *Behavioral Intention* vorher.
$UH_{1.3}$:	Die Variable *Social Influence* sagt die *Behavioral Intention* vorher.
H_2:	Die Kontrollvariablen *Gender*, *Age* und *Experience* moderieren die Stärke der H_1.
$UH_{2.1}$:	Die Kontrollvariable *Gender* moderiert die Stärke der Variablen *Performance Expectancy*, *Effort Expectancy* sowie *Social Influence* auf die *Behavioral Intention.*
$UH_{2.2}$:	Die Kontrollvariable Age moderiert die Stärke der Variablen Performance Expectancy, Effort Expectancy sowie Social Influence auf die Behavioral Intention.
$UH_{2.3}$:	Die Kontrollvariable Experience moderiert die Stärke der Variablen Effort Expectancy sowie Social Influence auf die Behavioral Intention.

Tab. 3: Adaptierte Hypothesen des UTAUT-Modells

Zum Zeitpunkt der Testung war der älteste Teilnehmer 64 Jahre, der jüngste Teilnehmer 19 Jahre. Unter den 118 Teilnehmern waren 71 Frauen und 47 Männer. Die Berufsangaben fielen wie folgt aus: 58 Lehramtsstudierende, 25 Lehrkräfte, zwei Mentoren, eine Lehrkraft im Vorbereitungsdienst, ein Ausbilder am Studienseminar sowie 31 Personen, die sich keiner dieser Gruppen zugeordnet haben. Mehrfachnennungen waren bei dieser Frage nicht möglich, weshalb sich die Teilnehmer, die zwei oder gar mehrere Punkte erfüllen (bspw. Mentor und Lehrkraft oder Ausbilder und Mentor) für eine Option entscheiden mussten. Die meisten gaben zudem an, aktuell oder zukünftig an einem Gymnasium zu unterrichten (N=71), gefolgt von Gesamtschule sowie Hochschule (beide N=15). Die restlichen 17 Personen verteilten sich auf die übrigen sechs Schulformen bzw. gaben als Option „Weder noch“ an.

Zur Beantwortung der Hypothesen wurde eine hierarchische lineare Regression mit dem Statistikprogramm *IBM SPSS Statistics 22* berechnet. Im ersten Schritt wurden die Effekte der unabhängigen Variablen PE (*Performance Expectancy*), EE (*Effort Expectancy*) und SI (*Social Influence*) auf die abhängige Variable BI (*Behavioral Intention*) berechnet. Im zweiten Schritt wurden die Effekte der Kontrollvariablen Geschlecht (*Gender*), Alter (*Age*) und Erfahrung (*Experience*) auf die abhängige Variable zu den oben aufgeführten Effekten hinzugenommen. Im dritten Schritt wurden die Moderationen zu diesen Effekten hinzugenommen. Die Moderationen umfassten PE*Gender, EE*Gender, SI*Gender, PE*Age, EE*Age, SI*Age, EE*Experience und SI*Experience. Die Moderation PE*Experience wurde nicht aufgenommen, da sie kein Bestandteil des UTAUT-Modells ist. Der prozentuale Anteil der Varianz (R^2) der *Behavioral Intention*, die durch das Modell aufgeklärt wurden, beträgt im ersten Schritt 18,9 %, im zweiten Schritt 22,7 % und im dritten Schritt 39,3 %.

Im ersten Schritt (Abb. 12) sagten die drei Variablen PE, EE und SI die Ausprägung in der abhängigen Variablen BI signifikant vorher (PE: $\beta_{\text{standardisiert}} = 0.20$, $p < 0.05$; EE: $\beta_{\text{standardisiert}} = 0.22$, $p < 0.05$; SI: $\beta_{\text{standardisiert}} = 0.23$, $p < 0.01$). Sowohl eine höhere Ausprägung in PE, EE als auch SI sagten eine höhere Wahrscheinlichkeit der Nutzung mobiler Endgeräte voraus. Dies bedeutet, dass Personen, die eine höhere Erwartungshaltung hinsichtlich der Leistung bzw. des Aufwandes für die Nutzung von mobilen Endgeräten einnehmen, und diejenigen, die einen stärkeren Einfluss in Bezug auf Personen, die ihnen wichtig sind, erleben, auch eine höhere Wahrscheinlichkeit haben, diese Geräte konkret einzusetzen.

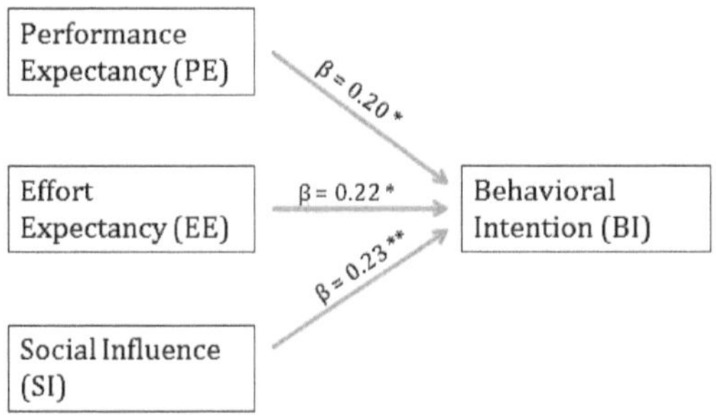

Abb. 12: Erster Schritt der Regression auf die Nutzungsabsicht

Im zweiten Schritt (Abb. 13) sagte das Alter die Ausprägung der BI signifikant vorher (Alter: $\beta_{standardisiert} = 0.20$, $p < 0.05$). Dabei zeigte sich, dass je älter die Teilnehmer waren, eine höhere Wahrscheinlichkeit der Nutzung mobiler Endgeräte angegeben wurde. Das Geschlecht sagte die BI nicht signifikant voraus (Alter: $\beta_{standardisiert} = -0.04$, $p > 0.05$). In anderen Worten bedeutet dies, dass ältere Personen mobile Endgeräte eher in konkreten Situationen einzusetzen gedenken, als dies junge Personen tun.

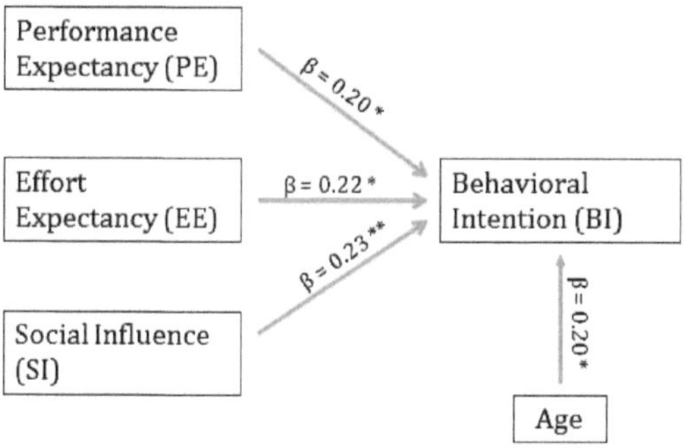

Abb. 13: Zweiter Schritt der Regression auf die Nutzungsabsicht

Im dritten Schritt (Abb. 14) moderierte das Alter sowie die Erfahrung den Zusammenhang zwischen SI und BI signifikant (SI*Age: $\beta_{standardisiert} = -1.03$, $p < 0.05$; SI*Experience: $\beta_{standardisiert} = 1.30$, $p < 0.05$). Dies wiederum bedeutet, dass der soziale Einfluss einen größeren Effekt auf die Nutzungsabsicht hat, je älter und erfahrener eine Person ist. So nimmt mit zunehmendem Alter und zunehmender Erfahrung einer Person auch der Einfluss von für die jeweiligen Personen bedeutsamen Menschen zu.

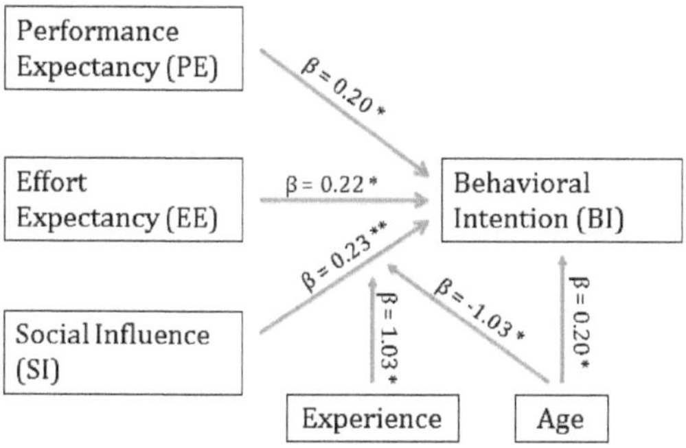

Abb. 14: Dritter Schritt der Regression auf die Nutzungsabsicht

Zusätzlich zeigte sich ein marginal signifikanter Effekt von Geschlecht auf den Zusammenhang zwischen SI und BI (SI*Gender: $\beta_{\text{standardisiert}} = 0.65$, $p < 0.10$). Dies kann dahingehen interpretiert werden, dass der soziale Einfluss bei Frauen einen größeren Effekt auf die Nutzungsabsicht hat, als es bei Männern der Fall ist.[36] Alle weiteren Moderationen zeigten weder signifikante noch marginal signifikante Ergebnisse (PE*Gender: $\beta_{\text{standardisiert}} = -0.43$, $p > 0.05$; EE*Gender: $\beta_{\text{standardisiert}} = 0.16$, $p > 0.05$; PE*Age: $\beta_{\text{standardisiert}} = -0.31$, $p > 0.05$; EE*Age: $\beta_{\text{standardisiert}} = 0.96$, $p > 0.05$; EE*Experience: $\beta_{\text{standardisiert}} = -0.63$, $p > 0.05$).

Zusammenfassend lässt sich sagen, dass die erste Hypothese (H_1) sowie ihre drei Unterhypothesen ($UH_{1.1}$, $UH_{1.2}$, $UH_{1.3}$) bestätigt werden können. Im Falle von H_2 muss $UH_{2.1}$ verworfen werden, da sich lediglich ein marginal signifikanter Effekt für den Fall SI*Gender zeigte. $UH_{2.2}$ und $UH_{2.3}$ können nur für den Fall SI*Age bzw. SI*Experience bestätigt und müssen für die beiden anderen Fälle verworfen werden.

Die Ergebnisse dieser quantitativen Vorstudie liefern Hinweisen, die im Rahmen der weiterführenden qualitativen Hauptstudie näher untersucht werden. So stehen insbesondere die drei Konstrukte „*Performance Expectancy*", „*Effort Expectancy*" sowie „*Social Influence*" als zentrale Untersuchungsgegenstände im schulischen Kontext der Mediennutzung zur Verfügung. Ebenso wurde mithilfe der Vorstudie deutlich, dass die Erfahrung einer Person (*experience*) eine wichtige Rolle beim Einfluss dritter Personen auf die Nutzungsabsicht spielt. Diese dritten Personen sind dadurch gekennzeichnet, dass sie von den Nutzern als ihnen nahestehend wahrgenommen werden. Fragen stellen sich diesbezüglich hinsichtlich der speziellen Rollen dieser Personengruppen im Kontext des Klassenzimmers. Fallen beispielsweise Lehrkräfte ebenso in diese Kategorie wie Mitschüler oder Freunde und wenn ja, wird dies in der tatsächlichen Nutzung der digitalen mobilen Endgeräte inner- und außerhalb des Fremdsprachenunterrichts sichtbar? Zu guter Letzt zeigt die Vorstudie, dass das Alter einen Effekt sowohl auf die Nutzungsabsicht direkt als auch moderierend auf den Zusammenhang zwischen „*Social Influence*" und Nutzungsabsicht hat. Forschungsmethodisch birgt dies eine Bandbreite an Untersuchungsmöglichkeiten, die jedoch im Rahmen der vorliegenden Studie nicht berücksichtigt werden können. So könnte beispielsweise eine Querschnittstudie mit Schülern unterschiedlichen Alters einen Ansatz zur Aufklärung der Frage liefern, ob mit zunehmendem Alter auch der in der Vorstudie nachgewiesene Effekt des Einflusses sozialer Gruppen im Zusammenhang mit der Nutzungsabsicht verstärkt wird. Der Fokus

36 Marginal signifikante Ergebnisse zeigen zwar einen leichten Trend innerhalb der Daten an, müssen jedoch als nicht-signifikant interpretiert werden, d. h. zukünftige Studien mit größeren Stichproben sollten diesen Trend nochmals prüfen.

der Hauptstudie liegt jedoch auf einer Schulklasse, in der alle Schüler mit lediglich geringen Abweichungen voneinander dasselbe Alter haben.

Für die Hauptuntersuchung wurde ein qualitatives Forschungsdesign entworfen, mit dessen Hilfe die individuellen Perspektiven der Schüler hinsichtlich dieser quantitativ gewonnenen Einsichten eruiert werden können. Im folgenden Kapitel sollen daher zunächst die Ziele qualitativer Forschung vorgestellt werden, um in einem weiteren Schritt den Ansatz der Introspektion zur Datengewinnung bzw. –analyse zu begründen.

7.1.2 Ziele qualitativer Forschung

Das qualitative Forschungsparadigma verfolgt im Vergleich zur quantitativen Forschung einen anderen Grundgedanken.[37] Die in Kapitel 7.1.1 dargestellten Verfahren quantitativer Forschung, die statistische Auswertungen hinsichtlich der Beziehungen und Abhängigkeiten zwischen Variablen zum Gegenstand haben, versuchen eine objektive und universelle Perspektive im Bereich der Empirie einzunehmen.

Qualitative Forschung hingegen versucht, stärker auf die Forschungspartner als Individuen einzugehen und auf diese Weise eine Innenperspektive einzunehmen. Zusammenhänge zwischen kognitiven Prozessen und daraus resultierenden Handlungsweisen sollen so sichtbar gemacht werden. Diese häufig ethnographischen Ansätze beinhalten interpretative Verfahren der Datenanalyse und –auswertung und sind durch die enge Beziehung des Forschers mit dem Feld subjektiv geprägt (Schramm 2016: 51). Umso wichtiger ist es, diese Beziehung im Laufe des Forschungsprozesses immer wieder zu reflektieren. Qualitative Arbeiten sind allerdings in diesem Zusammenhang nicht als „kleinere“, minder aussagekräftige Arbeiten zu sehen, bei denen Aussagen und Beobachtungen von Forschungspartnern gesammelt und wiedergegeben werden, sondern stellen meist sinnrekonstruierend interpretative Analysen dar (Przyborski/Wohlrab-Sahr: 18).

Settinieri (2012: 250) nennt folgende Merkmale des qualitativen Forschungsparadigmas:

37 Für einen differenzierten Blick hinsichtlich der Dichotomie „qualitativ vs. quantitativ“ siehe Grotjahn (1993: 224-229).

– Ergebnisse in Worten – Hypothesengenerierend – Offene Herangehensweisen – Explorative Untersuchung – Fokus auf individuelle Unterschiede (Fälle) – Holistische Betrachtungsweise – Interne Perspektive – Kleine Probandenzahl

Tab. 4: Merkmale qualitativer Forschung

Hervorzuheben ist hierbei das Merkmal der offenen Herangehensweise. So wird zu Beginn des qualitativen Forschungsansatzes vielfach ein eher weites thematisches Feld als relevanter Untersuchungsbereich abgesteckt. Dieser Bereich umfasst bereits vorhandene Theorien aus der Fachliteratur, unterschiedliche methodische Zugänge und schließlich die Fokussierung auf eine bestimmte Zielgruppe. Abhängig ist dies alles vom jeweiligen Erkenntnisinteresse des Forschers. Fragen bezüglich des Samplings von Forschungspartnern können an unterschiedlichen Zeitpunkten auftreten, die sich auf das Vorgehen des Forschers auswirken (vgl. Kapitel 7.2.2). Dieser ist im Laufe des Forschungsprozesses flexibel und kann so je nach Situation seine Forschungsfragen und mit ihnen sein Forschungsdesign anpassen. Schließlich führen kontinuierliche Revisionen und Präzisierungen des Forschungsvorhabens zu einem voll ausgearbeiteten und tragfähigen Design (Schramm 2016b: 379). Settinieri (2014: 58) beschreibt dieses Ineinandergreifen der einzelnen Phasen im Laufe eines qualitativ ausgerichteten Forschungsprojektes daher als iterativ-zyklisch.

An dieser Stelle sei darauf hingewiesen, dass die dargelegten Merkmale qualitativer sowie quantitativer Forschung vor allem der Gegenüberstellung und somit dem Vergleich dienen. Die Darstellungen des Experiments im Falle des quantitativen Ansatzes sowie der Ethnographie bzw. des explorativen Ansatzes im Falle des qualitativen Forschungsparadigmas sind als Prototypen zu verstehen. Neben einer Vielzahl an weiteren methodischen Vorgehensweisen finden sich zudem gemischte Untersuchungsansätze, die versuchen, die jeweiligen Vorzüge beider Paradigmen zu nutzen und miteinander zu verknüpfen (Riemer 2014: 20). So soll auch im Rahmen dieses Forschungsprojektes eine solche Verknüpfung stattfinden, ohne jedoch dabei von einer Methoden-, sondern vielmehr von einer Datentriangulation zu sprechen, wie sie in der Fachliteratur definiert wird (vgl. Elsner/Viebrock 2015: 10; Flick 2011; Knorr/Schramm 2016; Riemer 2000). Die im Forschungskontext vorhandenen reichhaltigen Quellen an unterschiedlichen Daten ermöglichen eine holistische Betrachtungsweise, die für die Innenperspektive und spätere Falldarstellung unentbehrlich ist.

7.1.2.1 Introspektion als Bereich der qualitativen Forschung

Das grundlegende Ziel introspektiver Forschung ist es, bestimmte Gedankenabläufe bei Personen nachvollziehen und so im Rahmen der eigenen Forschung auswerten zu können (vgl. Grotjahn 1987). Da solche mentalen Prozesse durch direkte Beobachtungen wie beispielsweise einer Unterrichtsmitschau nicht zugänglich gemacht werden können, sollte dies bei der Datenerhebung und dem gewählten Instrumentarium berücksichtigt werden (Heine 2013: 14). Unterrichtsbezogene Schülerprodukte wie beispielsweise Texte können zwar Vermutungen hinsichtlich ihrer Genese aufkommen lassen, jedoch können nur die betroffenen Schüler selbst Aussagen darüber treffen, welche gedanklichen Prozesse dabei ablaufen.

Grundlegend gewähren Forschungspartner bei introspektiven Datenerhebungsformen Einblicke in ihre Gedanken und Gefühle, indem sie diese verbalisieren (Heine/Schramm 2016: 173 f.). Lautes Denken oder Lautes Erinnern sind zwei typische Erscheinungsformen dieser Verbalisierung. Knorr (2013: 32) weist allerdings darauf hin, dass eine klare Zuordnung forschungsmethodischer Vorgehen zu dem Feld der Introspektion aufgrund der begrifflichen Uneinigkeit erschwert ist. So unterteilt sie, einem weiten Verständnis folgend, introspektive Verfahren in simultane sowie retrospektive Verfahren, die sich wiederum, einem engen Verständnis folgend, entweder auf eine konkrete Handlung beziehen oder nicht. Knorr/Schramm (2012: 185) untergliedern den Begriff „Handlung“ für den Bereich der Fremdsprachenforschung in individuelle oder soziale Lernerhandlungen bzw. lehrerseitige Unterrichtshandlungen. Interviews, Fragebögen oder auch Tagebuchdaten, die unabhängig von einer Handlung als Erhebungsinstrumente eingesetzt werden, können dabei ebenso einen Einblick in Kognitionen und Emotionen von Forschungspartnern ermöglichen, wie es die beiden obigen Erscheinungsformen des Lauten Denkens (simultanes Verfahren) sowie des Lauten Erinnerns (retrospektives Verfahren) tun (Knorr 2013: 32).

Im Rahmen der vorliegenden Studie stand vor allem das retrospektive Verfahren des Lauten Erinnerns im Vordergrund, welches für die Dokumentation sowie Interpretation des Entstehungsprozesses der unterrichtsbezogenen Schülerprodukte (Kapitel 7.3.2) genutzt wurde. Da die Verbalisierung beim Lauten Erinnern im Vergleich zum Lauten Denken aus dem Langzeitgedächtnis geschieht und die dort gespeicherten Informationen mit der Zeit abnehmen, ist es wichtig, die Introspektion der zu untersuchenden Handlungen mit den Forschungspartnern innerhalb eines Tages (24h) durchzuführen (Heine/Schramm: 176). Dies wurde in der vorliegenden Studie berücksichtigt. Vorab durch den

Forschungsleiter ausgewählte Prozessdaten wurden den Schülern dann während der retrospektiven Interviews als Impulse bzw. Stimuli präsentiert, um gezielt Einblicke in bestimmte Handlungssequenzen zu erhalten. Zudem bekamen die Schüler zu Beginn eine Instruktion zum Lauten Erinnern, da nicht vorausgesetzt werden konnte, dass hierüber ausreichende Kenntnis bestand bzw. dieses Verfahren schon einmal angewendet wurde. Knorr/Schramm (2012: 194) verweisen in diesem Zusammenhang zudem auf eine verbesserte Vergleichbarkeit der Daten, wenn die Instruktion strukturiert, beispielweise mittels Leitfaden, abläuft. Das Ziel ist es, den Forschungsteilnehmern zu erklären, dass jene Gedanken von Interesse sind, die sie zum Zeitpunkt einer jeweiligen Handlung hatten.

Da die Schüler in der vorliegenden Studie keine videobasierten Impulse in Form von digitalen Unterrichtsaufzeichnungen, sondern lediglich die von ihnen erstellen unterrichtsbezogenen Schülerprodukte zum Lauten Erinnern bekamen, bestand die Gefahr, weniger detaillierte Informationen zu erhalten. Videoaufzeichnungen stellen einen reichhaltigen Fundus an Informationen hinsichtlich der Handlungsabläufe dar, mit dessen Hilfe gezielt Situationen rekapituliert und analysiert werden können. Aus forschungsethischen sowie pragmatischen Gründen konnten jedoch für die vorliegende Studie keine Videoaufzeichnungen zur Analyse angefertigt werden.[38] Aufgrund der teils interaktiven Anwendungen, die zur Erstellung der Schülerprodukte genutzt wurden (vgl. Kapitel 7.3.2.1 und 7.3.2.2), stellte sich diese potenzielle Gefahr der Datenminderung bei der späteren Auswertung als unbegründet heraus. Sowohl die interviewten Schüler als auch der Forschungsleiter waren in der Lage, einzelne Aspekte im Verlauf der Aufgabenbearbeitung hervorzuheben und explizit zu betrachten. Die Anwendung *TitanPad* ermöglicht es zum Beispiel, zeitliche Sprünge zu machen und damit vereinzelte Bearbeitungssequenzen einzugrenzen. Die Schüler konnten so eigenständig Passagen des Textes, den sie in Partnerarbeit erstellt haben, aufrufen und ihre Gedanken hierzu verbalisieren.

Introspektive Datenerhebungsverfahren sind im Kontext eines *mixed methods*-Ansatzes besonders dann sinnvoll, wenn unterschiedliche Zusammenhänge in komplexen Situationen untersucht werden sollen. Allerdings muss davon ausgegangen werden, dass die Validität dieser Verfahren stark von dem jeweiligen Forscher und dessen Beeinflussung auf die Forschungspartner abhängen (Heine/Schramm 2016: 178). Somit ist eine Reflexion sowohl der eigenen Rolle

38 Das HKM stimmte einer Aufzeichnung der Aktivitäten, die mit den iPads durchgeführt wurden, nicht zu, da es die Privatsphäre der Schüler verletzten könnte. Zudem stellte sich die Installation einer entsprechenden Software als problematisch heraus.

als Forscher (Kapitel 7.5) als auch der Gütekriterien qualitativer Forschung unentbehrlich. Letztere sollen im nachfolgenden Kapitel näher betrachtet werden.

7.1.2.2 Gütekriterien qualitativer Forschung

In Kapitel 7.1.1 wurden bereits die „klassischen" Gütekriterien der quantitativen Forschung dargestellt. Es wäre jedoch vorschnell anzunehmen, dass die Konzepte von Validität, Reliabilität sowie Objektivität in gleichem Maße auf das qualitative Forschungsparadigma zu übertragen sind.[39] Das Ziel, Innenperspektiven von Forschungsteilnehmern einzunehmen und in einem bestimmten Kontext zu interpretieren, fordert somit eine Um- bzw. Neudefinition der „klassischen" Gütekriterien (Caspari 2016b: 16-18; Riemer 2016b: 575). Um diese Herangehensweise besser verstehen zu können, soll zunächst ein allgemeinerer Blick auf empirische Forschungsprojekte und die damit zusammenhängenden Problemfelder geworfen werden.

Qualitative Einzelforschungen werden von außen stets hinsichtlich der Gegenstandswahl, sowie -konstruktion und -operationalisierung kritisch betrachtet, insbesondere da sie in den meisten Fällen nur einen kleineren Wirklichkeitsausschnitt untersuchen und somit wenige bis keine Verallgemeinerungen zulassen (vgl. Riemer 2014: 87 f.). Wenn also wie in der vorliegenden Studie eine Klasse einer bestimmten Jahrgangsstufe und Schulform bzw. die darin befindlichen Schüler und ihre individuellen Wahrnehmungen und Lernprozesse im Mittelpunkt stehen, lässt sich diese Auswahl zwar durch den Forscher begründen, jedoch sind die dargestellten Ergebnisse sowie deren Interpretationen primär für eben jene Zielgruppe gültig. Eine Objektivierung steht dabei nicht zur Diskussion. Schmelter (2014: 42) hebt in diesem Kontext zudem die einflussreiche Rolle des Forschers auf allen Ebenen einer qualitativen Untersuchung hervor, welche sich zum einen in der subjektiven Wahl des Untersuchungsdesigns und zum anderen in der damit verbundenen Flexibilität des Forschers ausdrückt (vgl. Kapitel 7.5). Es besteht jedoch – insbesondere aus Sicht der quantitativen Forschung – auch die Gefahr, diese Rolle mit einer Beliebigkeit im Forschungsvorgehen gleichzusetzen (ebd.).

Steinke (1999) definiert für das Gütekriterium der Objektivität das Äquivalenzkriterium der Intersubjektiven Nachvollziehbarkeit. Dieses Kernkriterium trägt der Tatsache Rechnung, dass qualitative Einzelforschungen, wie sie oben beschrieben wurden, keine Überprüfbarkeit durch Replikation ermöglichen (vgl. Grotjahn 1993: 235). Das Untersuchungssetting ist aufgrund der fehlen-

39 Flick (2011: 487) stellt diesen konzeptuellen Transfer als grundlegende Diskrepanz zwischen den beiden Forschungsbereich heraus, wobei dies auch vice versa vorkommen kann.

den Standardisierung hierfür nicht geeignet. So könnte weder das Unterrichtsgeschehen noch die einzelnen Handlungen der Forschungspartner in den jeweiligen Situationen exakt repliziert werden, ohne eine Art Künstlichkeit zu schaffen. Allerdings ist es möglich, den Forschungsprozess in seiner durch den jeweiligen Forschungsleiter geprägten Komplexität für Außenstehende zu dokumentieren und auf diese Weise nachvollziehbar werden zu lassen.[40] Diese Dokumentation umfasst theoretisch-fachwissenschaftliche Konzepte, auf die sich in der Untersuchung bezogen werden, wie auch eine genaue Beschreibung des Erhebungskontexts und der –methoden sowie der darauffolgenden Auswertungsschritte der Daten. Sollten im Laufe des Forschungsprojektes Probleme und eventuelle Revisionen in der Forschungsmethodologie entstanden sein, sind diese ebenso festzuhalten. Diese Transparenz des Forschervorgehens soll darüber hinaus Vorwürfe entkräften, eine selektive Plausibilisierung vorzunehmen, bei der lediglich bestimmte Textstellen bspw. aus Interviews herausgearbeitet und interpretiert werden, die für den Forscher Typisches darstellen, und somit Untypisches ausklammern (Flick 2011: 488). Daran anschließend steht die konzeptuelle Umformulierung des Gütekriteriums der Validität. Aus quantitativer Forscherperspektive kennzeichnet dies die Genauigkeit eines Tests, das heißt, ob und inwiefern mit den Fragen oder Aufgaben das gemessen wird, was gemessen werden soll. Zwar lässt sich diese Formulierung zum Teil auch auf qualitative Forschungsprojekte übertragen, jedoch werden die zu „messenden" Faktoren nicht durch Testformate abgefragt, sondern untersuchen oft tiefergehende Sinnstrukturen beispielsweise aus Interviews. Flick (ebd.: 493) reformuliert daher die „Frage der Validität von qualitativer Forschung zu einer Frage, inwiefern die Konstruktionen des Forschers in den Konstruktionen derjenigen, die er untersucht hat, begründet und diese für andere nachvollziehbar sind". Przyborski/Wohlrab-Sahr (2010: 26 f.) beziehen sich hierbei auf sogenannte *Common-Sense*-Konstruktionen, die beide Perspektiven vereinen. Um diese Konstruktionen bzw. Interpretationen abzusichern, findet sich vor allem das Verfahren der kommunikativen Validierung (Grotjahn 1993: 235), über deren Geltung jedoch im wissenschaftlichen Diskurs keine vollständige Einigung besteht (vgl. Viebrock 2007: 73). Dahinter steckt die Einbeziehung der Forschungspartner in den Forschungsprozess, so zum Beispiel nach einer Interviewsituation und deren Transkription. Ziel ist es, eine inhaltliche Zustimmung der Aussagen der befragten Subjekte einzuholen und so die Validität der erhobenen Daten zu verbessern. Flick (2011: 495) gibt allerdings dabei zwei Punkte zu bedenken: Zum einen muss das methodische Vorgehen so gestaltet werden, dass es dem unter-

40 Dies kann beispielsweise durch weitere Forscher im Rahmen eines Kolloquiums oder in anderen wissenschaftlichen Gruppen geschehen.

suchten Sachverhalt und der Sicht der Forschungspartner gerecht wird, und zum anderen muss eine über die mögliche Zustimmung der Forschungspartner hinausgehende Geltungsbegründung gefunden werden.

Als weiteren Punkt gebe ich zu bedenken, dass die kommunikative Validierung nicht für jede Zielgruppe geeignet erscheint. So wurde in der vorliegenden Studie auf dieses Verfahren bewusst verzichtet, da eine *Common-Sense*-Konstruktion mit einzelnen Schülern ohne klaren Mehrwert verlief und schließlich sogar abgebrochen wurde. Es bleibt zu vermuten, dass das Alter der Zielgruppe für die kommunikative Validierung bzw. die Reflexivität der Interviewpartner eine wichtige Rolle spielt und die Schüler der neunten Klasse hierfür zu jung sind.

Zusammenfassend stehen vor allem die folgenden Gütekriterien qualitativer Forschung im Vordergrund: Transparenz des Forschungsprozesses (dies beinhaltet auch die von Steinke (1999) geforderten Aspekte der Kohärenz und Relevanz), die damit wiederum zusammenhängende Intersubjektive Nachvollziehbarkeit sowie ein selbstreflektierter Umgang mit dem Forschungsprojekt. In den nachfolgenden Kapiteln sollen neben den Beschreibungen der Forschungspartner und des –settings auch eine kontinuierliche Reflexion des jeweilig situativen Forscherhandelns vorgenommen werden, um der Wichtigkeit der vorgestellten Gütekriterien gerecht zu werden.

7.2 Forschungsteilnehmer

Ziel des vorliegenden Forschungsprojektes ist es, das Nutzungsverhalten digitaler mobiler Endgeräte durch Schüler im Fremdsprachenunterricht zu untersuchen. Dabei sind vor allem die Gestaltung Persönlicher Lernumgebungen sowie die Einbindung formaler und informeller Lernkontexte relevant. Neben einer geeigneten forschungsmethodologischen Herangehensweise musste auch eine geeignete Probandengruppe gefunden werden, anhand derer Daten erhoben werden können. Da die Schulform sowie Jahrgangsstufe zunächst keine Rolle spielten, kamen diejenigen Schulen in Betracht, die digitale mobile Endgeräte aktiv im (Fremdsprachen-)Unterricht einsetzen. Die Suche nach sogenannten iPad-Klassen[41] erwies sich mithilfe von Internetrecherchen wie auch Hinweisen weiterer Lehrkräfte schnell als erfolgreich. Nachdem die ersten Kontaktaufnahmen mit potenziellen Schulen bzw. den verantwortlichen Personen abbrachen[42]

41 Diese Bezeichnung kann weitestgehend als Metonym verstanden werden, das Tablets verschiedener Hersteller beinhaltet und umfasst auch im vorliegenden Projekt nicht nur den Einsatz von Produkten der Marke Apple.

42 Eine Zusammenarbeit seitens der Schule wurde zunächst angeboten, dann jedoch zu einem späteren Zeitpunkt zurückgezogen.

oder mitgeteilt wurde, dass leider keine Kooperationsmöglichkeit bestehe, erklärte sich ein hessisches Gymnasium dazu bereit, das Forschungsprojekt zu unterstützen. In den folgenden beiden Kapiteln soll nun zum einen die Kontaktaufnahme mit den Forschungsteilnehmern dargestellt und zum anderen die Auswahl (das Sampling), welches schließlich zu der für die Studie relevanten Teilnehmern führte, begründet werden.

7.2.1 Kontaktaufnahme und erste Unterrichtsbeobachtungen

Erste Gespräche mit Lehrkräften, die iPads im Unterricht einsetzen, führten zu der Möglichkeit, sowohl im Französisch- als auch Englischunterricht einer neunten Jahrgangsstufe teilnehmende Beobachtungen durchführen zu können. Hierbei stand durch den Forscher wahrnehmbares Verhalten sowohl von Lehrkräften als auch Schülern in Bezug auf den Einsatz der iPads im Unterrichtskontext im Vordergrund. Für den Forschungsgegenstand relevante bzw. interessante Situationen wurden in kurzen Notizen festgehalten, um zu einem späteren Zeitpunkt der Datenerhebung darauf rückgreifen zu können. Schramm/Schwab (2016: 141) weisen in diesem Zusammenhang darauf hin, dass Beobachtungen zu einem gewissen Anteil auch auf dem Vorwissen des Beobachtenden basieren und im gleichen Zuge Erhebungs- wie auch Interpretationsprozesse stark vermischen können. Als Forscher ist man durch eine intensive Auseinandersetzung mit der Thematik des zu untersuchenden Phänomens, unter anderem durch das Lesen zahlreicher Fachliteratur oder das Aufstellen bzw. Präzisieren von Forschungsfragen, gewissermaßen nicht mehr unvoreingenommen. Dies wird speziell bei Beobachtungen deutlich, da diese durch Selektion, Abstraktion sowie Klassifikation charakterisiert sind (ebd.). Die Perspektive, die man als Forscher einnimmt, muss für die spätere Analyse der Daten daher unbedingt reflektiert werden (vgl. Kapitel 7.5). Nachdem die Möglichkeit, den Französischunterricht teilnehmend zu beobachten, aufgrund organisatorischer Änderungen seitens der Lehrkraft wegfiel, lag der Fokus auf dem Einsatz der iPads im Kontext des Englischunterrichts. Englisch stellt die erste Fremdsprache der insgesamt 19 Schüler dar, die zu diesem Zeitpunkt die iPads seit etwas mehr als zwei Jahren im Unterricht nutzten. Jedem Schüler wurde zu Beginn der iPad-Klasse ermöglicht, ein eigenes mobiles Endgerät zu erhalten, welches sowohl für die Nutzung inner- als auch außerhalb des schulischen Kontextes gedacht war. Die Geräte wurden durch ein externes Medienzentrum gewartet. Die Wartung umfasste vorrangig Softwareupdates sowie die Installation neuer Anwendungen.[43] Die

43 Die Installation eigener Anwendungen mittels persönlicher Apple-ID war darüber hinaus für die Schüler möglich.

Schüler bekamen so einen personalisierten Medienzugang (vgl. Kap. 5.2), der dem Ansatz *Bring Your Own Device* (BYOD) folgen sollte (vgl. Falloon 2015: 62 f.; Burston 2013: 91 ff.). Ziel dieses Ansatzes ist es, explizit die Grenzen zwischen schulischen Aktivitäten und Erfahrungen in der außerschulischen Lebenswelt von Schülern nahtlos mithilfe von mobiler Technologie zu verbinden (McQuiggan et al. 2015: 132). Diese 1:1-Lösung verbietet Smartphones und Tablets nicht generell an Schulen, sondern fasst sie als Kulturzugangsgeräte auf, die produktiv im Unterricht genutzt werden können und den Schülern aufgrund ihrer Vertrautheit im Umgang oftmals typische auftretende Probleme auf Seiten der Hard- oder Software ersparen (Krommer 2014: 337). Es geht bei BYOD allerdings weniger darum, die Unterrichtsplanung vollständig von den vorhandenen Medien abhängig zu machen und so deren didaktische Legitimierung zu erzwingen, sondern vielmehr innovative Interaktionsformen, methodische Arrangements sowie neue Zieldimensionen des (Fremdsprachen-)Unterrichts zu erkennen (ebd.). Auffällig war bereits zu Beginn des Forschungsprojektes, dass tatsächlich nicht jeder Schüler ein eigenes iPad besaß. Grund hierfür war, dass Schüler, die nach der Einführung der iPads in die Klasse wechselten, kein eigenes Gerät erhalten haben. Obwohl im Rahmen des Projekts auch der Einsatz weiterer personalisierter Endgeräte wie Smartphones erlaubt wurde, stellte dies unter anderem in Einzelarbeitsphasen, die den Einsatz der iPads verlangten, ein Problem dar – auch in Bezug auf das Sampling der Forschungsteilnehmer.

7.2.2 Sampling

Der Begriff des Samplings beschreibt prinzipiell den Prozess von Auswahlentscheidungen, die im Laufe eines Forschungsprojekts getroffen werden (Grum/ Legutke 2016: 78 f.). Dies vollzieht sich nicht nur auf der Ebene der Datenerhebung sowie der Ebene der Datenauswertung, sondern auch der späteren Präsentation der Ergebnisse (ebd.: 84). Auf den ersten Blick erscheint es allein von Forscherseite aus bewusst gesteuert werden zu können, wenn es darum geht, hinsichtlich der Personengruppen, die man untersuchen möchte, eine Auswahl zu treffen. Das Forschungsdesign und die dazugehörigen Forschungsfragen tragen maßgeblich dazu bei, welche Zielgruppe(n) für die eigene Datenerhebung relevant ist/sind. Wie jedoch bereits in den vorangegangenen Kapiteln deutlich wurde, bestimmen noch weitere Faktoren die letztendliche Auswahl bzw. die damit zusammenhängenden Entscheidungen. Für Projekte im schulischen Bereich, in dem auch die vorliegende Studie angesiedelt ist, spielen unter anderem sogenannte *gatekeeper* (Schlüsselpersonen in Institutionen) eine große Rolle, die nicht nur den Zugang zu dem gewünschten Forschungsfeld ermöglichen, sondern auch bei der Auswahl der zu untersuchenden Personengruppe einen

Einfluss haben können (vgl. Trautmann 2012: 222 f.). Beispielsweise kann die Schulleitung ein Interesse daran haben, dass Lehrkräfte in ihrem Unterricht nicht durch eine externe Person in Form eines Forschers abgelenkt werden, was wiederum dazu führen kann, dass nur eine bestimmte Zahl an Klassen oder Schülern untersucht werden dürfen. Grum/Legutke (2016: 85) bezeichnen dies als Aspekt der räumlichen[44] bzw. institutionellen Zugänglichkeit und rekurrieren zugleich auf Überlegungen, die die Machbarkeit eines Forschungsprojektes betreffen. Handelt es sich um ein Projekt einer Einzelperson, welches in einem zeitlich begrenzten Rahmen abgeschlossen werden muss, so ist es kaum leistbar, mehrere Schulen in unterschiedlichen Bundesländern zu besuchen, um Daten zu erheben und diese auszuwerten. Diese Prämissen galt es auch für das vorliegende Forschungsprojekt zu beachten. Daher soll nun analog zu den oben genannten Ebenen der Prozess des Samplings genauer dargestellt werden.

Die Vorstudie, die eine standardisierte und quantitative Erhebungsform darstellt, diente vor allem dazu, faktorenanalytisch zu untersuchen, welche Aspekte bei der Nutzung bzw. Nutzungsabsicht digitaler mobiler Endgeräte von Schülern eine Rolle spielen. Die Ergebnisse lieferten dabei Hinweise, auf die in der Hauptstudie fokussiert werden konnte. Der Prozess des Samplings zu Beginn der Hauptstudie wurde vorrangig pragmatisch begründet. Eine Voraussetzung zur Teilnahme an der Studie war zunächst die schriftliche Zustimmung sowohl durch die Schüler als auch deren Erziehungsberechtigten (vgl. Kap. 7.4 zu forschungsethischen Aspekten). Fehlte diese Zustimmung, so konnten die betreffenden Schüler nicht an der Datenerhebung teilnehmen. Insgesamt sechs Schüler mussten aufgrund dessen von der Studie ausgeschlossen werden, da sie trotz mehrfacher Erinnerung ihre Einverständniserklärungen nicht mitbrachten. Mit den eingangs an die Schüler verteilten Fragebögen zur individuellen Medienbiographie (Kapitel 7.3.1) wurde daraufhin ein weiteres (teil)standardisiertes Erhebungsverfahren genutzt, um die vorab festgelegten Faktoren aus der Vorstudie in die lebensweltlichen Kontexte der Schüler einzubetten. Zu diesem Zeitpunkt kam das erste inhaltsbezogene Auswahlverfahren innerhalb der Klasse zum Einsatz. Diejenigen Schüler, die angaben, digitale mobile Medien weder zu Lernzwecken noch privat zu nutzen, entfielen für Zwecke der weiteren Datenerhebung, da ihre Daten zur Beantwortung der Forschungsfragen keinen Mehrwert darstellten. Notizen zu ihrem Nutzungsverhalten innerhalb des Unterrichts wurden dennoch angefertigt, um diese als mögliche flankierende Elemente bei der Analyse beispielsweise von Gruppenarbeitsprozessen zu nutzen. Von den nach dem Auswahlverfahren verbliebenen Schülern wurden

44 Bei der räumlichen Zugänglichkeit steht die tatsächliche Entfernung zum Forschungsfeld im Vordergrund.

dann im Rahmen der Unterrichtseinheit unterrichtsbezogene Schülerprodukte (Kapitel 7.3.2) gesammelt, die erneut ein Sampling bedingten. Da sich einige Schüler dazu entschieden, die Aufgaben ohne die iPads zu bearbeiten bzw. vergaßen, die Geräte mit in den Unterricht zubringen, wurden diese Schüler im weiteren Verlauf für die Datenerhebung nicht mehr berücksichtigt. Schließlich wurden neun der insgesamt neunzehn Schüler für die retrospektiven Interviews (Kapitel 7.3.3) ausgewählt. Sie erfüllten die kriteriengeleiteten Voraussetzungen, die eine Repräsentativität der Schulklasse ermöglichen. Zudem erlaubt die Anzahl eine fallanalytische Darstellung, die mögliche Übereinstimmungen und Kontraste sowie zugrundeliegende Bedingungen berücksichtigt.

7.3 Instrumente der Datenerhebung

Da der Fokus der vorliegenden Studie auf der individuellen Nutzung digitaler mobiler Medien durch Schüler liegt, sollen im Folgenden diejenigen Instrumente der Datenerhebung vorgestellt werden, die vorrangig qualitativ eingesetzt wurden. Die Reihenfolge der Darstellung spiegelt zugleich auch den jeweiligen Einsatz des Instrumentes im Prozess der Datenerhebung wider. So wird zunächst der Fragebogen näher betrachtet, der zu Beginn der Erhebung an die Schüler verteilt wurde, um einen Einblick in deren Mediennutzungsverhalten zu bekommen. Daraufhin soll die Generierung der Schülerprodukte im Verlauf des Erhebungsprozesses beispielhaft skizziert werden, ohne konkrete Ergebnisse vorwegzunehmen. Dies ist Teil der späteren Datenanalyse und -auswertung. Schließlich stehen die retrospektiv geführten Interviews mit den Schülern als zentrales Instrument zur Datenerhebung im Mittelpunkt.

7.3.1 Fragebogen zur Mediennutzung

Nachdem ich die Schüler zum ersten Mal traf und ich als stiller Beobachter eher passiv[45] am Unterricht teilnahm, war es das primäre Ziel, innerhalb des Prozesses der Datenerhebung Informationen über das Mediennutzungsverhalten der Schüler zu gewinnen. Als Instrument eignete sich hierfür vor allem ein standardisierter Fragebogen, der sowohl geschlossene als auch offene Fragen beinhaltet. Diese Art der Datenerhebung stellte sich als erfolgversprechender und zeitökonomischer dar, als es beispielweise eine direkte Befragung in Form eines Interviews getan hätte. Riemer (2016) weist diesbezüglich jedoch auf die

45 Notizen der Unterrichtsbeobachtungen werden in diesem Kapitel nicht explizit ausgeführt, sondern werden als flankierende Daten verwendet.

generelle Problematik bei Selbstauskünften hin, die darin besteht, dass die Zuverlässigkeit der Ergebnisse u. a. von der Bereitschaft und Fähigkeit der befragten Personen zu wahrheitsgemäßen und relevanten Aussagen abhängt (ebd.: 155). Ebenso muss der Aspekt der sozialen Erwünschtheit, welcher mögliche Antworten der Teilnehmer umfasst, die dem Forschungsleiter „gefallen" sollen, nicht nur bei der Konstruktion, sondern auch der Auswertung des Fragebogens kritisch betrachtet werden.[46] Der im Folgenden dargestellte Fragebogen wurde von den Schülern zu Beginn der Unterrichtseinheit im Beisein der Lehrkraft und des Forschungsleiters ausgefüllt. Dabei sollte einerseits die Möglichkeit gegeben werden, Unklarheiten bezüglich der Fragen oder Formulierungen zu klären und andererseits verhindert werden, dass die Teilnehmer die Fragebögen gemeinsam ausfüllen oder sich bei den Antworten in irgendeiner Form absprechen. Obwohl der Fragebogen im fremdsprachlichen Unterricht ausgeteilt wurde, wurde er auf Deutsch verfasst, um der Bildungssprache der Befragten zu entsprechen und somit möglichen sprachlichen Missverständnissen vorzubeugen.

Der Fragebogen (siehe Anhang) umfasst drei Frageblöcke. Im ersten Block fragen sechs Items die Häufigkeit der Nutzung ausgewählter Medien in der Freizeit ab. Bei der Itemformulierung hinsichtlich solcher Häufigkeitsangaben können Skalenbenennungen wie *„selten"* oder *„häufig"* individuell stark variieren und somit eine Analyse der Daten erschweren. Um diese Problematik zu verhindern, bietet sich ausschließlich eine endpunktbenannte Skala an, die eine Gleichabständigkeit der einzelnen Stufen festlegt (Riemer 2016: 159). Die Antwortoptionen wurden demnach in Form einer Likert-Skala folgendermaßen festgelegt: *„Nie"*, *„Seltener als einen Tag pro Woche"*, *„1 bis 2 Tage pro Woche"*, *„3 bis 4 Tage pro Woche"*, *„5 bis 6 Tage pro Woche"*, *„Jeden Tag"*. Es lässt sich erkennen, dass diese Gleichabständigkeit in der vorliegenden Studie durch die Anzahl der Wochentage gewährleistet bleibt. Die Option *„Seltener als einen Tag pro Woche"* umfasst dabei beispielsweise eine nur monatlich bzw. jährlich stattfindende Nutzung, die im Rahmen der Konzeption des Fragebogens jedoch nur marginal bedeutsam ist und deshalb nicht detaillierter erfragt werden sollte. Im zweiten Frageblock findet sich eine offene Frage, die konkrete Einsatzsituationen der zuvor abgefragten Medien untersucht (*„Wozu nutzt du die oben ausgewählten Medien?"*). Die Offenheit der Frage liegt in der Mannigfaltigkeit der Antworten begründet. Nicht nur wird in diesem Block erörtert, welche Medien die Teilnehmer nutzen, sondern auch wie sich die individuelle Nutzung im außerschulischen Bereich/der Freizeit gestaltet. Eine Einschränkung auf durch den Forschungsleiter ausgewählte Bereiche würde die Daten

46 Es ist weiterhin denkbar, dass Schüler aus Scham nicht wahrheitsgemäß antworten oder das Beantworten als Mehrarbeit sehen, die sie möglichst geringhalten wollen.

möglicherweise verfälschen und somit unbrauchbar machen. Der dritte Frageblock, welcher wiederum aus sechs Items besteht, ist ebenfalls als Rating-Skala (5-stufige Likert-Skala) formuliert. Inhaltlich ging es dabei um die Einstellung der Teilnehmer bezüglich ausgewählter Statements, die aus dem UTAUT-Modell für den Forschungskontext adaptiert wurden und in der Vorstudie als signifikante Prädiktoren ermittelt werden konnten. Die Antwortoptionen waren dabei *„Stimme überhaupt nicht zu“*, *„Stimme nicht zu“*, *„Weder noch“*, *„Stimme zu“* und *„Stimme voll und ganz zu“*. Abschließend hatten die Schüler noch die Möglichkeit, weiterführende Gedanken zu dem Fragebogen offen zu formulieren.

7.3.2 Schülerprodukte

Im Rahmen des Forschungsprojekts entstanden zu unterschiedlichen Zeitpunkten sogenannte unterrichtsbezogene Schülerprodukte. Darunter werden allgemein Formen schriftlicher, mündlicher, graphischer und multimodaler Texte verstanden, die im Kontext des Unterrichts von verschiedenen Akteuren wie beispielsweise Lernern, Lehrpersonen, Ausbildern etc. verfasst werden (vgl. Caspari 2016: 194). Diese Produkte, ob schriftlich oder mündlich, können für den Forschungsprozess und schließlich die Beantwortung der Forschungsfragen von entscheidender Bedeutung sein, da sie Einblicke in Lehr-/Lernprozesse geben und dabei die „Natürlichkeit“ des Unterrichtskontexts unberührt lassen (ebd.: 196).

Im Folgenden sollen die beiden Anwendungen *TitanPad* und *Quizlet* vorgestellt werden, welche in Absprache mit der Lehrkraft im Rahmen der durchgeführten Unterrichtseinheit eingesetzt wurden und mit deren Hilfe unterrichtsbezogene Schülerprodukte entstanden sind, auf die wiederum im weiteren Verlauf der Datenerhebung und -analyse (Stimuli in retrospektiven Schülerinterviews) zurückgegriffen wurde bzw. wird.

7.3.2.1 Arbeit mit dem TitanPad

Aufgrund ihrer Dichte finden sich für das vorliegende Forschungsprojekt relevante unterrichtsbezogene Schülerprodukte vor allem in den von den Schülern individuell bzw. kollaborativ (vgl. Kap. 5.5) erarbeiteten Texten mithilfe der digitalen (Web)Anwendung[47] *TitanPad*. Um einen Eindruck über die Funktionen der Anwendung zu erhalten, soll zunächst eine kurze Erklärung stattfinden.

---

47 Für eine differenzierte Darstellung von (webbasierten) Anwendungen bzw. Apps siehe Falk (2015)

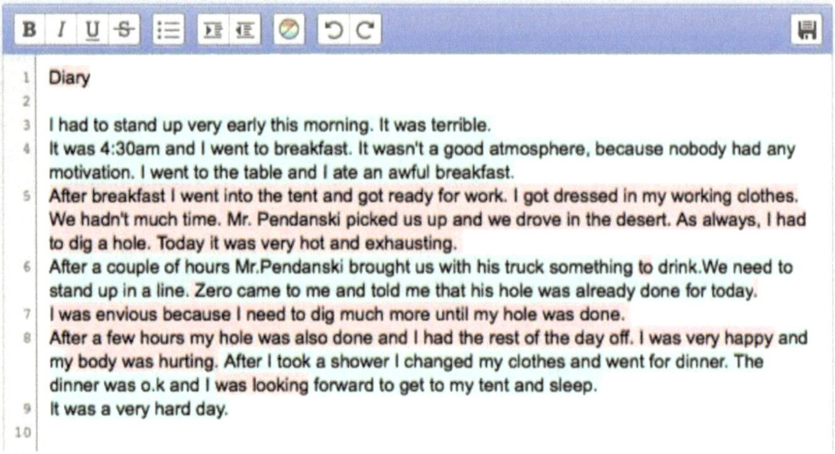

Abb. 15: Datenauszug aus einem kollaborativ erstellten Text mit der Anwendung TitanPad

Die (Web)Anwendung funktioniert dabei grundlegend wie ein reguläres Textverarbeitungsprogramm (beispielsweise *Microsoft Word*), muss allerdings vorab nicht installiert werden bzw. benötigt keine Registrierung und bietet Nutzern die Möglichkeit, parallel an einem Dokument/Text zu arbeiten und sich so gegenseitig zu verbessern[48] oder zu ergänzen, Änderungen farblich zu markieren und sich gleichzeitig in einem separaten Chat-Fenster auszutauschen. Brückner (2012: 45 f.) führt folgende Vorteile für den Einsatz solcher *shared documents* im fremdsprachlichen Unterricht an: eigenständige Planung der Unterrichtseinheit durch die Lerner, Förderung von Teilaspekten der Schreibkompetenz (Orthografie, Satzstruktur, Grammatik) sowie selbstständiger Fehlerkorrektur, kommunikatives Aushandeln von Bedeutungen (*negotiation of meaning*) im gemeinsamen Dokument und Auslagerung von Organisations- und Koordinationsprozessen außerhalb der Unterrichtszeit.[49] Abbildung 15 zeigt einen kollaborativ erstellten Tagebucheintrag, den Schüler im Rahmen einer Unterrichtseinheit zum Jugendroman „*Holes*“ von Louis Sachar[50] verfassten. Dabei sollten sie die Perspektive des Protagonisten Stanley Yelnats einnehmen. Dieser sitzt unschuldig in der Besserungsanstalt für Jugendliche mit dem Namen *Camp Green Lake*. Sein Aufenthalt dort ist durch harte Arbeit und mysteriöse Vorkommnisse geprägt.

48 Vgl. Hanjani/Li (2014)

49 Miyazoe/Anderson (2010) haben diesbezüglich die lernerseitige Wahrnehmung dreier verschiedener digitaler Schreibplattformen (Forum, Blog und Wiki) empirisch verglichen.

50 Grundlage war hierbei die annotierte Ausgabe von Klett 1. Auflage (2002)

Man kann den Text aufgrund seiner farblichen Markierung klar in einzelne Abschnitte unterteilen. Diese Markierung indiziert die bereits erwähnten Änderungen an vorhandenen Textpassagen und verdeutlicht generell, wer welche Passagen verfasst hat. Auf diese Weise kann beispielsweise die Lehrkraft nachvollziehen, ob und wenn ja, wie die Schüler miteinander interagieren und welchen Anteil sie dabei ausmachen. Dies bezieht sich unter anderem auf die Art der Korrektur sowie Quantität und Qualität des verfassten Textes.

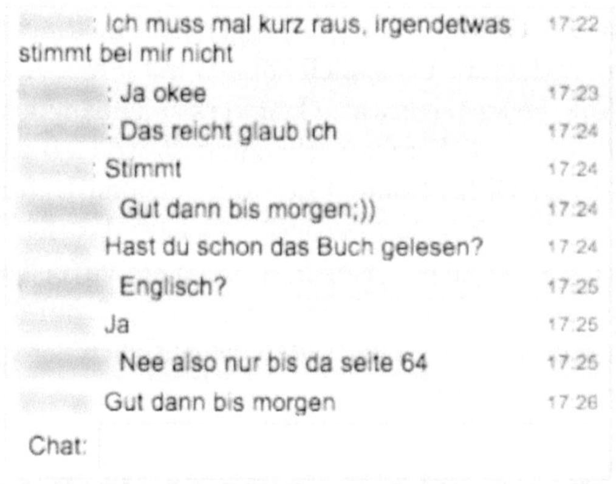

Abb. 16: Beispielauszug aus dem Chat von Stefanie und Lea

Darüber hinaus können die Schüler von einem separaten Chat Gebrauch machen (Abbildung 16), in dem sie sich beispielsweise über unterrichtsbezogene Themen unterhalten. Die Chateinträge haben einen zeitlichen Marker, der sich komplett zurückverfolgen lässt.

Im Rahmen der Unterrichtseinheit wurden insgesamt acht Zweier- und eine Dreiergruppe gebildet, die jeweils einen vorher von der Lehrkraft individuell erstellten Link zu einem *TitanPad* bekamen. Dies sollte verhindern, dass Schüler die kollaborativ erstellten Texte anderer Gruppen verändern oder gar löschen. Zudem wurde durch die Lehrkraft festgelegt, dass sich die einzelnen Gruppenmitglieder mit ihren richtigen Vornamen im Chat zu erkennen geben und für ihre Änderungen eine individuelle Farbe bestimmen, die es ermöglicht, die Textabschnitte zuordnen zu können. Bereits in der Unterrichtsstunde fingen die Schüler an, Ideen für Texte zu sammeln und diese zu schreiben. Die Fertigstellung erfolgte im Rahmen einer Hausaufgabe bis zur nächsten Unterrichtsstunde.

7.3.2.2 Arbeit mit der Vokabel-App Quizlet

Lernergesteuerter Wortschatzerwerb – auch als Vokabellernen bezeichnet (Stork 2010: 106) – wird von vielen Schülern als lästige Pflichtaufgabe gesehen, die weniger als Möglichkeit zur Förderung autonomen und selbstgesteuerten Lernens, sondern vielmehr als Mittel zur Durchführung von Tests wahrgenommen wird. Im Rahmen der Unterrichtseinheit zu Louis Sachars Jugendroman „*Holes*“ bestand eine Aufgabe darin, die in den einzelnen Kapiteln des Buches vorkommenden Vokabeln in regelmäßigen zeitlichen Abständen zu lernen. Vorab wurden den Schülern von der Lehrkraft die grundlegenden Funktionen des digitalen Karteikartensystems erläutert. Prinzipiell können mit dieser App schnell digitale *flashcards* oder Vokabelkarten etwa zu lehrwerksunabhängigen Themen und Materialien erstellt oder auf bereits vorhandene Wortlisten zugegriffen werden (vgl. Möller 2014: 41). Im Kontext der untersuchten Unterrichtseinheit wurde eine sogenannte „*classroom version*“ angelegt, das heißt, dass sämtliche von den Schülern erstellten Vokabelkarten in einem virtuellen Kurs gespeichert und abgerufen werden können (Abb. 17). Zugleich kann die Lehrkraft, die den Kurs leitet, auf diese Weise überprüfen, welcher Schüler zu welchem Zeitpunkt welche Vokabeln geübt hat.

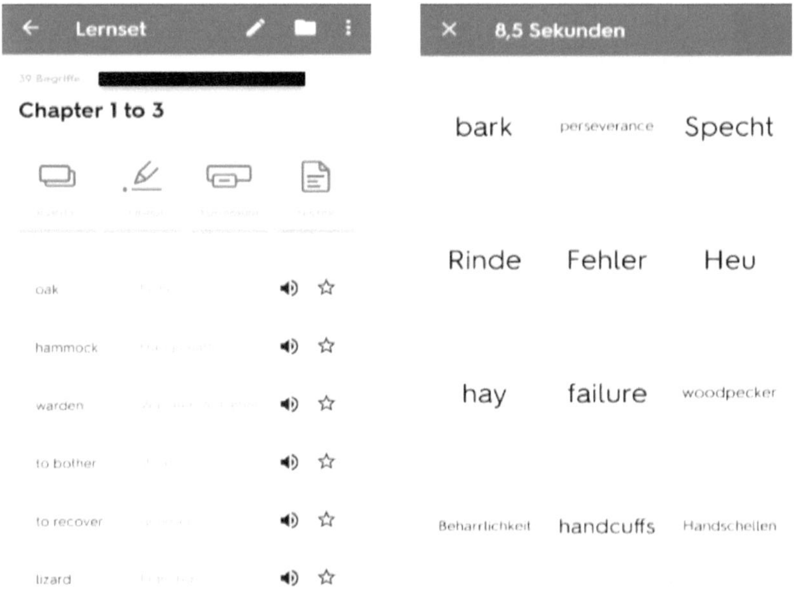

Abb. 17: Android-Version der App Quizlet. Bild links zeigt ein Beispiellernset. Bild rechts ein Zuordnungsspiel.

Das Üben mit Quizlet gestaltet sich folgendermaßen (vgl. Fehn 2016: 14):

- Visuelles Lernen findet durch Lesen der Vokabeln sowie Sehen von optionalen Bildelementen statt.
- Auditives Lernen findet durch Hören der Aussprache von Wörtern oder Sätzen statt.
- Schriftliches Reproduzieren (mit sofortiger Rückmeldung der App bei Fehlern)
- Spielerische Sicherung der Vokabeln (Beispiele: Memory, Schwerkraft)

Das didaktische Potenzial liegt dabei nicht nur in der einfachen Handhabung und dem Spaßeffekt (vgl. Pukrop 2016: 12), sondern auch in der Möglichkeit, Inhalte multicodiert zu nutzen (vgl. Multicodierung in Kapitel 5.4).

Bei der Bearbeitung der Aufgaben stand es den Schülern frei, ob sie die jeweilige Anwendung bzw. die iPads nutzen oder den Text bzw. die Vokabeln in ein Arbeitsheft oder ähnliches schreiben. Vereinbart wurde lediglich, dass die Texte zu Beginn der kommenden Unterrichtsstunde vorliegen müssen und durch die Lehrkraft kontrolliert werden. Die zu lernenden Vokabeln wurden in Form eines kurzen Tests abgefragt.

Die schließlich für das Forschungsprojekt verwendeten unterrichtsbezogenen Schülerprodukte beinhalten dabei jedoch nur diejenigen Dokumente, die mit dem iPad erstellt wurden, da diese den Forschungsschwerpunkt bilden und zugleich als Impulse für das darauffolgende Erhebungsverfahren des Lauten Erinnerns fungieren (vgl. Kapitel 7.1.2 zu Introspektion). Sollte parallel sowohl mit digitalen als auch analogen Hilfsmitteln gearbeitet worden sein, so wurde dies im Rahmen der retrospektiv geführten Interviews mit den Schülern thematisiert.

7.3.3 Schülerinterviews

In der qualitativen Sozialforschung sind Interviews als Form der Datenerhebung von zentraler Bedeutung, da sie zum einen vertiefende Einblicke in den Untersuchungsgegenstand ermöglichen und zum anderen bereits analysierte Daten im Sinne der Methodentriangulation falsifizieren oder validieren können (vgl. Riemer 2016: 162). Dabei stehen dem Forscher, abhängig vom jeweiligen Forschungsdesign, unterschiedliche Interviewformen zur Verfügung wie das problemorientierte Interview, das fokussierte Interview oder auch das narrative Interview, um einige Beispiele zu nennen.[51] Die Entscheidung hängt im Einzel-

51 Für einen differenzierten Blick auf die einzelnen Formen empfiehlt sich ein Blick in einschlägige Handbücher (bspw. Flick 2010; Przyborski/Wohlrab-Sahr 2010 oder auch Caspari et al. 2016 für den Bereich der Fremdsprachenforschung)

nen davon ab, welches Erkenntnisinteresse vorherrscht und welche Fragestellungen verfolgt werden (Przyborski/Wohlrab-Sahr 2010: 139).

Für die vorliegende Studie wurde auf Basis der Mediennutzungsbiographien der Schüler sowie der Faktorenanalyse der quantitativ angelegten Onlinebefragung ein teilstandardisiertes Leitfadeninterview entwickelt, welches sowohl narrative als auch problemzentrierte Elemente beinhaltet. Ziel war es, mittels offener Einstiegsfrage einen Erzählimpuls beim Interviewpartner zu setzen, auf den dieser mit seinem unmittelbar verfügbaren Wissen spontan reagieren kann (Flick 2010: 203). Gerade im Vergleich zu geschlossenen Fragen besteht zwar die Gefahr, so auch oberflächliche, für den Untersuchungsgegenstand irrelevante Informationen zu erhalten (Riemer 2016: 162), jedoch wird besonders durch zunächst offene Fragestellungen einer künstlichen Gesprächssituation zu Beginn der Interviews entgegengewirkt, was speziell im Falle eines Schülerinterviews hilfreich sein kann (vgl. Kapitel 7.5 Vertrautheit vs. Fremdheit).

Bevor näher auf die einzelnen Fragen des im Forschungsprojekt verwendeten Leitfadeninterviews eingegangen wird, soll noch ein wichtiger Punkt im Hinblick auf das Ablaufschema beleuchtet werden. Przyborski/Wohlrab-Sahr (2016: 140 f.) kennzeichnen diesen Ablauf als vom Allgemeinen zum Spezifischen führend und beziehen sich dabei auf die bereits erwähnte Fragenstruktur. Die anfangs gestellte Frage, welche narrativ angelegt ist, erfüllt das *Kriterium der Offenheit.* Idealerweise beginnt der Interviewpartner, von einem Erlebnis zu berichten oder etwas zu beschreiben, an das der Interviewer anschließen kann und dessen einzelne Aspekte im weiteren Verlauf des Gesprächs erneut aufgegriffen werden können. Dieses Nachfragen erfüllt dann das *Kriterium der Spezifität.* Allerdings steht hierbei nicht, wie man vielleicht annehmen kann, die isolierte Erfassung einzelner Sachverhalte im Vordergrund, sondern vielmehr die Ausleuchtung spezifischer Bedeutungen bestimmter inhaltlicher Details. Zu guter Letzt sollte das *Kriterium der Kontextualität und der Relevanz* eine Rolle spielen. Dahinter steckt die Tatsache, dass „[...]Fragen gestellt werden sollten, auf die hin Sachverhalte in ihren situativen Einbettungen, in ihrem sozialen, institutionellen und persönlichen Kontext sowie im Hinblick auf ihre subjektive (bzw. auch institutionelle) Relevanz geschildert werden" (ebd.: 141).

Die Interviews wurden an insgesamt zwei Tagen durchgeführt. Dabei fanden die retrospektiv geführten Interviews mit den Schülern unmittelbar nach Beendigung der Aufgabe statt, was im Fall des Tagebucheintrags wie auch des Vokabeltests einer Dauer von einem Tag entsprach. Als Setting wurde dabei ein Besprechungsraum im Hauptgebäude der Schule gewählt, der sich aufgrund seiner geringen Größe positiv auf die Aufnahmequalität auswirkte. Es wurden ein Audiomitschnitt sowie kurze Mitschriften angefertigt, die als begleitendes Informationsmaterial bei der späteren Transkription der Daten genutzt wurden.

Trautmann (2012: 224) weist darauf hin, dass zu Beginn eines solchen Interviews oft ein informelles Gespräch stattfindet, in dem Kontakt aufgebaut, der zeitliche Rahmen geklärt und die Technik eingestellt wird. Die durchschnittliche Dauer der Interviews betrug 18 Minuten. Die Schüler wurden zunächst über den Ablauf der mündlichen Befragung aufgeklärt und erneut darauf hingewiesen, dass es sich um eine freiwillige Teilnahme handelt, zu der sie sich schriftlich bereit erklärt haben, dies jedoch auch im Laufe der Untersuchung widerrufen können. Die Nennung etwaiger Orts- oder Personennamen wurde anonymisiert bzw. gestrichen, damit keine Bezüge hergestellt werden können (vgl. Kapitel 7.4 zu forschungsethischen Aspekten). Auch wurde von Seiten des Forschungsleiters angemerkt, dass es keine richtigen oder falschen Antworten gibt, sondern dass die Teilnehmer ihre persönliche Meinung ausdrücken sollen.

Die erzählgenerierende Frage lautete: *Ihr setzt die iPads nun schon seit zwei Jahren in eurer (Englisch)klasse ein. Erzähl doch mal: Wie genau muss ich mir das vorstellen?* Dadurch dass der Einsatz der iPads sowohl im fremdsprachlichen als auch im naturwissenschaftlichen Unterricht zu diesem Zeitpunkt seit über zwei Jahren stattfand, eignete sich diese Frage sehr gut, um zu Beginn eine längere selbstgestaltete und selbstreflexive Stegreiferzählung zu generieren (vgl. Riemer 2016: 165). Die zweite Frage schloss an diese Erzählung unter Rückbezug auf die individuelle Medienbiographie des jeweiligen Schülers an. Dabei wurden durch den Interviewer selektierte Aspekte hinterfragt, um so eine detaillierte Sicht auf die Nutzung der mobilen Endgeräte sowohl in schulischen als auch außerschulischen Bereich zu erhalten. Der Fokus lag dabei auf der wahrgenommenen Nützlichkeit („*Du hast angegeben, dass mobile Geräte dein Leben erleichtern/nicht erleichtern. Kannst du mir das mal näher erklären? Wann und wo ist dies der Fall?*"). Mittels exmanenter Fragen konnten erneut weitere Teilaspekte erörtert werden, die in den Antworten der Teilnehmer nicht genannt wurden, allerdings für die spätere Analyse und Darstellung relevant waren. Im Fokus der dritten Frage stand die Beziehung zu anderen Nutzern mobiler Endgeräte („*Du hast auch angegeben, dass du dich durch die Nutzung mit anderen verbunden/nicht verbunden fühlst. Wie genau sieht das für dich aus?*"). Dies geschah analog bei der vierten immanenten Frage „*Bei der Aussage „Smartphone bzw. Tablets helfen mit beim Lernen" hast du _____ angegeben. Wie kommt das?*", deren exmanente Nachfrage einen wiederholten Rückgriff auf die Medienbiographie bedurfte: „*Du hast aber auch angegeben, dass dich der Einsatz im Unterricht motivier/nicht motiviert. Wieso? Kannst du das an einem konkreten Beispiel erklären?*". Die fünfte Frage richtete sich an den konkreten Einsatz der iPads zur in Kapitel 7.2.2 beschriebenen Aufgabenbearbeitung („*Beschreibe doch bitte, wie du die Aufgaben mit dem TitanPad bearbeitet hast. Wie bist du vorgegangen?*"). Diese Aufforderung zum lauten Erinnern (vgl. Kapitel 7.1.2.1) wurde dadurch unterstützt, dass die

Schüler ihre jeweiligen Texte erneut ansehen konnten. Abschließend wurden die Interviewteilnehmer noch gebeten, ihre Vorstellungen zum idealen Einsatz der iPads im Fremdsprachenunterricht zu verbalisieren („*Stell dir vor, [Name der Lehrkraft] fragt dich, wie du gerne das iPad für den Unterricht einsetzen möchtest. Was würdest du ihr vorschlagen?*“].

Die Schülerinterviews stellen für die vorliegende Studie eines der wichtigsten Instrumente zur Datenerhebung dar. Sie bilden zusammen mit den Mediennutzungsbiographien, den unterrichtsbezogenen Schülerprodukten sowie den Notizen, die im Rahmen der Unterrichtsbeobachtungen gemacht wurden, einen Pool an Informationen, welche Rückschlüsse bzw. Interpretationsspielräume hinsichtlich der Gestaltung Persönlicher Lernumgebungen erlauben. Eine Triangulation der Daten ist dabei anzustreben, um die Validität der Studie zu erhöhen. Gleichzeitig sollten jedoch forschungsethische Fragestellungen sowie die eigene Rolle als Forscher im Kontext Schule überblickt und reflektiert werden.

7.4 Forschungsethische Aspekte

Das in den vorangegangenen Kapiteln dargestellte forschungsmethodologische Design birgt neben der Möglichkeit, unterschiedliche Daten zu erheben, auch die Gefahr, ethische Gesichtspunkte aus dem Blick zu verlieren und so vulnerable Zielgruppen ungeschützt zu lassen. Daher sollen im Folgenden forschungsethische Aspekte insbesondere qualitativer Studien[52] hervorgehoben und auf relevante Punkte in Bezug auf das vorliegende Projekt übertragen werden.

Hierbei stellt sich zunächst die Frage, was genau unter Forschungsethik zu verstehen ist. Generell umfasst dieser Begriff Prinzipien und Regeln, die das Handeln des Forschers im Kontext seines Forschungsprojektes leiten sollen (Legutke/Schramm 2016: 108). So müssen ab Beginn der Planung eines Projektes verschiedene Überlegungen angestellt werden, die nicht nur die Zielgruppe(n), sondern auch weitere Akteure und auch die eigene Rolle als Projektleiter betreffen. Das Ziel soll dabei sein, diese Personen zu schützen und Skandale zu vermeiden (vgl. Flick 2011: 57). Der Umgang mit anderen Menschen erfordert gerade im Kontext qualitativer Forschung besondere Sensibilität, da anhand von Daten Informationen über das Handeln, Denkprozesse oder auch Persönlichkeitseigenschaften von Personen gesammelt, ausgewertet und letztlich veröffentlicht werden. Vogt (2011: 229) stellt dabei den Forschungs-

52 Natürlich gilt es auch bei quantitativen Studien, forschungsethischen Grundsätzen zu folgen, da die vorliegenden Studie jedoch vorrangig qualitativ ausgerichtet ist, beschränke ich mich nur darauf.

bereich Fremdsprachendidaktik als multifaktoriellen Forschungsraum hervor, der unterschiedliche Personengruppen umfasst (Lehrkräfte, Schüler, Schulleiter, uvm.), welche wiederum als wechselseitig beeinflussende Variablen im Kontext der Datenerhebung und späteren Datenauswertung zu berücksichtigen sind. Der häufig durch direkte Gespräche (bspw. Interviews) und Interaktionen (bspw. Unterrichtsbeobachtungen) stattfindende und sich entwickelnde Kontakt zwischen Forscher und Beforschten, führt zudem unweigerlich dazu, dass auch über die Forschungsbeziehung(en) gesprochen werden sollte (vgl. Legutke/Schramm 2016: 109).

In verschiedenen wissenschaftlichen Disziplinen und Fachgebieten haben sich bestimmte Ethik-Kodizes entwickelt, die den Forschern eine Grundorientierung hinsichtlich ethisch angemessenen Verhaltens geben sollen und dabei unter anderem Prinzipien der Schadensvermeidung und des Nutzens bzw. Mehrwerts von Forschung verfolgen sowie den Respekt vor anderen Menschen voranstellen (Legutke/Schramm: 108). Viebrock (2015: 41) weist jedoch darauf hin, dass aufgrund der Komplexität der Entscheidungsfelder, in denen Forscher zu unterschiedlichen Zeitpunkten unterschiedliche Rollen und Funktionen einnehmen, bestimmte Regelwerke sowie unausgesprochene Kodizes nicht immer ausreichen, um „richtiges" bzw. „gutes" Forschungsverhalten festzulegen. Sie spricht sich daher für eine konstante Reflexivität aus, welche die jeweilige Forschungssituation in Verbindung mit dem eigenen Wissen und Handeln setzt und selbstkritisch analysiert (ebd.: 42).

Da das vorliegende Forschungsprojekt an einem hessischen Gymnasium durchgeführt wurde, musste zunächst ein Genehmigungsverfahren beim Hessischen Kultusministerium (HKM) beantragt werden. Dieses Verfahren ist durch das Hessische Schulgesetz (Hessisches Kultusministerium 2015: 71) (HSchG – §. 84 Wissenschaftliche Forschung) geregelt, welches die notwendigen Auflagen für die Durchführung von Projekten festlegt. Dabei sind neben einer Projektbeschreibung, vorbereitete Schüler- und Elternbriefe sowie vorbereitete Einverständniserklärungen für Eltern wie auch Schüler (siehe Anhang) durch den Forschungsleiter einzureichen. Darüber hinaus bedarf es einer Zustimmung der Schulkonferenz, einem Aufbewahrungs- und Löschkonzept bezüglich der zu erhebenden Daten sowie einem Konzept des Fragebogens, sofern eine Befragung durchgeführt werden soll.

Bereits bei der Erstellung der Eltern- bzw. Schülerbriefe können jedoch forschungsethische Probleme auftreten. Die Aufklärung der zu untersuchenden Personen und/oder bei Minderjährigen deren gesetzlichen Vertreter beinhaltet eine je nach Untersuchungsgegenstand mehr oder weniger offene Darstellung der Absichten des Forschers. In experimentellen Studien beispielsweise, in denen *Treatment*- mit Kontrollgruppen verglichen werden sollen und in der die

Probanden randomisiert zugeteilt werden, müssen den Teilnehmern gewisse Informationen hinsichtlich des Sinns und Zwecks der Untersuchung vorenthalten werden, da ansonsten die Ergebnisse verfälscht werden könnten (Mackey/Gass 2016: 32). Obgleich eine Aufklärung der Teilnehmer nach Beendigung der Studie als Voraussetzung gilt, kann bei diesem forschungsmethodischen Ansatz so eine ethisch bedenkliche Situation entstehen.

Im Fall der vorliegenden Studie wurden sowohl Eltern als auch Schüler über den Ablauf der Studie bzw. der Datenerhebung informiert, ohne jedoch den Fokus auf die Wahrnehmung unterschiedlicher Lernumgebungen zu legen. Damit sollte verhindert werden, dass sich die betroffenen Personengruppen vorab Gedanken zu dem Thema machen und dass dies eine spätere Introspektion beeinflusst. Die Beendigung der Interviews, die zugleich die Beendigung der Datenerhebung und den Rückzug aus dem Forschungsfeld Schule einleitete, wurde in diesem Zusammenhang als *Debriefing*-Phase genutzt, um den Probanden vorenthaltene Informationen zu geben und mit ihnen mögliche unangenehme Gefühle zu klären, die während des Interviews bestanden (vgl. Legutke/Schramm 2016: 110). Diese unangenehmen Gefühle können beispielsweise entstehen, wenn ein Schüler sich zur Beantwortung einer Frage gezwungen fühlt oder befürchtet, dass seine Antworten im späteren Verlauf der Datenaufbearbeitung und –publikation Rückschlüsse auf die eigene Person zulassen und so negative Auswirkungen haben. Lediglich zwei der neun interviewten Schüler stellten Rückfragen bezüglich ihrer Anonymisierung, da sie im Laufe des Interviews Orts- oder Personennamen genannt hatten.

Anonymisierung bzw. Pseudonymisierung stellen neben der Freiwilligkeit der Teilnahme sowie weiteren datenschutzrechtlichen Aspekten grundlegende Erfordernisse dar, die vor Beginn der Datenerhebung mit den betroffenen Personengruppen zu klären sind. Dabei ist es erforderlich, zunächst darauf hinzuweisen, dass kein Zwang zur Teilnahme besteht und dass eine Nicht-Teilnahme keinerlei Nachteile mit sich bringt (zum Beispiel in Form einer schlechten Note) (Legutke/Schramm: 111). Die informierte Einwilligungserklärung (*informed consent*) enthält zudem Hinweise über die Vertraulichkeit und Anonymität der Studie. Sowohl Schüler als auch Eltern wurden darüber aufgeklärt, dass personen- oder ortsbezogene Daten im Rahmen der Transkription und Analyse anonymisiert bzw. pseudonymisiert werden, um einen Rückbezug und somit Gefährdung vulnerabler Personen zu vermeiden (vgl. Flick 2010: 65f.). Im Falle der Schülernamen wurden Pseudonyme gewählt, um einerseits in späteren Texten eine bessere Lesbarkeit zu schaffen (Bsp.: Paul sagt... vs. S_3 sagt...) und um andererseits eine gewisse Identifikationsmöglichkeit des Lesers mit dem Schüler zu ermöglichen. Weitere Namen (Name der Schule, des Schulorts, etc.) sowie Funktionen einzelner Personen (Klassensprecher, SV-Leiter etc.), die eine spätere Identifikation der realen Personen ermöglichen könnten, wurden entweder anonymisiert oder ersatzlos gestrichen.

Die dargestellten forschungsethischen Aspekte verdeutlichen sowohl den durchaus sensibel zu gestaltenden Umgang mit den Teilnehmern im Rahmen der Datenerhebung als auch die komplexe Rolle, die der Forscher innerhalb seines empirischen Vorhabens einnimmt. MacFarlane (2009; in Legutke/Schramm 2016: 114f.) spricht in diesem Zusammenhang von Reflexivität als Schlüsseltugend (vgl. Viebrock 2015 und Bach/Viebrock 2012: 25), welche die Fähigkeit beschreibt, Abstand zu nehmen und sein eigenes Handeln zu ergründen. Genau dies soll im nachfolgenden Kapitel für die eigene Forscherrolle im Kontext der durchgeführten Studie geschehen.

7.5 Reflexion der eigenen Rolle als Forscher

Der Zugang zum Forschungsfeld sowie die mit der Datenerhebung einhergehenden Schwierigkeiten sind in den vorangegangenen Kapiteln bereits erläutert worden. Auch wurde darauf hingewiesen, dass die Rolle des Forschers einer steten Reflexion bedarf, um den multifaktoriellen Forschungsprozess sowie ethische Grundfragen im Blick zu behalten. Ich möchte deshalb im Folgenden eine Rekapitulation bzw. Reflexion meines eigenen Handelns im Rahmen der durchgeführten Studie zum Anlass nehmen, die aus meiner Sicht problematischen Situationen während des Forschungsprojektes zu beschreiben. Diese Wahrnehmung bezieht sich vorrangig auf zwei Beziehungsebenen, wobei eine klare Trennung der beiden Ebenen in diesem Kontext nicht möglich ist:

- Beziehungsebene „Forscher-Lehrkraft“
- Beziehungsebene „Forscher-Schüler“

Obwohl die Kontaktaufnahme zunächst mit Vertretern der Schulleitung stattfand, waren die ersten Akteure, die für das Projekt bedeutsam sein sollten, die Lehrkräfte, die iPads zu Unterrichtszwecken verwenden. Im Rahmen eines informellen Treffens mit einer Gruppe von vier Lehrkräften wurden das Forschungsprojekt und die damit verbundenen Absichten erläutert. Die Reaktionen reichten von vollkommen offener Kooperationsbereitschaft über Zurückhaltung bis hin zu Ablehnung auf das vorgestellte Forschungsvorhaben. Bemerkenswert war bei erstgenannter Reaktion ein ebenso offener Umgang mit den eigenen mediendidaktischen Fähigkeiten. Trotz der Tatsache, dass einige der Lehrkräfte sowohl im privaten als auch im schulischen Bereich häufig mit digitalen mobilen Medien zu tun haben, gestanden sich viele ein, nicht genau zu wissen, was man mit selbigen im Unterricht anfangen kann. Ihre Hoffnungen, durch einen auswärtigen „Experten" notwendige Hilfestellungen zu bekommen, führten auf meiner Seite zu Druck, Hilfe bereitstellen zu müssen. Schmelter (2011: 204) weist zu Recht darauf hin, dass ein Forschungsvorhaben nach Möglichkeit auch einen Nutzen für die Teilnehmer haben sollte, damit diese sich nicht „benutzt" fühlen. Jedoch erschien das Versprechen, eine Art Medienbetreuung zu ermöglichen, hinsichtlich meiner Forschungsintention irreführend, da das vorrangige Ziel sein sollte, den Einsatz der iPads so zu dokumentieren, wie er tatsächlich im Kontext des Englischunterrichts stattfindet. So wurden primär Ideen der Lehrkräfte als Basis genommen, den Einsatz der Endgeräte im Rahmen einer Unterrichtseinheit zu planen. Die Gefahr, den Unterrichtsablauf in eine gewünschte Richtung zu lenken, konnte so von meiner Seite aus minimiert werden. Sofern technische Schwierigkeiten auftraten, und dies gewünscht war, half ich bei einer möglichen Lösung. Dabei handelte es sich in den meisten Fällen um fehlerhafte Funktionen von Soft- oder Hardware. Diese technischen Probleme wurden jedoch ebenfalls dokumentiert, um eine spätere Darstellung nicht zu beschönigen.

Auf der Beziehungsebene „Forscher-Schüler" stellten sich vor allem die Interviewsituationen als schwierig heraus. Neben teilweise sehr knappen Antworten, die sich in einzelnen Fällen auf ein *Ja* oder *Nein* beschränkten, fiel mir auf, dass manche Schüler bei einigen Fragen relativ zögerlich antworteten. Meist bezogen sich diese Fragen auf Schüler-Lehrer-Situationen, in denen kritische Punkte von den Interviewten angesprochen wurden. Hierbei lassen sich Vermutungen anstellen, die das Vertrauen zu mir als Interviewer und zugleich den Kontakt zu der Lehrkraft betreffen. Obwohl vor Beginn der Interviews mit den Schülern geklärt wurde, dass ein späterer Rückbezug zu ihnen nicht möglich sein wird, schien die Kommunikation in manchen Fällen restringiert. Insbesondere bei den offen formulierten Fragen im Rahmen des Interviews, die eine subjektive Darstellung des gegenwärtigen Einsatzes der iPads im Unterricht bzw. Vorstellungen hinsichtlich des zukünftigen Einsatzes umfassten, äußerten sich viele der befragten Schüler deutlich zurückhaltender, als es beispielsweise bei Fragen aus dem Bereich der persönlichen Nutzung der Fall war.

Nicht nur der Weg ***in*** das dargestellte Forschungsfeld Schule, sondern auch aus Selbigem heraus, stellt sich für einen Forscher durchaus komplex dar. Zwar bedarf es keines Antrags zur Beendigung der Datenerhebung, jedoch sollten auch hier die entsprechenden Personengruppen, mit denen man in Kontakt stand, beachtet werden. Im vorliegenden Fall markierten die Schülerinterviews den Abschluss der Datenerhebung und somit den Rückzug aus dem Forschungsfeld. Legutke/Schramm (2016: 110) stellen diesen Prozess des Rückzugs als Beendigung einer Beziehung dar. Die Rolle des teilnehmenden Beobachters im Unterricht bzw. professionellen Fremden (vgl. Agar 1980) in Form eines Forschers im schulischen Bereich war für das vorliegende Projekt von großer Bedeutung, da ohne sie ein Einblick sowohl in organisatorische als auch kognitive Abläufe bei Schülern wie auch bei der Lehrkraft nicht möglich gewesen wäre. Die daraus gewonnenen Erkenntnisse können nun in die Datenanalyse und –auswertung einfließen.

8 Datenaufbereitung

Mit Beendigung der Datenerhebung beginnt ein weiterer wichtiger wie auch intensiver Arbeitsschritt im Forschungsprozess. Die gewonnenen Daten liegen in unterschiedlichen Formen vor und müssen noch vor ihrer Auswertung vom Forscher aufbereitet werden. Neben schriftlichen Dokumenten, die im besten Falle digitalisiert vorhanden sind, müssen besonders für die erhobenen Audio- und/oder Videomaterialien analysegerecht konvertiert werden. Diese Konvertierung geschieht in den meisten Fällen durch eine Transkription, also einer Verschriftlichung der Daten, um diese beispielsweise computergestützt verarbeiten zu können. Weiterhin sollte sich der Forscher vorab mit einem geeigneten Analyseverfahren vertraut gemacht haben. Dies umfasst nicht nur eine klare methodische Verortung, sondern auch Kenntnisse über die einzusetzenden Programme wie beispielsweise eine QDA-Software. Im Folgenden sollen daher sowohl die Transkriptionsvorgänge als auch das verwendete Programm MAXQDA näher erläutert werden.

8.1 Transkription der Daten

Die Audioaufnahmen der einzelnen Schülerinterviews wurden aus pragmatischen Gründen nicht von mir selbst, sondern durch eine spezialisierte Firma[53] transkribiert. Um vorab keine Datenreduktion vorzunehmen, indem nur bestimmte Interviews bzw. Interviewausschnitte transkribiert werden, wurde das gesamte Rohmaterial in Auftrag gegeben. Als Voraussetzung für die Fremdtranskription musste zu Beginn festgelegt werden, nach welchen Regeln und Konventionen die Audioaufnahmen transkribiert werden sollen. Mempel/Mehlhorn (2014: 148) führen dazu folgende Leitfragen für den Forscher auf:

- An welche Adressaten richtet sich das Transkript?
- Welches Forschungsziel wird damit verfolgt?
- Welche Informationen soll das Transkript enthalten?
- Wie genau/detailliert soll transkribiert werden?
- Welche Aufgabe hat das Transkript (Arbeits-, Feintranskript)?
- Wofür möchte ich das Transkript verwenden?
- Ist es ausschließliche Auswertungsgrundlage?
- Wie hoch kann der Arbeitsaufwand für die Erstellung sein?

53 audiotranskription.de Dr. Dresing & Pehl GmbH

Zwar stellt sich die letzte Frage aufgrund der Auslagerung des Arbeitsaufwandes nicht für die vorliegende Arbeit, sollte jedoch unbedingt bei qualitativen Forschungen beachtet werden. Es ist gerade für Personen, die nicht viel Erfahrung beim Transkribieren habe, deutlich schwieriger, Dokumente schnell zu bearbeiten. So darf man nicht dem Irrglauben verfallen, zehn Minuten einer Audioaufnahme können in der gleichen Zeit transkribiert werden, insbesondere wenn auf sprachliche Details geachtet werden muss.[54] So ist die Frage, wie genau/detailliert transkribiert werden soll, auch keine Frage des Geschmacks, sondern der Gegenstandabhängigkeit. Damit zusammen hängen ebenso die erste Frage nach den Adressaten sowie die dritte Frage nach den Aufgaben des Transkripts. Wenn es darum geht, phonetische Merkmale der Interviewpartner möglichst exakt wiederzugeben, empfiehlt sich eine möglichst umfangreiche und damit feine Transkription, die phonetische Annotationen erlaubt (ebd.: 154-155). Für die Interviewdaten der vorliegenden Studie konnte auf einen solch detaillierten Vorgang zugunsten einer einfacheren, inhaltlich ausgerichteten Transkription verzichtet werden. Zur Erläuterung des zugrundeliegenden Transkriptionssystems (nach Dresing/Pehl 2013) werden folgende Regeln exemplarisch dargestellt:

- Es wird wörtlich transkribiert, nicht lautsprachlich oder zusammenfassend.
- Wort- und Satzabbrüche sowie Stottern werden geglättet bzw. ausgelassen.
- Wortverschleifungen („so'n" statt „so ein") werden nicht transkribiert.
- Pausen werden durch drei Auslassungspunkte in Klammern (...) markiert.
- Besonders betonte Wörter oder Äußerungen werden durch GROSSSCHREIBUNG gekennzeichnet.
- Jeder Sprecherbeitrag erhält eigene Absätze.
- Emotionale nonverbale Äußerungen, die die Aussage unterstützen oder verdeutlichen (wie etwa lachen oder seufzen), werden beim Einsatz in Klammern notiert.
- Unverständliche Wörter werden mit (unv.) gekennzeichnet.[55]

Personen- oder Ortsnamen werden ebenso unverändert übernommen, was dazu führt, dass der Forscher selbst in einem weiteren Schritt Anonymisierungen bzw. Pseudonymisierungen vornehmen muss, sofern dies notwendig ist.

Die fertigen in digitaler Form vorliegenden Transkripte können dann in ein entsprechendes Transkriptionstool eingefügt werden, um dort mit der eigentlichen Analysearbeit zu beginnen. Je nach Nutzungsabsicht umfassen diese Tools

54 Przyborski/Wohlrab-Sahr (2010: 163) nennen hier einen zeitlichen Aufwand von zwanzig bis sechzig Transkriptionsminuten pro Aufnahmeminute.

55 In manchen Fällen können diese Wörter jedoch im Nachhinein vom Interviewer erkannt und eingefügt werden.

unterschiedliche Funktionen, mit denen ein Forscher die spätere Darstellung der Ergebnisse beeinflussen kann. Im Folgenden soll auf das verwendete qualitativ-inhaltsanalytisch ausgerichtete Programm MAXQDA 12 eingegangen werden.

8.2 Datenauswertung mit MAXQDA 12

Gerade im Umgang mit großen Datenmengen, die qualitativ ausgewertet werden sollen, bringt der Einsatz spezieller Analyseprogramme für den Forscher mehrere Vorteile. So können unterschiedliche Dokumente, wie Transkripte von Interviews, Fragebögen oder auch Videoaufzeichnungen, eingepflegt, verwaltet und miteinander verknüpft werden, um sie beispielsweise mittels qualitativer Inhaltsanalyse auszuwerten. Auf diese Weise liefern die im deutschen Raum in der Regel als QDA-Software bekannten Programme Voraussetzungen, Vorgehensweise der Triangulation, Methodenintegration sowie *mixed methods* Ansätze effizient in der Forschungspraxis umzusetzen (Stefer 2015: 102). Für das vorliegende Forschungsprojekt wurde die Software MAXQDA in der Version 12 verwendet. Der Aufbau des Programms ist trotz seiner Komplexität hinsichtlich der unterschiedlichen Funktionen übersichtlich. So stehen dem Nutzer, nachdem dieser ein neues Projekt angelegt bzw. ein bestehendes Projekt geöffnet hat, vier Fensterabschnitte zur Verfügung (Abb. 18). Im oberen linken Fenster werden alle Dokumente, die der Nutzer zu dem Projekt hinzugefügt hat, aufgeführt. Das obere rechte Fenster zeigt den Inhalt des aktuell ausgewählten Dokuments, welches Codes, Farbattribute oder andere Anmerkungen des Nutzers enthalten kann. Im unteren linken Fenster befinden sich die Liste der Codes sowie ein Hinweis, wie häufig diese in dem Projekt vergeben wurden. Schließlich kann man sich im unteren rechten Fenster die Liste der Codings anzeigen lassen, die aus dem jeweils aktivierten Dokument stammen. So kann auf einfache und schnelle Art überprüft werden, welche Codes bestimmten Aussagen von Schülern zugewiesen wurden.

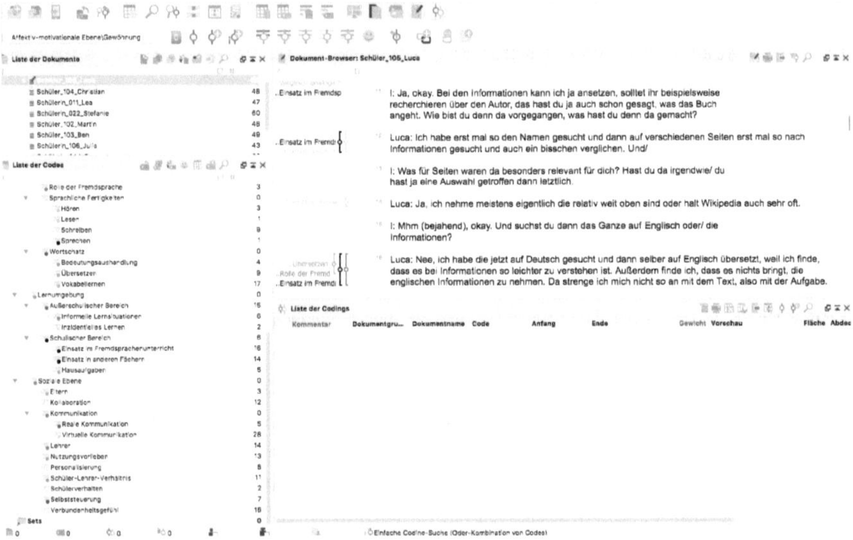

Abb. 18: Projektbeispiel in MAXQDA 12

9 Datenanalyse

9.1 Qualitative Inhaltsanalyse nach Mayring

Die Methodenwahl zur Datenanalyse ist für einen Forscher ebenso von Bedeutung wie die bereits beschriebenen Instrumente der Datenerhebung. Abhängig gemacht werden sollten diese Entscheidungen zum einen von dem Erkenntnisinteresse und zum anderen von den damit verbundenen Forschungsfragen. Gerade im Bereich der Fremdsprachendidaktik und Sprachlehrforschung wird häufig versucht, mittels qualitativer Ansätze Innenperspektiven von Lehr- und Lernprozessen sowie deren Komplexität zu erforschen (Aguado 2013: 119). Dabei werden nicht selten verschiedenste Datenquellen genutzt, um über ein möglichst breites Spektrum für eine spätere Analyse zu verfügen. Neben Fragebögen kommen häufig (halbstrukturierte) Interviews, Gruppendiskussionen, Sprach- oder Mediennutzungsbiographien, Lautdenkprotokolle und unterrichtsbezogene Lernerprodukte sowie Unterrichtsbeobachtungen zum Einsatz, die sowohl auf affektive als auch kognitive Prozesse bei Individuen abzielen (ebd.). Schließlich soll das erklärte Ziel sein, einen bestimmten Wirklichkeitsausschnitt aus wissenschaftstheoretischer Sichtweise zu betrachten und mit vorhandenen Konzepten zu verknüpfen bzw. neue Konzepte und Ideen für weiterführende Forschung zu entwickeln.

Um dem Gütekriterium der Gegenstandsangemessenheit im Hinblick auf die Methode der Datenanalyse gerecht zu werden, muss der Forscher sich überlegen, welche Voraussetzungen bestehen und welche Möglichkeiten er hat, um möglichst ausschöpfende Antworten auf seine Forschungsfragen zu bekommen. Caspari/Schmelter (2016: 585 ff.) differenzieren hinsichtlich des Auswertungsverfahrens grundsätzlich zwischen der Möglichkeit, die gewonnene Datenmenge zu erhöhen, sowie der Möglichkeit, selbige zu reduzieren. In die erste Kategorie zählen: hermeneutische Verfahren, die *Grounded Theory* oder auch die Dokumentarische Methode. Diese Verfahren haben gemein, dass eine kontinuierliche Revision des Datenmaterials, dessen Analysen und Interpretationen tiefe Sinnstrukturen hervorbringen, die schließlich dargestellt werden können. In die zweite Kategorie werden Verfahren wie die Qualitative Inhaltsanalyse oder auch die Typenbildung gezählt, die nach Ähnlichkeiten und Zusammenhängen im Datenmaterial suchen, diese gruppieren bzw. kategorisieren und somit eine Reduktion vornehmen.

Auch für die umfangreiche Datenmenge, die im Rahmen der vorliegenden Studie gewonnen wurde, scheint eine Reduktion gegenstandsangemessen. Der Blick auf die Forschungsfragen und auch das Untersuchungsdesign verraten, dass nach Eigenschaften, Gemeinsamkeiten und auch Unterschieden in den introspektiven Daten der Forschungspartner gesucht wird. Die Qualitative Inhaltsanalyse ermöglicht dabei sowohl ein deduktives als auch induktives Vorgehen, welches Kategorienbildungen sowohl aus der Theorie als auch aus den Daten beinhaltet. Im Folgenden soll dazu ein kurzer historischer Abriss über die Entwicklung dieses Verfahren vorgenommen werden, um dann dessen Merkmale, Aufbau und schließlich Durchführung genauer zu betrachten.

Die Anfänge der Inhaltsanalyse gehen auf den Beginn des 20. Jahrhunderts zurück, als Max Weber auf dem deutschen Soziologentag 1910 verkündete, die inhaltlichen Veränderungen von Medien (in diesem Falle Zeitungen) in quantitativer Hinsicht zu analysieren, was bereits für die damalige Zeit bedeutete, riesige Textmengen systematisch durchzuarbeiten (Kuckartz 2016: 13 f.). Eine ähnliche Entwicklung konnte in den USA Anfang der 1920er Jahre festgestellt werden. Dort fand die quantitative Auswertung von Massenmedien wie Zeitungen und Radio in Anbetracht ihrer Häufigkeit, Intensität und Kontingenz ausgewählter Items statt. Die zunehmend qualitative Ausrichtung dieser Auswertung kam dann Mitte der 1950er Jahre, indem latente Sinnstrukturen berücksichtigt wurden. Schließlich erschien Anfang der 1980er Jahre durch Philipp Mayring (1983) das erste systematisch und methodisch begründete Lehrbuch zur Qualitativen Inhaltsanalyse (vgl. Aguado 2013: 121).

Generell kombiniert die Qualitative Inhaltsanalyse demnach sprachlich-oberflächliche und somit quantitativ-messbare mit tiefergehenden, qualitativ-interpretatorischen Anteilen. Das jeweilige für eine Untersuchung angelegte Kategoriensystem kann dabei als lineare Liste, Hierarchie oder Netzwerk organisiert sein (Kuckartz 2016: 38). Die Unterscheidung liegt in der Anordnung der einzelnen Elemente. So stehen bei einer linearen Liste sämtliche vom Forscher festgelegten Kategorien auf einer Ebene, wobei eine Hierarchie sie in Haupt- bzw. Oberkategorien sowie Sub- bzw. Unterkategorien einteilt. Die dritte Form ist dadurch gekennzeichnet, dass die einzelnen Elemente miteinander und auf vielfältige Art verbunden sind (ebd.: 39). Die bereits erwähnten deduktiven[56] bzw. induktiven Ansätze beziehen sich auf die Vorgehensweise des Forschers bei der Kategorienbildung. So wird das Datenmaterial im deduktiv geleiteten Ansatz „entlang vorab systematischer Kategorien geordnet und strukturiert, so

56 Kuckartz (2016: 64 f.) plädiert hier für die Verwendung des Terminus A-priori-Kategorienbildung, um nicht den Anschein erwecken zu wollen, es handele sich bei der Vorgehensweise um eine logische Ableitung, die mehr oder weniger von selbst geschieht.

dass theoretische Vorannahmen und Erklärungsmodelle an das Material herangetragen werden können", wohingegen die Kategorien im induktiv geleiteten Ansatz aus dem Datenmaterial selbst gebildet werden[57], welches ebenso „die Struktur eines Erklärmodells aus den systematischen Zusammenhängen abzuleiten und mit der Theorie vereinbar zu machen" versucht. (Burwitz-Melzer/ Steininger 2016: 259).

Kuckartz (2016: 95 f.) weist darauf hin, dass viele Forschungsprojekte, die mit der qualitativen Inhaltsanalyse arbeiten, Mischformen beider Ansätze verwenden. Allerdings wird in den meisten Fällen hierfür zunächst mit deduktiven, also theoriegeleiteten Kategorien begonnen und im Laufe der Bearbeitung des Datenmaterials weitere Kategorien induktiv gewonnen, weshalb auch von einer deduktiv-induktiven Kategorienbildung gesprochen werden kann. Im Bereich der Fremdsprachenforschung kann die Arbeit von Susanne Ehrenreich (2004) als ein Beispiel dieser Mischform genannt werden.

Die vorliegende Studie bedient sich ebenfalls eines deduktiv-induktiven Vorgehens. Grundlage hierfür ist die Vorstrukturierung des Gegenstandsbereichs auf Basis theoretischer Modelle und der formulierten Forschungsfragen. Burwitz-Melzer/Steininger (2016: 260-261) fassen den Ablauf der deduktiven Inhaltsanalyse anhand folgender Schritte zusammen:

1. Fragestellung formulieren und Material festlegen;
2. Hypothesen formulieren;
3. Kategorien theoriegeleitet strukturieren;
4. Regeln für die Zuordnung/ die Codierung formulieren;
5. Material schrittweise durchgehen;
6. Phänomene entlang der Kategorien prüfen;
7. Zwischendurch überprüfen, ob die Kategorien trennscharf und ausreichend sind;
8. Ist dies der Fall, das Material vollständig codieren;
9. Ist dies nicht der Fall, neue induktive Kategorien formulieren;
10. Interpretation der Ergebnisse hinsichtlich Fragestellung und theoretischer Erkenntnis.

Tab. 5: Vorgehensweise bei deduktiver Inhaltsanalyse

Im neunten Schritt wird deutlich, dass auch hier die Generierung induktiver Kategorien am Datenmaterial möglich ist. Dies hängt jedoch mit der Trennschärfe

57 Dieser Ansatz wird oft mit dem Vorgang des offenen Codierens der *Grounded Theory* verglichen (Kuckartz 2016: 79).

bzw. Menge der deduktiv festgelegten Kategorien zusammen und sollte daher nicht mit einem grundlegend induktiv ausgerichteten Verfahren verwechselt werden. Das Phasenmodell dieses Ansatzes geht zwar auch von den jeweiligen Fragestellungen des Forschers aus, nimmt jedoch einen anderen Verlauf. Abbildung 19 verdeutlicht, dass nach einer allgemeinen Kategorienbildung auf Basis der Fragestellung bereits die schrittweise Kategorienbildung aus dem Material heraus erfolgt. Dabei werden Definitionen und das Abstraktionsniveau festgelegt, um einzelne Kategorien voneinander abgrenzen zu können.

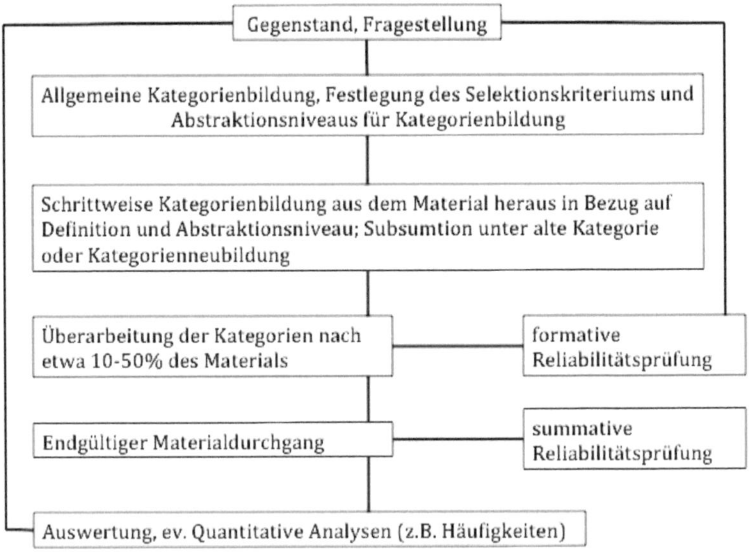

Abb. 19: Phasenmodell induktiver Inhaltsanalyse nach Mayring (2016: 261)

Insbesondere die Arbeit mit computergestützten Analyseprogrammen wie MAXQDA erweist sich bei der Erstellung des Kategoriensystems als äußerst hilfreich, da hier nicht nur Texte beispielsweise aus Interviews strukturiert und codiert, sondern auch mit Kommentaren und Memos versehen werden können, die weitere Erläuterungen enthalten. Darüber hinaus erleichtert eine solche QDA-Software aufgrund der eingebauten *Text-Retrieval*-Funktion Verfahren wie die inhaltlich strukturierende Inhaltsanalyse, welche auch in der vorliegenden Studie verwendet wurde. Verstehen lässt sich unter der Text-Retrieval-Funktion das durch die Anwendung unterstütze kategorienbezogene Zusammenstellen einzelner zuvor codierter Textpassagen (Kuckartz 2016: 181). Diese Passagen lassen sich kontextuell vergleichen, um so Zusammenhänge festzustellen und einfach zu visualisieren.

Kuckartz (ebd.: 181-183) gliedert die Funktionen der QDA-Software bei der inhaltlich strukturierenden Inhaltsanalyse in sieben Phasen ein, wobei sich die siebte Phase in zwei Phasen aufteilt.

Phase 1	Initiierende Textarbeit, markieren wichtiger Textstellen, Schreiben von Memos
Phase 2	Entwickeln von Ober- und Subkategorien
Phase 3	Erster Codierprozess: Codieren des Materials mit den Hauptkategorien
Phase 4	Zusammenstellen aller mit der gleichen Kategorie codierten Textstellen
Phase 5	Induktives Bestimmen von Subkategorien am Material
Phase 6	Zweiter Codierprozess: Codieren mit den ausdifferenzierten Kategorien
Phase 7a	Einfache kategorienbasierte Auswertung
Phase 7b	Komplexe qualitative und quantitative Zusammenhangsanalysen, Visualisierungen

Tab. 6: Phasen des Einsatzes von QDA-Software zur inhaltlich strukturierenden Inhaltsanalyse

Die letzten beiden Phasen 7a und 7b können gerade bei der abschließenden Darstellung der Ergebnisse sowohl für Forscher als auch spätere Leser der Studie interessante Aspekte zu Tage fördern. Ausgehend von der Beispielkategorie „*Probleme beim Medieneinsatz*" kann eine Auswertung der Subkategorien Aufschlüsse darüber geben, welche Probleme besonders oft genannt und somit für die Forschungspartner bedeutsam erscheinen und mit welchen anderen Problemen oder generell in welchem anderen Kontext diese Nennungen auftreten.

Die Qualitative Inhaltsanalyse stellt in ihren verschiedenen Ausprägungen und somit Verwendungsmöglichkeiten ein komplexes Verfahren zur Analyse von Daten dar, das sowohl Vor- als auch Nachteile mit sich bringt. Aguado (2013: 129) hebt als besonderes Potenzial hervor, dass mittels Qualitativer Inhaltsanalyse komplexe Fragestellungen bearbeitet werden können, die vertiefende Einsichten in individuell oder sozial geprägte Wirklichkeitskonstruktionen verlangen. Zugleich übt sie jedoch Kritik an dem Vorgehen, wenn versucht wird, durch das bloße Herantragen eines vorab festgelegten Kategoriensystems an das Datenmaterial überprüfend und somit quantitativ vorzugehen und dabei latente Sinnstrukturen durch kontextloses Auseinandernehmen von Texten verloren gehen (ebd.: 126).

Wie bereits bei der Wahl der Instrumente zur Datenerhebung gilt es auch bei der Datenauswertung und im Falle des inhaltsanalytischen Verfahrens darauf zu achten, gewisse Gütekriterien einzuhalten. Dabei steht erneut die Transparenz des Vorgehens sowie die intersubjektive Nachvollziehbarkeit im Vordergrund, die es anderen Personen ermöglicht, einzelne Schritte und die dahinterliegenden Entscheidungen des Forschers zu verstehen und in das Gesamtbild einfügen zu können. Eine kontinuierliche Reflexion des Forscherhandelns muss diesbezüglich vorausgesetzt werden.

9.2 Analyse der Schülerdaten

9.2.1 Kategoriensystem

Als Datengrundlage für die Bildung des Kategoriensystems wurden ausschließlich die transkribierten Schülerinterviews genommen. Zur späteren Einzelfallanalyse wurden dann ebenso weitere Datenquellen wie Notizen aus den Unterrichtsbeobachtungen oder auch die Mediennutzungsfragebögen genutzt (vgl. Kapitel 10).

Für die deduktive Kategorienbildung wurden zum einen theoriebasierte Aspekte und zum anderen Elemente des Leitfadeninterviews herangezogen. In diesem Zusammenhang wurde ein Kodierleitfaden (siehe Anhang) erstellt, der festlegt, wie diese Kategorien definiert sind, welche Ankerbeispiele aus den Daten herangezogen wurden und welche Kodierregeln dabei gelten. Auf diese Weise soll die Transparenz meines Vorgehens gewährleistet werden. Bereits durch die initiierende Textarbeit (Überprüfung der Transkripte) konnten diese deduktiv gewonnenen Kategorien mit verschiedenen Textstellen verknüpft werden. Bei der weiteren Analyse des Datenmaterials konnten darüber hinaus schrittweise induktive Kategorien gewonnen werden. Das Vorgehen soll dabei in gleichem Maße nachvollzogen werden können, weshalb relevante Textstellen paraphrasiert und generalisiert wurden, um die Bildung und Einordnung von Ober- bzw. Unterkategorien darzustellen.

Somit kann das gesamte Kategoriensystem (siehe Anhang), bestehend aus deduktiv sowie induktiv gewonnenen Kategorien, Ergebnisse zur Beantwortung der ersten Forschungsfrage liefern:

„Welche Faktoren bestimmen die Nutzungsabsicht digitaler mobiler Endgeräte und damit das Nutzungsverhalten von Schülerinnen und Schülern?"

Dabei wird durch den Einsatz des sogenannten *Code-Matrix-Browsers* sowohl eine Gesamtvisualisierung der Verteilung der einzelnen Kategorien (siehe Anhang) als auch eine stärker fallorientierte Darstellung der einzelnen Kategorien nach den jeweiligen Schülerbildern ermöglicht. Dieser Browser ist eines der *Visual Tools* von MAXQDA und zeigt die Häufigkeiten der festgelegten Kategorien in Bezug auf unterschiedliche Fälle (Dokumente) an.

Für die Beantwortung der zweiten Forschungsfrage:
„Nach welchen Kriterien gestalten die Schüler der iPad-Klasse mit digitalen mobilen Endgeräten ihre Persönlichen Lernumgebungen?" ist diese Funktion besonders hilfreich. Da es sich um die Gestaltung der Persönlichen Lernumgebung handelt, sollen die Ergebnisse individuell nach jedem Schülerbild präsentiert und mit selbigem verknüpft werden.

10 Falldarstellungen

In diesem Kapitel werden nun die neun Schüler vorgestellt, die nach dem endgültigen Sampling (vgl. Kap. 7.2.2) alle Kriterien zur Datenanalyse erfüllt haben. Zunächst soll hierfür eine Beschreibung im Sinne eines Schülerbildes vorgenommen werden. Diese umfasst neben der persönlichen Medienbiographie, dem durch den Forschungsleiter beobachteten Verhalten im Unterricht, sowohl die unterrichtsbezogene Mediennutzung als auch damit zusammenhängende Interaktionssituationen. Zudem findet eine selektive Darstellung von Ausschnitten aus den retrospektiven Interviews statt. Hierzu zählen Fragen zum gegenwärtigen Einsatz der iPads im Unterricht, die Darstellung der konkreten Aufgabenbearbeitung sowie Äußerungen der Schüler zum zukünftigen Einsatz. Darüber hinaus werden in Einzelfällen beschreibende Elemente der Lehrkraft herangezogen, die durch Rückfragen zu bestimmten Fallsituationen notiert wurden. Im Anschluss werden dann die Kategorien vorgestellt und interpretiert, die mittels Qualitativer Inhaltsanalyse festgelegt wurden. Auf diese Weise soll ein Gesamtbild des Schülers entstehen, mit dem sich die Forschungsfragen beantworten lassen.

10.1 Luca

Luca fällt bereits in den ersten Stunden des Englischunterrichts, denen ich zur Zwecken der Unterrichtsbeobachtung beiwohne, als ruhiger Schüler auf, der sich nur in wenigen Situationen aktiv beteiligt. Die Lehrkraft bestätigt, dass seine mündliche Beteiligung sehr schwach ist und er deshalb auch häufig schlechte Noten bekommt. Die Lehrkraft verweist jedoch ebenso darauf, dass Luca bei Präsentationen das genaue Gegenteil ist. So gibt er sich hierbei viel Mühe, insbesondere wenn die Präsentation mit dem iPad gestaltet und in der Klasse vorgetragen werden soll. Sowohl Lucas eigene Angaben zur Mediennutzung als auch die Beobachtungen aus dem unterrichtlichen Geschehen bestätigen diese Aussagen.

Der aktuelle Einsatz der iPads im Unterricht, der mittels Einstiegsfrage im Interview beschrieben werden sollte, sieht für Luca wie folgt aus:

> *Hauptsächlich verwenden wir die für* ***Präsentationen*** *und manchmal machen wir da auch* ***Recherchen****, um kurz was in/ für den Unterricht zu machen, zum Beispiel beim*

> *Buch jetzt über Louis Sachar, den Autor. Wir haben* ***auch in Mathe einmal*** *mit einem Spiel* ***Formeln*** *leichter gelernt und so.* (Luca, Abs. 6, Fettdruck SF)

Die offen formulierte Einstiegsfrage gibt den Schülern dabei die Möglichkeit, Situationen darzustellen, die für sie bedeutsam sind. Hervorhebungen in den Interviewausschnitten verdeutlichen das jeweilige Thema. In Lucas Fall sind die auftretenden Themen Präsentationen und Recherchen sowie im Mathematikunterricht das spielerische Lernen von Formeln.

Durch die Antwort auf die Frage, wie häufig er welche digitalen Medien in seiner Freizeit nutzt, wird deutlich, dass besonders das Tablet jeden Tag Einsatz findet. Smartphone und PC drei bis vier Tage pro Woche und Laptop bzw. Handy nie. Bei der ebenfalls offenen Frage, wozu er die diese Medien nutzt, gibt Luca an, den PC für Online-Spiele und die Darstellung von Webseiten zu verwenden, das Tablet hingegen für Schulaufgaben im Internet, zum Nachschlagen von Vokabeln sowie für Präsentationen. Das Smartphone wiederum benutzt er einerseits zum Spielen und andererseits zum Chatten (via WhatsApp). Es fällt bereits in Grundzügen auf, dass das Tablet nach seinen eigenen Angaben für den schulischen Kontext genutzt wird, wobei die anderen Medien auch spielerische und kommunikative Funktionen einnehmen. Der Aussage „Smartphone und/oder Tablet erleichtern mir das Leben" stimmt er im Fragebogen zu und ergänzt im Interview auf die Rückfrage, wo dies der Fall sei:

> *Also, zum Beispiel jetzt auch, wenn ich mit anderen zusammenarbeiten muss, das* ***Kommunizieren*** *ist halt* ***viel einfacher****. Und ich kann da auch Sachen wie das Wetter oder so* ***Informationen viel leichter*** *herausfinden.* (Luca, Abs. 18, Fettdruck SF)

Die wahrgenommene Erleichterung liegt damit auf den beiden Bereichen der Kommunikation („*viel einfacher*") und der Informationsbeschaffung („*viel leichter*"). Interessanterweise stimmte Luca der Aussage, dass er sich durch die Nutzung dieser beiden mobilen Endgeräte mit anderen verbunden fühlt, nicht zu. Kommunikation und sonstige Nutzung von Smartphone und Tablet werden von Luca dabei hinsichtlich des Verbundenheitsgefühls getrennt behandelt, was sich auch in seiner Erklärung im Interview widerspiegelt:

> *Also, ich meine halt, dass ich jetzt nicht so, wenn ich jetzt immer an einem Handy*[58] *bin oder so, direkt denke, dass ich was mit jemandem anders mache,* ***sondern eher so für mich selber****. Außer halt ich schreibe gerade mit wem, dann ist ja klar, dass jemand anderes da auch dabei ist.* (Luca, Abs. 18, Fettdruck SF)

58 An dieser Stelle sei darauf hingewiesen, dass die Schüler im Sprachgebrauch ein Smartphone fast ausschließlich als Handy bezeichnen.

Weiterhin stimmt er der Aussage voll und ganz zu, dass er sich mit den Funktionen von Smartphones und/oder Tablets gut auskennt. Diese Aussage wird durch Notizen aus den Unterrichtsbeobachtungen gestützt, die zeigen, dass Luca bei der Aufgabenbearbeitung im Klassenraum keinerlei technische Schwierigkeiten hatte. Es erfolgte keine weitere Erprobung, wie gut sich Luca objektiv mit digitalen mobilen Endgeräten auskennt, da dies nicht das erklärte Ziel der Untersuchung war. Bei einer Recherchearbeit zur Biographie des Autors Louis Sachar fällt zudem auf, dass Luca parallel mit mehreren Programmen auf dem iPad arbeitet. So nutzt er englischsprachige Webseiten, um Informationen zu erhalten, schlägt gleichzeitig mithilfe der Wörterbuch-App *Leo* Begriffe nach und formuliert seinen Text mit dem integrierten Textverarbeitungsprogramm. Darauf angesprochen, welche Informationen er für solche Aufgaben nutzt, antwortete er hingegen im Interview:

> [...] *ich habe die jetzt auf Deutsch gesucht und dann selber auf Englisch übersetzt, weil ich finde, dass es bei Informationen so leichter zu verstehen ist. Außerdem finde ich, dass es nichts bringt, die englischen Informationen zu nehmen. Da strenge ich mich nicht so an mit dem Text, also mit der Aufgabe.* (Luca, Abs. 16)

Es bleibt meiner Meinung nach unklar, ob er in der konkreten Unterrichtssituation durch die Anwesenheit einer für ihn fremden Person (Forscher) eine künstliche Situation schaffen wollte, die nicht seiner sonstigen Handlungsweise entspricht oder ob er sich nicht mehr erinnern konnte bzw. ihm sein eigenes Vorgehen nicht bewusst gewesen ist. Schließlich finden sich unter den Antworten in seinem Mediennutzungsfragebogen zwei durchaus interessante Aspekte, die eine Rückanbindung an die Fragen nach Bewusstheit und wahrgenommenen Mehrwert durch die Nutzung mobiler Endgeräte ermöglicht. Luca stimmt zunächst der Aussage „Smartphones und/oder Tablets helfen mir beim Lernen" nicht zu, gibt daraufhin jedoch an, dass er es motivierend findet, wenn die Tablets im Unterricht eingesetzt werden. Als Erklärung sagte er hierzu im Interview:

> *Ich finde halt auch, dass man sich von so was* ***sehr leicht ablenken*** *lässt, auch im Unterricht war das manchmal so, dass manche* ***einfach am Spielen*** *waren. Ich war jetzt/ fand das einzigste war jetzt dieses mit Mathe, wo man das dann so ein bisschen spielerisch gelernt hat. Aber sonst finde ich, ist so lernen [ohne mobile Endgeräte Anm. SF] viel einfacher.* (Luca, Abs. 26, Fettdruck SF)

Der Einsatz der iPads bedeutet für Luca demnach auch eine potenzielle Ablenkungsquelle. Darüber hinaus wird deutlich, dass Ablenkung laut seiner Aussage mit Spielen verbunden ist. Spielerisches Lernen wiederum hat er im schulischen Kontext nur einmal bewusst als solches wahrgenommen, dies jedoch nicht im

Englisch-, sondern im Matheunterricht. Genau mit diesem Fach scheint auch eine verstärkte Motivation einherzugehen, wie Luca in einen weiteren Abschnitt erläuterte:

> *Zum Beispiel, ich finde das in Mathe eigentlich fast immer so, wenn wir zeichnen müssen, das mag ich jetzt nicht so sehr mit Hand. Und wir haben da jetzt GeoGebra und das ist halt* ***viel einfacher*** *und* ***viel genauer*** *und das finde ich/ da bin ich etwas motivierter.* (Luca, Abs. 30, Fettdruck SF)

Hier scheint sich zumindest ein kleiner Kreis zu schließen, der zu Beginn aufgezeigt wurde. Der wahrgenommene Mehrwert wird, ähnlich wie bei dem Beispiel der Kommunikation und Informationsbeschaffung, mit Attributen wie „*viel einfacher*" und „*viel genauer*" verknüpft. Pragmatische Begründungen für den Einsatz der mobilen Endgeräte stellen hier einen großen Vorteil dar, der weitere, möglicherweise inhaltsbezogenere Begründungen außen vorlässt.

Abschließend deutet Luca in seiner Antwort auf eine der letzten Fragen im Interview darauf hin, wie er einen zukünftigen Einsatz der iPads gestalten würde, läge es in seiner Entscheidungsfreiheit:

> *Ich fand das jetzt mit dem Buch, dass wir das iPad so zusammen in der* ***Gruppenarbeit*** *genutzt haben, also, so was würde ich eher machen. Lieber so auch* ***mit anderen zusammen*** *eine Aufgabe oder wenn man mal es nicht weiß, dass man da mal nachfragen kann. Ich frag nicht gerne bei [Name der Lehrkraft] nach, weil ich da* ***Angst*** *hab,* ***Fehler zu machen****. [Name der Lehrkraft] denkt eh, dass ich nicht gut bin.* (Luca, Abs. 52, Fettdruck SF)

Obgleich Lucas Wahrnehmung in Bezug auf die Verbundenheit mit anderen Nutzern mobiler Endgeräte nicht ausgeprägt bzw. nur auf spezielle Situationen übertragen werden kann, spielen kollaborative Aktivitäten mit den Endgeräten für ihn eine wichtige Rolle. Das lässt sich vor allem aufgrund seiner Aussage vermuten, dass sich der Lehrer als steuernde Kraft im Unterricht bei diesen Aufgaben eher passiv verhält und inhaltliche Fragestellungen auf diese Weise von der Gruppe beantwortet werden müssen. Hinzu kommt Lucas Angst, in Einzelarbeit Fehler zu machen und sich dadurch sein Bild bei der Lehrkraft zu verschlechtern.

Ein Beispiel für gegenseitige Fehlerkorrekturen und Bedeutungsaushandlungen findet sich in dem kollaborativ erarbeiteten Text (Abb. 20) mit Christian.

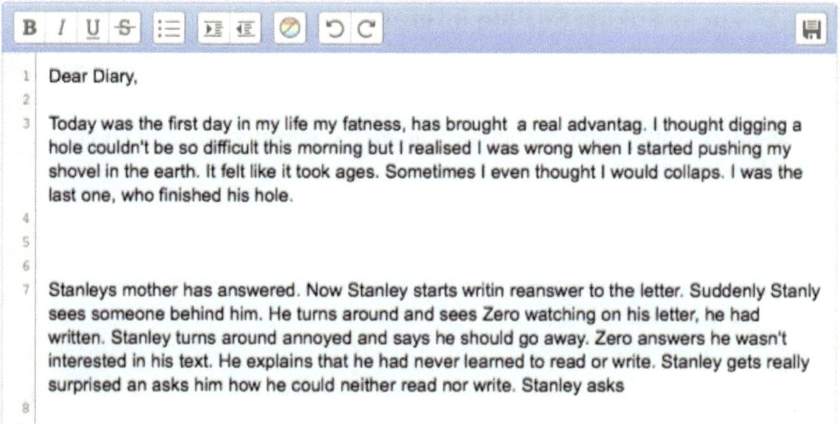

Dear Diary,

Today was the first day in my life my fatness, has brought a real advantag. I thought digging a hole couldn't be so difficult this morning but I realised I was wrong when I started pushing my shovel in the earth. It felt like it took ages. Sometimes I even thought I would collaps. I was the last one, who finished his hole.

Stanleys mother has answered. Now Stanley starts writin reanswer to the letter. Suddenly Stanly sees someone behind him. He turns around and sees Zero watching on his letter, he had written. Stanley turns around annoyed and says he should go away. Zero answers he wasn't interested in his text. He explains that he had never learned to read or write. Stanley gets really surprised an asks him how he could neither read nor write. Stanley asks

Abb. 20: Kollaborativ erstellter Tagebucheintrag von Luca und Christian

Auf die Frage, ob er anhand des vorliegenden Ausschnitts[59] ein konkretes Beispiel für das gegenseitige Korrigieren und Textgestalten mit seinem Gruppenpartner nennen könne, sagt Luca im Interview:

> *Ja, also ich muss kurz gucken. Okay, hier zum Beispiel hat Christian vorgeschlagen, zu schreiben „eternity“ [Er deutet auf den Satz: It felt like it took ages, Anm. SF], aber ich hab halt gemeint, dass das zu lang wäre von der Zeit her und man eher „ages“ sagt.* (Luca, Abs. 38)

Da das Programm *TitanPad*, mit dem dieser Text erstellt wurde, ermöglicht, die Textgenese Stück für Stück zu rekonstruieren (vgl. Kap. 7.3.2.1), lässt sich feststellen, dass dieser Aushandlungsprozess zur Folge hatte, dass mehrere Fassungen des Satzes entstanden und wieder verworfen wurden, um schließlich zum finalen Ergebnis zu kommen. Auch hier können nur Mutmaßungen angestellt werden, ob diese Aushandlungen auch im Kontext einer Einzelarbeit, ohne Kollaboration, dafür unter Kontrolle der Lehrkraft zustande gekommen wären.

An dieser Stelle soll das Schülerbild abgeschlossen und zu den Kategorien übergegangen werden, die im Rahmen des Interviews mithilfe der Qualitativen Inhaltsanalyse festgelegt wurden.

59 Obwohl sie zu Beginn darauf hingewiesen wurden, haben beide Schüler nicht darauf geachtet, individuelle Farben für ihre Textsegmente zu nutzen. Dies erschwert eine genaue Zuordnung.

10.1.1 Lucas Fokus: Soziale Interaktionen

Betrachtet man sich die Oberkategorien (Abb. 21), so wird in Lucas Fall deutlich, dass besonders die soziale Ebene, gefolgt von der funktional-technischen Ebene eine wichtige Rolle spielt, wobei die Zahlen die jeweilige Anzahl an codierten Textstellen angeben.

Codesystem	Schüler_105_Luca
Affektiv-motivationale Ebene	7
Aufgabenbearbeitung TitanPad	1
Funktional-technische Ebene	15
Kognitiv-sprachliche Ebene	12
Lernumgebung	11
Soziale Ebene	18

Abb. 21: Code-Matrix-Browser Oberkategorien Luca

Die einzelnen Oberkategorien[60] beinhalten dabei die folgenden Unterkategorien bzw. Themen, die Luca im Interview an mindestens drei Stellen hervorhebt:

Soziale Ebene:
- Virtuelle Kommunikation (4)
- Kollaboration (3)
- Personalisierung (3)
- Schüler-Lehrer-Verhältnis (3)

Funktional-technische-Ebene:
- Substitution (3)
- Augmentation (3)
- Vergleich analoge Medien (3)

Lernumgebung:
- Außerschulischer Bereich (4)
- Einsatz im Fremdsprachenunterricht (5)

Kognitiv-sprachliche Ebene:
- Vokabellernen (3)

Affektiv-motivationale Ebene:
- Negative Affekte (4)

Tab. 7: Unterkategorien Luca

60 Die Oberkategorie der Aufgabenbearbeitung *TitanPad* wird in dieser Zusammenfassung nicht separat berücksichtigt, da sie vor allem bei der Darstellung des Schülerbildes zum Tragen kommt. Überschneidungen mit weiteren Kategorien sind dennoch möglich.

Lucas Fokus liegt, wie bereits im Schülerbild ersichtlich wurde, im Bereich der Kommunikation mit den digitalen mobilen Geräten. Dies stellt für ihn den größten Mehrwert dar. Luca personalisiert seine Lerninhalte, um diese in für ihn lebensweltlich relevante Kontexte einzubinden. Trotz dieser Möglichkeit zur Personalisierung, die vorrangig im außerschulischen Bereich stattfindet, nimmt Luca den Einsatz der iPads vielfach als Ablenkung wahr. Er merkt zudem an, dass Vorschläge von Seiten der Schüler zur individuelleren Gestaltung bzw. Nutzung der Endgeräte von der Lehrkraft nicht unbedingt berücksichtigt werden. Es konnten mehrere negative Affekte festgehalten werden, die sich zum einen auf den Einsatz und den Aufbau „traditioneller" Medien beziehen, wie beispielsweise die vorgegebene Vokabelliste des Jugendromans (Luca, Abs. 42) und zum anderen die Beziehung zu anderen Personengruppen (Lehrkraft, Mitschüler) thematisieren (Abs. 52/56). Für die Nutzungsabsicht und das Nutzungsverhalten konnten bei Luca an mehreren Stellen Kategorien herausgearbeitet werden, die entweder eine Substitution oder Augmentation repräsentieren. Das bedeutet, dass Luca den Mehrwert der digitalen mobilen Medien im Vergleich zu analogen und „traditionellen" Medien allenfalls als Ersetzung bzw. Verbesserung wahrnimmt. So wird das iPad für ihn zum Ersatz für das Schulheft (Abs. 54) oder den Drucker (Abs. 32) oder bietet ihm die Möglichkeit, eine automatische Rechtschreibkorrektur durchzuführen (Abs. 54). Obwohl Luca kollaboratives Arbeiten im zukünftigen Fremdsprachenunterricht in Form von Gruppenarbeit fördern würde, sieht er darin keine explizite Möglichkeit zu Neugestaltung bestehender Aufgaben. Möglicherweise ist diese Reflexion jedoch auch im Rahmen des retrospektiven Interviews nicht möglich gewesen.

10.2 Christian

Christians Beteiligung im Englischunterricht ist besonders im Vergleich zu seinem Tischnachbarn Luca deutlich aktiver, was sich nicht nur in seiner mündlichen Beteiligung, sondern auch an den Interaktionen mit anderen Mitschülern zeigt. So wird er von anderen während Gruppenarbeitsphasen um Hilfe bei der Formulierung von Sätzen oder der Übersetzung von Wörtern gebeten und erkundigt sich selbst über die Fortschritte anderer. Trotz dieser aktiven Teilnahme am Unterricht fällt er insgesamt nicht durch Störungen beispielsweise in Form von Zwischenrufen auf.

Ähnlich wie bereits Luca nimmt auch Christian den Einsatz der iPads im Unterricht wahr und benennt vor allem Präsentationen und Recherchearbeit:

> *Also, meistens benutzen wir sie halt für* ***Präsentationen*** *oder kurze* ***Recherchen****. Wir haben die zum Beispiel im Englischunterricht mal zu dem Autor des Buches, das wir gerade lesen, benutzt. Also, wir haben halt* ***Informationen*** *zu ihm* ***gesucht****. Und wir haben, glaube ich, jetzt schon zwei oder drei Präsentationen für Englisch gemacht und die machen wir halt auf dem iPad und dann projizieren wir sie meistens auf die Wand vorne und stellen dann vor. (...) Das wäre es dann.* (Christian, Abs. 8, Fettdruck SF)

Christians Mediennutzungsbiographie verrät, dass er als digitales Medium den PC mit fünf bis sechs Tagen pro Woche am häufigsten gebraucht, gefolgt vom Tablet mit drei bis vier Tagen und dem Smartphone bzw. dem Handy mit ein bis zwei Tagen pro Woche. Einen Laptop oder ein Notebook verwendet er hingegen nie. Die generelle Mediennutzung unterscheidet sich also nur in geringem Maße von der Lucas. Bei der Frage nach den Gründen der Nutzung differenziert Christian in seinen Antworten nicht nach den einzelnen Medien, sondern gibt folgende Stichpunkte an: Erreichbarkeit, Videos (hauptsächlich Dokus, *Let's Plays*[61]), Informationssuche, Freizeitbeschäftigungen (Programmieren, Spielen) sowie Musik. Bei einer späteren Nachfrage im Interview erläutert er den Aspekt der Erreichbarkeit vor dem Hintergrund des Verbundenheitsgefühls mit anderen ein wenig mehr:

> *Ja, das ist jetzt nur bei Smartphone und Tablets so. Ich habe die meistens* ***nicht griffbereit*** *und bemerke* ***Anrufe*** *eher nach ein paar Stunden oder Nachrichten eben." / „ich bin halt immer etwas später erreichbar.* (Christian, Abs. 38/40, Fettdruck SF)

Somit bezieht er sich, ähnlich wie Luca, auf den Bereich der Kommunikation, hebt jedoch hervor, dass er nicht immer erreichbar/verbunden ist und generell eine passivere Einstellung gegenüber dieser Erreichbarkeit hat (jmd. erreichen vs. erreichbar sein). Christians Auskunft, dass er in seiner Freizeit programmiert, stellt sich als besonderes Merkmal heraus und untermalt seine Affinität zu digitalen Medien bzw. Software. Keiner der weiteren acht Schüler gab an, Medien auf diese Art zu nutzen. Gleichzeitig wählt er die Option „weder noch" bei der Aussage, ob er sich gut mit den Funktionen von Smartphones und/oder Tablets auskennt. Da im Rahmen des retrospektiven Interviews von meiner Seite aus nicht genauer auf diesen Punkt eingegangen wurde, können auch hier nur Vermutungen angestellt werden, die seine Auswahl betreffen. So ist es wahrscheinlich, dass das Programmieren mit dem PC als Medium geschieht und die geringer ausfallende Nutzungsdauer von Smartphone und Tablet dazu beitragen, dass er sich nicht so gut mit deren Einsatz auskennt. Christian empfindet

61 *Let's Plays* bezeichnen Aufnahmen von Personen, die Video-/Computerspiele spielen und dies auf Plattformen wie YouTube oder Twitch hochladen/streamen, sodass andere Personen diese Aufnahmen schauen können.

allerdings die Nutzung eines Smartphones und/oder Tablets als Erleichterung in seinem Leben. Neben der bereits erwähnten Möglichkeit, erreichbar zu sein, findet er diesbezüglich eine durchaus differenzierte Antwort:

> *Bei mobilen Geräten, finde ich, ist es auch so, dass man* ***schneller als mit Wörterbüchern*** *Wörter finden kann, übersetzen kann. Dass man* ***immer Musik hören*** *kann, während man Aufgaben macht. Also, ich kann mich zumindest* ***besser konzentrieren****. Bei mir ist es zum Beispiel so, dass ich mich bei totaler Stille gar nicht konzentrieren kann. Bei Präsentationen erstellen oder so hilft es natürlich auch. Und ich bin eigentlich schon fast* ***daran gewohnt****, dass, wenn ich Aufgaben mache, ich nebenbei Seiten offen habe, bei denen ich Sachen nachgucken kann.* (Christian, Abs. 24, Fettdruck SF)

In diesem Absatz zeichnet sich eine weitere Eigenschaft ab, die nur in diesem der neun Fälle deutlich wurde. Christian nutzt Musik zur besseren Konzentration bei der Aufgabenbearbeitung. Zusätzlich verwendet er mehrere Browserfenster parallel, um sich unterschiedliche Informationen aufzurufen. Dies erklärt unter anderem seine Zustimmung bei der Aussage, mit Smartphones und/oder Tablets schnell Informationen zu finden.

Darüber hinaus stimmt Christian den Aussagen zu, dass ihm die mobilen Endgeräte beim Lernen helfen und dass es ihn motiviert, wenn die Tablets im Unterricht eingesetzt werden. Hierzu führt er vor allem die Nutzung von Vokabellern-Apps an:

> *Also, beim Lernen, also, es gibt eine App, die hat mir zum Beispiel sehr auf dem iPad geholfen, das war eben die/das ist eben so eine Karteikarten-App, da die Englisch-App. Da hat die Lehrerin halt Vokabeln online gestellt und die waren dadurch wirklich* ***VIEL einfacher als im Buch zu lernen****. Das ist halt so, man hat eben eine Vokabel auf Deutsch, gibt sie auf Englisch ein und dann wird geguckt, hat man es richtig, hat man es nicht richtig. [...]Und außerdem kann man da auch noch* ***selber Karten erstellen*** *mit* ***eigenen Bildern*** *und so. Also, das wäre es zum Lernen. Aber vor allem hilft es halt bei Informationen suchen und ja.* (Christian, Abs. 56, Fettdruck SF)

Neben der wahrgenommenen Einfachheit in Bezug auf das Lernen der Vokabeln stellt Christian noch die Möglichkeit der Personalisierung der digitalen Vokabellernkarten heraus. Auch hier zeigen sich gemeinsame Eigenschaften von ihm und Luca, der ebenso wie Christian seine digitalen Vokabellernkarten mit eigenen Bildern verknüpft.

Christian ist zudem neben Lea der einzige Schüler, der die Möglichkeit genutzt hat, Anmerkungen zu seinem Fragebogen zu notieren. Da hierbei keine Vorgaben gemacht wurden, erstaunt es umso mehr, dass er eine prozentuale Aufstellung seines Zeitverbrauchs in Bezug auf den Einsatz digitaler mobiler

Medien vornimmt. So entfallen nach seinen Angaben 30 % auf das Programmieren, 20 % auf die Informationssuche, 25 % auf Videos und 25 % auf Spiele.

Hinsichtlich der gemeinsamen Aufgabenbearbeitung mit Luca hält Christian im Interview fest:

> *Es war eben so, wir haben halt die Seite offen und wir haben uns dann eben einfach Namen erstellt und ja, ein paar Sachen eingestellt. Und dann haben wir es halt so gemacht, wir haben* ***untereinander bestimmt, wer was macht*** *und dann haben wir ein paar Zeilen Abstand genommen und angefangen zu tippen. Ich habe halt einen Text geschrieben und wir haben besprochen, wie wir* ***manche Sachen formulieren****, weil* ***wir uns nicht einig waren****, aber besonders viel habe ich mit TitanPad auch nicht gemacht.* (Christian, Abs. 74, Fettdruck SF)

Die relativ pragmatisch anmutende Beschreibung der Aufgabenbearbeitung beinhaltet dabei Aspekte, die besonders für die Kategorienbildung relevant waren. So wurde vor Beginn der Bearbeitung festgelegt, wer genau für was zuständig sein soll. Die klare Rollenverteilung scheint allerdings dann aufgelöst zu werden, wenn es um die Aushandlung von Begriffen (vgl. Luca) und anderen Formulierungen geht, bei denen beide jeweils andere Standpunkte vertreten.

Insgesamt wirkt Christian sehr zielorientiert und zugleich reflektiert. Auf die Frage, wie er den Englischunterricht mit den iPads zukünftig gestalten würde, nennt er als einziger der neun befragten Schüler ein konkretes Programm:

> *Ich würde erst mal* ***alle Vokabeln aus dem Buch auf das iPad*** *packen lassen. Die App „Showme", das ist eben eine* ***Hausaufgaben-App****, da kann man die Hausaufgaben halt ins Internet stellen, was man aufbekommen hat. So kann man es auch* ***leichter kontrollieren****, WER sie gemacht hat (lachend). Und dann kann man es online stellen und die würde ich dann auch öfter benutzen lassen, wenn ich das entscheiden dürfte. Und ja, die* ***Präsentationen*** *würde ich halt auf dem iPad machen und das war es dann, glaube ich, auch.* (Christian, Abs. 86, Fettdruck SF)

Er erwähnt erneut die Vokabeln, die seiner Meinung nach digital verfügbar sein sollten, sowie die Möglichkeit, weiterhin Präsentationen mit den iPads zu gestalten. Interessant erscheint hier jedoch besonders der Aspekt, dass Christian in seiner Vorstellung zum Einsatz der iPads auch die Rolle der Lehrkraft bedenkt, die leichter kontrollieren könnte, wer die Hausaufgaben gemacht hat. Dieser Gedanke tritt wenig später im Interview erneut auf, als er gefragt wurde, ob er einen solchen Vorschlag bereits geäußert hätte. In seiner Antwort zeigt sich ebenfalls seine starke Zielorientierung:

> *Ich habe mal einer Lehrerin einen Vorschlag gemacht, da habe ich gesagt: ‚Ja, diese App ist die Zukunft. Das wird alles verändern.' Da meinte sie, also, die Hausaufgaben-App/*

und sie meinte halt, das wäre ihr zu viel Arbeit, die online zu stellen. Das wird halt wahrscheinlich die Hausaufgaben, also, die Rate von den Leuten, die die Hausaufgaben machen, erhöhen. Aber ja, das war halt ihr zu viel Arbeit und ja. (Christian, Abs. 88)

Durch diese Aussage verdeutlicht Christian das Verhältnis zwischen Schülern und Lehrern in Bezug auf den Einsatz der digitalen mobilen Medien. Hier scheint aufgrund der fehlenden Bereitschaft der Lehrkraft keine Veränderung in der Nutzung der Endgeräte von Schülerseite aus möglich. Für die Kategorienbildung spielte dies eine wichtige Rolle.

10.2.1 Christians Fokus: Technische Entwicklung

Die Verteilung der einzelnen Oberkategorien sieht bei Christian folgendermaßen aus:

Codesystem	Schüler_104_Christian
Affektiv-motivationale Ebene	1
Aufgabenbearbeitung TitanPad	2
Funktional-technische Ebene	19
Kognitiv-sprachliche Ebene	6
Lernumgebung	9
Soziale Ebene	11

Abb. 22: Code-Matrix-Browser Oberkategorien Christian

Man erkennt, dass die funktional-technische Ebene mit insgesamt neunzehn analysierten Textpassagen die größte Oberkategorie bei Christian ausmacht. Gefolgt wird dies von der sozialen Ebene. Wie an der nachfolgenden Zusammenfassung der einzelnen Unterkategorien sichtbar wird, spielen in der funktional-technischen Ebene besonders Präsentationen eine große Rolle. Diese führt Christian nicht nur in Zusammenhang mit dem gegenwärtigen Einsatz im (Fremdsprachen-)Unterricht an, sondern schlägt sie auch für den zukünftigen Einsatz vor.

Funktional-technische Ebene: – Präsentationen (7) – Informationsbeschaffung (4) – Substitution (3) *Soziale Ebene:* – Virtuelle Kommunikation (3) – Verbundenheitsgefühl (3) *Kognitiv-sprachliche Ebene:* – Vokabellernen (3) *Lernumgebung:* – Einsatz im Fremdsprachenunterricht (3) – Einsatz in anderen Fächern (3)

Tab. 8: Unterkategorien Christian

Die Analyse des Interviews zeigt, dass nur wenige affektiv-motivationale Elemente für die Nutzung der digitalen mobilen Endgeräte in Christians Fall ausschlaggebend sind. Er kritisiert zwar, dass die Lehrkraft keine Rücksicht auf seinen Vorschlag zum Einsatz der Hausaufgaben-App genommen hat, zeigt jedoch ansonsten keine positiven Affekte hinsichtlich der Nutzung. Seine durchaus pragmatisch anmutenden Begründungen des wahrgenommenen Mehrwerts fallen unter die Kategorie der Substitution. So vergleicht er die Vokabellern-App *Quizlet* beispielsweise direkt mit dem Karteikastensystem, bezeichnet dabei die App ohne nähere Erläuterungen lediglich als „ein bisschen einfacher" (Christian, Abs. 56). Weiterhin kann er auf der Tastatur des iPads schneller tippen als einen entsprechenden Text per Hand zu schreiben, was wiederum auch nur eine Ersetzung darstellt. Virtuelle Kommunikation verbindet Christian nur in einem Fall mit der Kategorie des Verbundenheitsgefühls (Abs. 48), sieht sie ansonsten vielmehr als Mittel zum Zweck (Daten hin und her senden, erreichbar sein).

10.3 Lea

In den ersten Unterrichtsbeobachtungen kann ich bereits feststellen, dass Lea und Stefanie sich vom Rest der Klasse eher isolieren. Lea nimmt zwar aktiv und regelmäßig in Form von mündlichen Beiträgen am Unterricht teil, hält sich aber weitestgehend aus anderen Unterhaltungen mit Mitschülern raus und wird auch nur selten von selbigen angesprochen. Im einen weiterführenden Gespräch mit der Lehrkraft kann dies bestätigt werden. Zudem hebt die Lehrkraft hervor, dass Lea immer pflichtbewusst ist und für ihre Mitarbeit auch gute Noten erhält.

Leas Mediennutzung zeigt eine klare Präferenz hinsichtlich der mobilen Endgeräte auf. So gibt sie an, das Smartphone und das Tablet jeden Tag zu nutzen, den Laptop hingegen seltener als einen Tag pro Woche und den PC bzw. das Handy nie. Im Interview stellt sich dann heraus, dass sie neben dem Smartphone und dem Tablet nur einen Laptop besitzt, mit dem sie manchmal nach E-Mails schaut, was wiederum ihre Angaben bestätigt. Zur weiteren Erläuterung der Nutzung der Endgeräte gibt Lea an, das Tablet ebenfalls zum Nachschauen von E-Mails, aber auch zum Erstellen von Präsentationen und zur Recherche zu nutzen. Das Smartphone hingegen nutzt sie, um mit Freunden zu schreiben, zu spielen oder zu telefonieren. An dieser Stelle soll bereits darauf hingewiesen werden, dass Lea eine scheinbare Trennung der beiden Endgeräte Tablet und Smartphone nach Lern- bzw. Spiel- und Kommunikationszwecke vornimmt. Dies soll sich durch spätere Aussagen im Interview bestätigen.

Den Einsatz der iPads im Unterricht, der zum Zeitpunkt des Interviews schon seit knapp anderthalb Jahre stattfindet, beschreibt sie wie folgt:

> *Wir benutzen sie* ***nicht in allen Fächern****, nur in bestimmten wie zum Beispiel* ***Französisch****,* ***Englisch*** *und* ***Deutsch****und manchmal in* ***Mathe****. Und in anderen Fächern halt NICHT so. Ja, dann kriegen wir mal die Aufgabe,* ***Präsentationen*** *zu erstellen in verschiedenen Sprachen dann, um die dann zu präsentieren. Ja und in Mathe benutzen wir viel GeoGebra, um zum Beispiel Dreiecke zu zeichnen. Ja. Und oft auch den* ***Übersetzer****, dass, wenn wir (lachend) Wörter nicht wissen.* (Lea, Abs. 8, Fettdruck SF)

Zunächst hebt Lea hervor, dass die iPads nicht in allen Fächern eingesetzt werden, wenn sie jedoch verwendet werden, dann hauptsächlich für Präsentationen, Übersetzungen oder im Matheunterricht zur Nutzung der App *GeoGebra*.

Im dritten Block des Mediennutzungsfragebogens fällt auf, dass Lea allen Aussagen bis auf einer zustimmt. Inwiefern Smartphones und/oder Tablets das Leben erleichtern erläutert sie im Interview folgendermaßen:

> *Ist halt, wenn man sich (lachend) zum Beispiel verabredet, kann man es auch kurzfristig machen, da kann man mit den Eltern das über das Handy besprechen oder so und muss es nicht am Abend davor irgendwie per Telefon besprechen und dann sagen: „Ja, um sechs holst du mich ab.“ Und dann kann man das immer noch variieren, wenn man mit den Eltern Kontakt hat. / […] ist halt auch leichter auf dem iPad Präsentationen zu erstellen, als dann extra an den Computer zu gehen, alles auszudrucken, dann auf ein Plakat zu kleben.* (Lea, Abs. 18/20)

Die genannten Aspekte beziehen sich dabei vorrangig auf den Bereich der erleichterten Kommunikation sowie der wahrgenommenen Arbeitsersparnis bei der Erstellung einer Präsentation.

Lea gibt an, sich durch die Nutzung eines Smartphones und/oder Tablets mit anderen verbunden zu fühlen. Dieses Verbundenheitsgefühl zeigt sich nicht nur im formalisierten Kontext der Schule, sondern auch darüber hinaus, wie an ihrer Antwort ersichtlich wird:

> *Ja, weil man dann* ***auf dem neuesten Stand*** *ist. Wenn man zum Beispiel Vertretung hat oder so und wenn man Hausaufgaben hat, die vergessen hat, dann schreiben die das immer in die Gruppe. Ich* ***verlass mich halt auch darauf****, was die schreiben manchmal. Ohne die Gruppe hätte ich schon voll oft was vergessen, also nicht nur Hausaufgaben, aber auch wann man sich trifft und so. So erinnern einen die anderen dran. / Wir besprechen da auch so andere Sachen, die nichts mit Schule zu tun haben. / [...] also mit Julia schreibe ich zum Beispiel auch,* ***wenn es um Bücher oder Serien geht, die wir beide schauen****. Da geht's dann oft so um wie wir die finden.* (Lea, Ans. 28/30/32, Fettdruck SF)

Lea verbindet hier die Möglichkeit, durch die Endgeräte an für sie wichtige Informationen zu kommen mit dem Gefühl, dass sie sich auf andere Schüler hinsichtlich dieser Informationen verlassen kann. Im sozialisierenden Kontext nach Frohberg (2008) spielt der Austausch mit Freunden über gemeinsame Interessen (Bücher, Filme) eine wichtige Rolle. Lea gibt ebenso wie Luca an, dass sie motiviert ist, wenn die iPads im Unterricht eingesetzt werden, diese ihr aber nicht beim Lernen helfen. Ihre Begründung hingegen umfasst dabei weniger den Aspekt der Ablenkung durch die iPads als mehr die Vorlieben in der Gestaltung ihrer PLU.

> *Es gibt zwar ein Lernprogramm auf dem iPad, aber ich kann mir es besser einprägen, wenn ich es auf so Kärtchen stehen habe und dann so umdrehen kann. Mir hilft halt auch, wenn ich es selber aufschreibe.* (Lea, Abs. 38)

Digitale Vokabelkarten lassen sich zwar auch „umdrehen", jedoch nicht in dem Sinne, dass man sie tatsächlich in den Händen hält. Gleiches gilt für das Aufschreiben – auch bei digitalen Vokabelkarten fasste Lea es so auf, als würde sie die Vokabeln nicht selber aufschreiben.

Bei der Aufgabenbearbeitung zusammen mit Stefanie erwähnte Lea bis auf technische Schwierigkeiten (man konnte nicht innerhalb eines geöffneten Schreibfelds in der Anwendung scrollen) keine weiteren Probleme. Abbildung 23 zeigt den Text von Lea (rot) und Stefanie (violett). Man erkennt zunächst, dass ähnlich wie bei Luca und Christian eine Trennung der unterschiedlichen Textsegmente vorgenommen wurde. Im Fall von Lea und Stefanie zeigt sich darüber hinaus aber auch die gegenseitige sprachliche Korrektur, wobei klar auffällt, dass Stefanie nur an einer Stelle in Leas Abschnitt, Lea hingegen an fünf Stellen in Stefanies Abschnitt Veränderungen vorgenommen hat. Trotz gegenseitigem Korrigieren finden sich dennoch weitere Fehler. Lea merkt im retrospektiven Interview an, dass ihr gerade die Tatsache gefällt, dass das Programm keine „fehlerhaften" Wörter markiert:

> *Hier fand ich es gut, dass man nicht die ganze Zeit verbessert wurde. Ist bei den anderen Programmen allen so, dass da dann auf Deutsch / Wenn man zum Beispiel einen Satz auf Englisch schreibt, werden die Wörter manchmal nicht akzeptiert, sondern auf irgendein deutsches Wort zurückgeführt und dann steht da ein (lachend) falsches Wort.* (Lea, Abs. 56/58)

Tatsächlich bietet *TitanPad* die Funktion der automatischen Fehlererkennung nicht an.

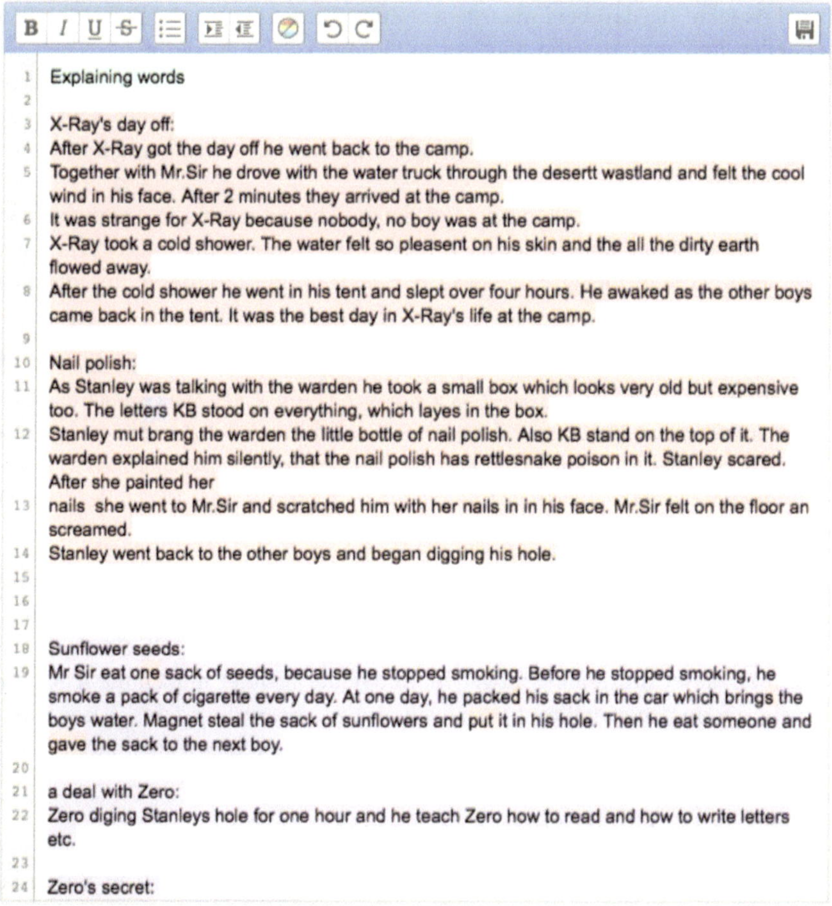
Explaining words

X-Ray's day off:
After X-Ray got the day off he went back to the camp.
Together with Mr.Sir he drove with the water truck through the desertt wastland and felt the cool wind in his face. After 2 minutes they arrived at the camp.
It was strange for X-Ray because nobody, no boy was at the camp.
X-Ray took a cold shower. The water felt so pleasent on his skin and the all the dirty earth flowed away.
After the cold shower he went in his tent and slept over four hours. He awaked as the other boys came back in the tent. It was the best day in X-Ray's life at the camp.

Nail polish:
As Stanley was talking with the warden he took a small box which looks very old but expensive too. The letters KB stood on everything, which layes in the box.
Stanley mut brang the warden the little bottle of nail polish. Also KB stand on the top of it. The warden explained him silently, that the nail polish has rettlesnake poison in it. Stanley scared. After she painted her
nails she went to Mr.Sir and scratched him with her nails in in his face. Mr.Sir felt on the floor an screamed.
Stanley went back to the other boys and began digging his hole.

Sunflower seeds:
Mr Sir eat one sack of seeds, because he stopped smoking. Before he stopped smoking, he smoke a pack of cigarette every day. At one day, he packed his sack in the car which brings the boys water. Magnet steal the sack of sunflowers and put it in his hole. Then he eat someone and gave the sack to the next boy.

a deal with Zero:
Zero diging Stanleys hole for one hour and he teach Zero how to read and how to write letters etc.

Zero's secret:

Abb. 23: Kollaborativ erstellter Tagebucheintrag von Lea und Stefanie

Bei der Frage, wie sie sich einen zukünftigen Einsatz der iPads im Unterricht vorstellt, kommt von Lea folgender Vorschlag:

> *Vielleicht, dass die* ***Bücher****im iPad irgendwie* ***eingescannt*** *sind, dass man* ***keine Bücher mehr*** *braucht, sondern dass die Bücher alle da drauf sind und man nicht mehr so viel (lachend) mitschleppen muss. Ja, dann, dass man manchmal mehr mit den iPads arbeiten und zum Beispiel* ***mehr Präsentationen*** *erstellen oder auch* ***mehr in Gruppen zusammen machen*** *darf, ja. Leider dürfen wir oft nicht zusammenarbeiten, obwohl das echt besser ist.* (Lea, Abs. 66, Fettdruck SF)

Zu Beginn scheint auch dieser Vorschlag des Einsatzes der iPads pragmatische Gründe zu haben (*keine Bücher mehr mitschleppen*), dann eröffnet Lea allerdings zwei Aspekte, die darüber hinausgehen. Zum einen will sie mehr Präsentationen erstellen und zum anderen häufiger in Gruppen zusammenarbeiten. Hier gibt sie dann noch den Hinweis, dass dies oft nicht erlaubt wird, obwohl es ihrer Meinung nach „*echt besser ist*". Der soziale Aspekt spielt für Lea somit eine wichtige Rolle und findet sich daher auch in den nachfolgenden fallbezogenen Kategorien.

Abschließend soll noch einmal auf die zu Anfang erwähnte Trennung zwischen Smartphone und Tablet nach Lern- bzw. Kommunikationszwecken eingegangen werden. Gegen Ende des Interviews nimmt Lea diesen Punkt erneut auf und äußert sich:

> *Früher war es so, viele haben sich* ***Spiele runtergeladen*** *[auf das iPad, Anm. SF],* ***obwohl es verboten war****, irgendwie weil man sich über den App Store einfach anmelden kann mit seinem Account und dann kann man sich die runterladen, dass da irgendwie eine Sperre eingebaut wird oder so, dass man das nicht runterladen kann.* ***Weil das nervt manchmal****. HAT im Unterricht früher genervt, jetzt geht es.* (Lea, Abs. 68, Fettdruck SF)

Lea sieht es als Regelbruch an, die iPads zu Spielzwecken zu nutzen, die nicht von der Lehrkraft vorgegeben wurden. Das Verhalten ihrer Mitschüler, die einen solchen Regelbruch begehen, stört sie dann wiederum im Unterricht. Dies deckt sich mit den Unterrichtsbeobachtungen. Es scheint eine generelle Spaltung hinsichtlich dieser Einstellung zu geben. Einige der Schüler nutzen die iPads, um Spiele, die sie sich installiert haben, während gewisser Unterrichtsphasen (meist Stillarbeit oder Partnerarbeit) zu spielen, andere taten dies jedoch nicht.

10.3.1 Leas Fokus: Spielen vs. Lernen

Im Fall von Lea wird eine ausgeglichene Besetzungshäufigkeit in Bezug auf die drei Oberkategorien „Funktional-technische Ebene", „Lernumgebung" sowie „Soziale Ebene" deutlich (Abb. 24)

Codesystem	Schülerin_011_Lea
Affektiv-motivationale Ebene	6
Aufgabenbearbeitung TitanPad	2
Funktional-technische Ebene	10
Kognitiv-sprachliche Ebene	9
Lernumgebung	10
Soziale Ebene	10

Abb. 24: Code-Matrix-Browser Oberkategorien Lea

Die weitere Aufteilung der enthaltenen Unterkategorien sieht wie folgt aus:

Affektiv-motivationale Ebene:
- Negative Affekte (4)

Soziale Ebene:
- Kollaboration (3)
- Virtuelle Kommunikation (3)

Lernumgebung:
- Außerschulischer Bereich (4)
- Schulischer Bereich (3)

Kognitiv-sprachliche Ebene:
- Fehlerkorrektur (3)
- Übersetzen (3)

Funktional-technische Ebene:
- Präsentation (3)
- Substitution (3)

Tab. 9: Unterkategorien Lea

Auffällig ist, dass Lea an mehreren Stellen Kritik übt, was sich unter anderem in den negativen Affekten hinsichtlich der Nutzung der iPads ausdrückt. Sie kritisiert dabei sowohl die Tatsache, dass einige Mitschüler die Geräte während des Unterrichts zum Spielen nutzen (Lea, Abs. 68) als auch die Tatsache, dass kollaborative Arbeitsformen im Unterricht häufig keinen Einsatz finden, obgleich sie diese „besser findet" (Abs. 66). Auf der sozialen Ebene spielen für Lea sowohl jene Kollaborationen als auch virtuelle Kommunikation eine wichtige Rolle. Ein Beispiel für die Kombination aus den Kategorien „Kollaboration", Außerschulischer Bereich" sowie „Fehlerkorrektur" findet sich im Interview an der Stelle als Lea über die konkrete Aufgabenbearbeitung spricht (Abs. 54). Interessant ist hierbei, dass sie die gegenseitige Fehlerkorrektur als „gut" empfindet, wohingegen sie programmbasierte Fehlerkorrekturen als störend wahrnimmt (vgl. Abs.

56/58). Zusätzlich zeigt sich, dass Lea in der Nutzungsbeschreibung des iPads an unterschiedlichen Stellen auf die Übersetzungsfunktion des Geräts in Form von Anwendungen rekurriert. Sie merkt dabei an, dass sie „oft" verwendet wird, jedoch „nicht immer so gut funktioniert" (Abs. 8/62). Abschließend wird anhand der Kategorien und des Schülerbilds ersichtlich, dass Lea vor allem einen Nutzen für den unterrichtlichen Einsatz in Präsentationen sieht. Allerdings steht hierbei auch zur Diskussion, ob dieser Einsatz als Substitution oder allenfalls als Augmentation zu verstehen ist, da sie den Mehrwert vor allem darin sieht, keine Plakate mehr erstellen zu müssen (Abs. 20).

10.4 Stefanie

Stefanie beteiligt sich wie ihre Tischnachbarin Lea aktiv am Unterricht, ist aber ansonsten kaum in andere Gruppenprozesse innerhalb der Klasse eingebunden. Es fällt auf, dass sie sich schnell über Mitschüler aufregt, wenn diese laut reden und somit den Unterricht stören. Die störenden Mitschüler nehmen dies wiederum oftmals zum Anlass noch mehr zu stören.

Stefanies Angaben zur Mediennutzung in ihrer Freizeit zeigen, dass das Smartphone am häufigsten verwendet wird (jeden Tag), gefolgt vom Tablet (fünf bis sechs Tage pro Woche). Die anderen digitalen Medien nutzt sie entweder seltener als einen Tag pro Woche (Laptop/Notebook) oder nie (PC/Handy). Bei den weiterführenden Angaben zu den Nutzungsabsichten wird deutlich, dass Stefanie das Smartphone einerseits für kommunikative Zwecke (WhatsApp), andererseits aber auch zur Unterhaltung (YouTube) nutzt. Das iPad hingegen wird zum Erstellen von Präsentationen bzw. Handouts oder auch zu Recherchezwecken in Verbindung mit Hausaufgaben verwendet.

Als Stefanie gebeten wird, den bisherigen Einsatz der iPads im Unterricht zu beschreiben, schildert sie Folgendes:

> *Also, in Englisch haben wir relativ wenig gemacht. Was wir bisher gemacht haben, waren irgendwie* ***Präsentationen*** *oder so oder halt so kurze* ***Informationen in Google suchen*** *für irgendwelche Autoren oder so. Aber sonst eigentlich in Englisch jetzt nicht so viel. Oder (unv.) halt* ***Wörterbücher****, also* ***Google-Übersetzer*** *oder (lachend) so was.* (Stefanie, Abs. 16, Fettdruck SF)

Wie bereits von den meisten anderen Schülern angegeben, finden sich auch in Stefanies Beschreibung die beiden Aspekte „Präsentationen erstellen" und „Informationsrecherche". Auch der Einsatz von Wörterbüchern zum Nachschlagen findet sich als wiederkehrendes Motiv, hierbei ist jedoch neu, dass in diesem Zusammenhang Google-Übersetzer als konkrete Anwendung genannt wird. Es soll sich dabei in weiteren Fällen zeigen, wie spezielle Anwendungen von den Schülern wahrgenommen werden.

Stefanie stimmt den meisten Aussagen im Mediennutzungsfragebogen zu. So ist auch sie der Ansicht, dass Smartphones und/oder Tablets ihr Leben erleichtern.

> *Also, zum Beispiel* ***Präsentationen*** *haben wir früher immer auf Plakaten oder so gemacht und dieses Keynote, das ist ja so eine App, wo man* ***einfach Folien*** *halt so schnell erstellen kann und es* ***sieht immer gut aus****. Man kann irgendwie Pfeile einfügen oder halt so ein bisschen (lachend) Special Effects und das ist dann einfach ein bisschen* ***schöner anzuschauen*** *auch und* ***einfacher****. Da kann man eben alles* ***kreativer*** *machen.* (Stefanie, Abs. 22, Fettdruck SF)

Diese speziell auf den unterrichtlichen Kontext bezogenen Aspekte fokussieren auf den ersten Blick nur die bereits erwähnten Präsentationen, jedoch führt Stefanie nicht nur pragmatische Gründe an (einfacher, schneller), sondern geht darüber hinaus auf Eigenschaften des von ihr genannten Programms ein, welche sie selbst als Nutzerin miteinbinden (*Special Effects* einbauen, schöner anzuschauen, kreativer gestalten). Diese durch das Programm bereitgestellten Funktionen werden von Stefanie bewusst als Verbesserung gegenüber der Erstellung von „traditionellen" Plakaten und Postern gesehen. Nimmt man das in Kapitel 5.6 vorgestellte SAMR-Modell als Grundlage, kann man festhalten, dass mindestens eine Verbesserung, wenn nicht gar eine Modifikation von Stefanie wahrgenommen wird.

Bei der Aussage, dass sie sich durch die Nutzung eines Smartphones und/oder Tablets mit anderen verbunden fühlt, wird schnell deutlich, auf welchen Bereich Stefanie den Fokus legt:

> *Ja, also ich persönlich habe nur WhatsApp, also kein Instagram oder Facebook und das ist halt wie Nachrichten, also, ja, das denke ich,* ***hat ja jeder irgendwie und dadurch fühlt man sich verbunden****. Zum Beispiel gibt es da auch so* ***Gruppen****, wo man sich* ***zu einem bestimmten Thema*** *schreiben kann und ja. Und halt auf dem iPad E-Mails. Also, da stellt [Name der Lehrkraft], ja auch E-Mails rein, Informationen und das geht eben an die ganze Klasse. Also irgendwie ist man schon verbunden so mit allen.* (Stefanie, Abs. 24, Fettdruck SF)

Wege der Kommunikation – in diesem Fall über WhatsApp – bedeuten für Stefanie, mit anderen verbunden zu sein. Die Tatsache, dass „ja jeder irgendwie" diese Wege nutzt, trägt dazu bei. Verbundenheit drückt sich für sie aber auch durch die Gruppen und die von der Lehrkraft verschickten E-Mails an die Klasse aus.

Stefanie betont im Interview wiederholt, dass der schnelle und einfache Zugriff auf Informationen zu Lernzwecken mittels digitaler Medien einen Mehrwert darstellt. Gerade im Vergleich zu Büchern bietet ihr das Internet „*eigentlich Informationen zu allem, was man sucht.*" (Stefanie, Abs. 32). Aufgrund einer Rückfrage, die sich konkret auf den Englischunterricht bezieht, sagt sie zudem:

> *Also, zum Beispiel diese App, die Sie uns ja jetzt irgendwie eingerichtet haben oder [Name der Lehrkraft]. Das fand ich zum Beispiel sehr gut mit den* ***Vokabeln****. Die* ***konnte ich mir halt so selber machen****, dass ich es verstehe und* ***nicht nur die Vokabeln aus dem Buch*** *habe. / Also, beispielsweise habe ich mit dem iPad Bilder gemacht, wenn die, wenn eben der Gegenstand oder so im Raum war und dann, also hab ich auch noch die* ***Aussprache aufgenommen****, um die halt zu üben. Das war am Anfang aber eher schwer (lachend). Da hab ich mir die manchmal erst bei Leo angehört. Da hab ich dann auch* ***zufällig passende Wörter*** *gefunden, also andere halt, die ich mir auch aufgeschrieben habe.* (Stefanie, Abs. 34/36, Fettdruck SF)

Stefanie gibt in ihrer Antwort zu erkennen, dass sie die Vokabellern-App Quizlet (Kap. 7.3.2.2), ähnlich wie bereits Luca und Christian, personalisiert und eigene Bilder verwendet. Hinzu kommt, dass sie von der Funktion Gebrauch macht, ihre eigene Aussprache aufzunehmen und sogar mit anderen Aufnahmen (bei dem Online-Wörterbuch *Leo*) zu vergleichen. Stefanie verbindet hier also zwei unterschiedliche Anwendungen, die ihr helfen, Vokabeln zu üben. Ein besonders interessanter Aspekt taucht dann noch gegen Ende des Absatzes auf, als sie erwähnt, dass sie bei dieser Personalisierung zufällig auf weitere, ihrer Meinung nach passende Wörter gestoßen ist und sie diese aufgeschrieben hat. Diese Aussage kann dabei beispielhaft für die Verknüpfung formaler mit informellen Lerninhalten angeführt werden (vgl. Kap. 4.3).

Obwohl Stefanie der Aussage, dass es sie motiviert, wenn die Tablets im Unterricht eingesetzt werden, weder zustimmt noch diese ablehnt, zeigt sich anhand ihrer Antwort auf die Frage, ob und wenn ja, welches Einsatzszenario sie besonders motivierend findet, dass „zufälliges" Lernen für sie relevant ist.

> *Also, zum Beispiel an Präsentationen setze ich mich halt viel lieber dran, weil es halt einfach schnell geht, man kann schnell irgendwas eintippen. [...] Außerdem finde ich, dass man* ***häufiger Sachen halt irgendwie entdeckt beim Nachschauen.*** (Stefanie, Abs. 42, Fettdruck SF)

Bei der Frage nach der Aufgabenbearbeitung (*TitanPad*) zeigen sich vergleichbare Elemente wie bereits bei Lea. Ihre Beschreibung des Vorgehens liest sich dabei ähnlich pragmatisch (Absprache, Schreiben des Texts, Lesen und gegenseitiges Korrigieren), jedoch erwähnte sie bei der Nachfrage hinsichtlich technischer Schwierigkeiten, Folgendes:

> *Aber sonst finde ich eigentlich die Idee ganz gut, weil das ja so ein bisschen halt auch* ***wie so ein Chat aufgebaut*** *war. Nur, man muss sich halt auch wirklich* ***immer absprechen****, wer was wann schreibt und wann man sich sozusagen trifft dann und zusammen was daran schreibt, das war ein bisschen* ***auch komplizierter****.* (Stefanie, Abs. 52, Fettdruck SF)

Zum einen stellt Stefanie hier einen Vergleich des kollaborativen Schreibens mit einem Chat an, der ihrer Meinung nach ein positives Element ist, zum anderen empfindet sie es als komplizierter, da man sich mit den Arbeitspartnern immer absprechen muss. Diese Absprache umfasst nicht nur die Aufteilung der Arbeit, sondern auch das virtuelle Treffen. Da für die Aufgabenbearbeitung nicht vorausgesetzt wurde, dass die Gruppenteilnehmer zeitgleich daran arbeiten, obgleich dies möglich war, ist es an dieser Stelle doch verwunderlich, dass Stefanie diese Tatsache für so relevant erachtet.

Ihre Vorstellungen über einen zukünftigen Einsatz der iPads im Unterricht formuliert sie folgendermaßen:

> *Ich würde es vielleicht* ***generell einfach ein bisschen öfter einsetzen*** *für, also,* ***Präsentationen*** *oder so was. Können wir auch mal in Englisch machen, das haben wir jetzt noch nicht so oft gemacht. Vielleicht* ***einfach zum Schreiben*** *da drauf, aber das haben wir ja jetzt schon relativ häufig eigentlich gemacht. Aber trotzdem vielleicht noch ein bisschen mehr das generell halt nutzen. Ich finde, dass man* ***eigentlich ja viel mehr noch damit machen*** *kann. Naja, und vielleicht (...) irgendwelche Apps drauf laden zum Lernen noch mal, so was würde ich vielleicht noch mal machen.* (Stefanie, Abs. 54, Fettdruck SF)

Ohne zu konkrete Einsatzszenarien zu benennen, fordert Stefanie einen generell häufigeren Einsatz der iPads, da diese ihrer Meinung nach noch mehr Potenzial bieten („Ich finde, dass man eigentlich ja viel mehr noch damit machen kann."). Ruft man sich die Aussagen Christians bezüglich der fehlenden Initiative der Lehrkraft ins Gedächtnis, so kann man auch hieraus schließen, dass der Einsatz der mobilen Endgeräte weitestgehend ohne signifikante Änderung oder gar Neubestimmung von Aufgabenformaten gemäß dem SAMR-Modell einhergeht. Die Kritik der Schüler scheint dabei allerdings kaum bis keine Berücksichtigung zu finden, sofern sie angebracht wird.

Abschließend nahm Stefanie im Interview nochmals Bezug auf diejenigen Mitschüler, die von ihr als Störfaktoren wahrgenommen werden:

> *Also, ich glaube,* ***manche*** *nehmen es halt nicht so ernst und* ***können das nicht schätzen, dass wir iPads haben****. Es sind auch schon zwei kaputt gegangen und verschwunden, das ist halt auch irgendwie blöd. Also, das kann ja mal passieren, aber ja, das vielleicht ein bisschen mehr schätzen, dass man die Möglichkeit hat. Halt auch zum Lernen.* (Stefanie, Abs. 58, Fettdruck SF)

Ihr Ärgernis über das Verhalten anderer Mitschüler formuliert sie dabei in Form von Enttäuschung darüber, dass diese die Möglichkeit, die iPads zu verwenden, nicht genügend wertschätzen. Hieraus kann eine wichtige, die sozial-affektive Dimension betreffende Kategorie festgelegt werden.

10.4.1 Stefanies Fokus: Vereinfachte Informationsbeschaffung

Die meisten Textstellen des Interviews mit Stefanie beinhalten Kategorien aus der funktional-technischen Ebene gefolgt von der Lernumgebung sowie der kognitiv-sprachlichen Ebene (Abb. 25).

Codesystem	Schülerin_022_Stefanie
Affektiv-motivationale Ebene	5
Aufgabenbearbeitung TitanPad	3
Funktional-technische Ebene	19
Kognitiv-sprachliche Ebene	10
Lernumgebung	15
Soziale Ebene	8

Abb. 25: Code-Matrix-Browser Oberkategorien Stefanie

Um besser verstehen zu können, wie die einzelnen Oberkategorien aufgegliedert sind, sollen erneut die einzelnen Unterkategorien mit mindestens drei codierten Textstellen zusammengefasst werden.

Funktional-technische Ebene:
- Präsentationen (6)
- Informationsbeschaffung (5)
- Vergleich analoge Medien (3)

Lernumgebung:
- Einsatz im Fremdsprachenunterricht (4)
- Einsatz in anderen Fächern (4)

Kognitiv-sprachliche Ebene:
- Übersetzen (3)

Soziale Ebene:
- Virtuelle Kommunikation (4)
- Personalisierung (3)

Affektiv-motivationale Ebene:
- Negative Affekte (4)

Tab. 10: Unterkategorien Stefanie

Präsentationen werden dabei von Stefanie auf der funktional-technischen Ebene sowohl in der gegenwärtigen als auch zukünftigen Beschreibung des Unterrichts verwendet. Betrachtet man weitere Kategorien, die in diesem Zusammenhang festgelegt wurden, zeigt sich, dass Stefanie Präsentationen gerade im Vergleich zu „früheren" Darstellungsmöglichkeiten sieht (*Keynote*-Präsentationen vs. Plakaterstellung, Abs. 22). Ebenso wichtig für sie ist die Möglichkeit der Informationsbeschaffung mittels digitaler mobiler Endgeräte, bei der sie erneut einen Vergleich zu analogen Medien wie Büchern zieht (Abs. 32). Diese Informationsbeschaffung hängt unter anderem mit der Möglichkeit zusammen, einfach und schnell Übersetzungen im Fremdsprachenunterricht anfertigen zu können. Im Interview bezieht sich Stefanie sowohl auf den Einsatz im Fremdsprachenunterricht als auch in anderen Fächern und hebt als einzige der neun Schüler den von ihr empfundenen Mehrwert des Geschichtsunterrichts in Verbindung mit dem Einsatz von digitalen Präsentation hervor („*in solchen Fächern, wo man wirklich viel herausfinden kann*", Abs. 18). Insgesamt kritisiert Stefanie dabei vor allem, wie bereits im Schülerbild deutlich wurde, dass einige ihrer Mitschüler den Einsatz der iPads im Unterricht nicht genügend wertschätzen und die Geräte oftmals nur zum Spielen verwenden.

10.5 Martin

Martins Verhalten im Englischunterricht lässt sich als aktiv, aber zurückhaltend beschreiben. Er ist ein aufmerksamer Schüler, der nur selten durch Stören des Unterrichtsgeschehens auffällt. Seine mündliche Mitarbeit im Unterricht hebt sich deutlich von der anderer Mitschüler ab. Dennoch fordert ihn die Lehrkraft an mehreren Stellen zusätzlich auf, sich zu beteiligen. In einem weiterführenden Gespräch bestätigt die Lehrkraft Martins und auch ihr eigenes Verhalten und erwähnt, dass er keine guten schriftlichen Leistungen erbringt und sie ihm deshalb die Möglichkeit gibt, sich mündlich stärker einzubringen.

Martins Mediennutzung zeigt, dass das Smartphone eine große Rolle in seiner Freizeit spielt. Die Angabe des täglichen Gebrauchs findet sich ansonsten nur noch beim PC. Das Tablet nutzt er drei bis vier Tage pro Woche und den Laptop/Notebook sowie das Handy nie. Martin ist einer der weniger Schüler, die weitere Medien unter der Kategorie „Sonstiges" aufführen. Hier nennt er den Fernseher und die Konsole, die er allerdings beide seltener als einen Tag pro Woche nutzt. Welche Rolle diese beiden Medien in seiner Freizeit spielen, erläutert Martin zu einem späteren Zeitpunkt im Interview. Bei der Frage, wozu er die aufgeführten Medien verwendet, nennt er stichpunktartig, dass er den PC zum Spielen, für

YouTube und das Internet, das iPad für YouTube und Präsentationen und das Smartphone für soziale Medien nutzt.

Nach der Rückfrage, ob es einen Grund dafür gibt, dass YouTube mit verschiedenen Endgeräten nutzt oder ob es sich um die gleichen Inhalte handelt, ergänzt Martin:

> *Ja doch, eigentlich schon. Wenn man halt für die Schule lernen will, dann guckt man auch mal YouTube-Videos. Vor allem für Geschi oder so. Vor allem* ***Tutorials****, wenn man eine* ***kurze Zusammenfassung*** *braucht von bestimmten Ereignissen oder so. Das fasst oft so eine Unterrichtsstunde besser zusammen.* (Martin, Abs. 50, Fettdruck SF)

YouTube stellt für Martin eine Möglichkeit dar, sich über bestimmte Themen, die in Lernkontexten vorkommen, zu informieren. Er sagt explizit, dass diese Art (*Tutorials*[62]) die Inhalte einer Unterrichtsstunde besser zusammenfassen würden und impliziert damit, dass hier Wissen in kompakter Form vorliegt, welches er schnell abrufen kann, wenn er es braucht.

Auf die Frage, weshalb er der Aussage zugestimmt hat, dass das Smartphone und/oder Tablet ihm das Leben erleichtern und wie dies genau aussieht, tauchen hingegen keine lernbezogenen Aspekte auf, sondern, wie auch bei den vorangegangenen Fällen, pragmatische Begründungen.

> *Also, zum Beispiel,* ***brauche ich keinen Block mehr****, wenn ich mir irgendwie Notizen machen muss, sondern ich nehme einfach mein Handy und schreibe das dann halt aufs Handy auf. Und da kann ich auch vor der Klasse* ***einfach mein Handy rausholen*** *und das dann da ablesen und muss nicht immer noch so einen ganzen Block mitnehmen, wo ich dann noch mit einem Stift was drauf schreiben muss. Sondern kann einfach mein Handy mitnehmen, das ist halt* ***viel kleiner und praktischer****. Und auch sonst, wenn man zum Beispiel mit dem Bus fährt oder so und alleine ist und keine Freunde bei sich hat, dann kann man einfach Musik hören. Das* ***verschnellert*** *halt auch die Busfahrt und so was.* (Martin, Abs. 40, Fettdruck SF)

Digitale mobile Endgeräte werden von Martin vorrangig als Substitution wahrgenommen. So ersetzt das Handy den Block und den Stift und wird dadurch als praktischer empfunden. Zusätzlich erfüllen diese Medien für Martin die Funktion, Wartezeiten (im Bus o. ä.) durch die Bereitstellung von Musik zu überbrücken bzw. zu verkürzen.

Martin stimmte ebenfalls bei der Aussage zu, sich durch die Nutzung eines Smartphones und/oder eines Tablets mit anderen verbunden zu fühlen. Im In-

62 Tutorials bezeichnen in diesem Fall Einführungen in bestimmte Themengebiete in Form von digitalen Videos auf Plattformen wie beispielsweise YouTube.

terview werden dabei interessante Aspekte aufgeführt, die unter anderem die anfangs dargestellte Nutzung von Spielekonsolen aufgreift:

> *Also, zum Beispiel schreibe ich viel mit Freunden auf* ***WhatsApp*** *und zudem abends meistens* ***zocke ich dann und mit Freunden*** *dann halt, dann* ***skypen*** *wir. Und ja, so halt. Da ist man auch quasi nach der Schule, man muss sich nicht treffen, kann halt auch über das Handy beziehungsweise über den Computer kommunizieren. Wir zocken dann* ***FIFA oder World of Warcraft****. / Also wir sind da in so einer* ***Community*** *und können dann halt gleichzeitig zocken und uns per Teamspeak absprechen. Mhm. Ja, so planen wir dann gemeinsame Angriffe auf Gegner zum Beispiel oder geben uns untereinander Gegenstände.* (Martin, Abs. 56/58, Fettdruck SF)

Diese ausführliche Erläuterung macht deutlich, wie Martin sich dieses Verbundenheitsgefühl vorstellt. Im Vordergrund steht für ihn die Kommunikation mit Freunden im Rahmen von gemeinsamen digitalen Spielen. Dabei werden Absprachen hinsichtlich der Spielplanung und des Spielverlaufs getroffen. Martin beschreibt diese Personenkonstellation als *Community* und impliziert damit den interessengeleiteten kontextuellen Zusammenhalt.

Bei der Aussage „Smartphones und/oder Tablets helfen mir beim Lernen“ gab Martin „weder noch“ an. Diesbezüglich erklärt er im Interview:

> *Ja, weil einerseits wie schon gesagt, YouTube-Videos benutze ich manchmal zum Lernen oder ich gucke was im Internet nach. Aber andererseits muss ich auch sagen, wenn ich lerne und neben mir mein Handy liegen habe, dann* ***lenkt mich das schon ab****. Also, dass ich dann schon mal ans Handy gehe und dann irgendwas mache am Handy und dann vergesse/ oder was heißt, vergesse,* ***danach eine längere Pause vom Lernen mache*** *und von daher lenkt es mich halt ab, aber es kann mir auch helfen.* (Martin, Abs. 64, Fettdruck SF)

Ähnlich wie Luca empfindet auch Martin den Einsatz des Smartphones zu Lernzwecken zwar als hilfreich, um an bestimmte Informationen heranzukommen, jedoch stellt es für ihn auch eine Ablenkungsquelle dar, die dafür sorgt, dass er längere Lernpausen einlegt. Darüber hinaus scheinen nicht alle Aktivitäten, die er am Smartphone während einer Lernphase verfolgt, auch dem Lernzweck zu dienen („[...] *und dann irgendwas mache am Handy* [...]). Als ich ihn bitte, während des Interviews ein konkretes Beispiel zu nennen, bei dem er das Gefühl hat, sein Lernprozess werde durch den Einsatz der Medien unterstützt, rekurrierte er erneut auf die Funktion der Tutorials:

> *Ja, zum Beispiel letzte Geschi-Arbeit, da habe ich mir dann MrWissen2Go heißt das, glaube ich, der hat dann einfach die Nachkriegszeit einmal schnell zusammengefasst und von daher wusste ich dann das meiste.* (Martin, Abs. 66)

Unabhängig von seiner Einstellung gegenüber dem Lernmehrwert, stimmt Martin bei den Aussagen zu, dass er motiviert ist, wenn die Tablets im Unterricht eingesetzt werden und er sich auch mit den Funktionen gut auskennt. Ausgehend von den Unterrichtsbeobachtungen fällt Martin besonders dadurch auf, dass er anderen Mitschülern bei technischen Schwierigkeiten mit den iPads hilft und in konkreten Gruppen- bzw. Partnerarbeiten engagiert unterschiedliche Einsatzmöglichkeiten der iPads vorstellt.

Martin bildet zusammen mit Ben eine Arbeitsgruppe, die den folgenden Text im Rahmen der Aufgabe zur Erstellung eines Tagebucheintrags und der Erklärung ausgewählter Begriffe verfassten (Abb. 26):

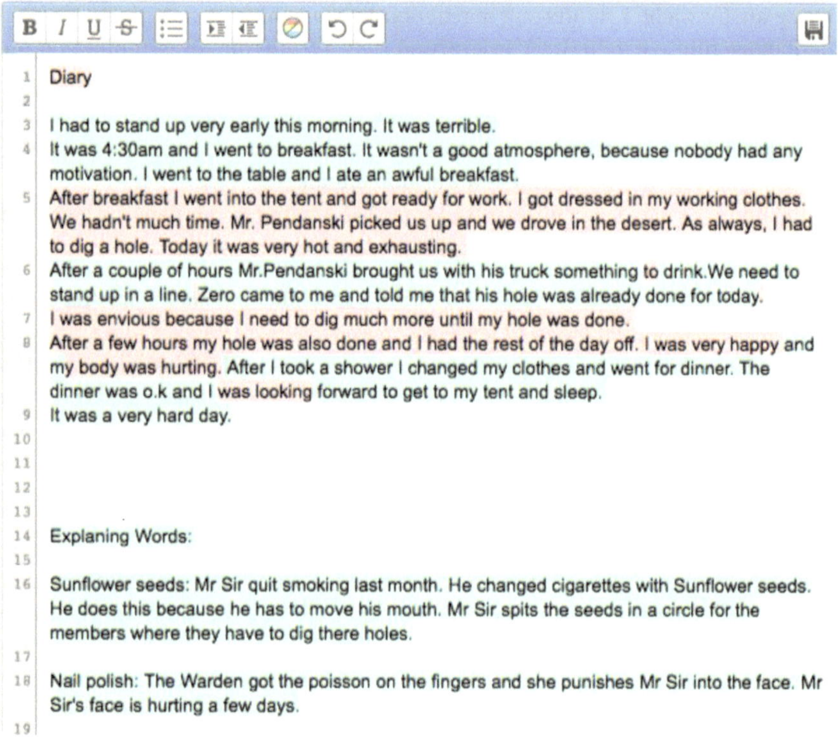
Diary

I had to stand up very early this morning. It was terrible.
It was 4:30am and I went to breakfast. It wasn't a good atmosphere, because nobody had any motivation. I went to the table and I ate an awful breakfast.
After breakfast I went into the tent and got ready for work. I got dressed in my working clothes. We hadn't much time. Mr. Pendanski picked us up and we drove in the desert. As always, I had to dig a hole. Today it was very hot and exhausting.
After a couple of hours Mr.Pendanski brought us with his truck something to drink.We need to stand up in a line. Zero came to me and told me that his hole was already done for today.
I was envious because I need to dig much more until my hole was done.
After a few hours my hole was also done and I had the rest of the day off. I was very happy and my body was hurting. After I took a shower I changed my clothes and went for dinner. The dinner was o.k and I was looking forward to get to my tent and sleep.
It was a very hard day.

Explaning Words:

Sunflower seeds: Mr Sir quit smoking last month. He changed cigarettes with Sunflower seeds. He does this because he has to move his mouth. Mr Sir spits the seeds in a circle for the members where they have to dig there holes.

Nail polish: The Warden got the poisson on the fingers and she punishes Mr Sir into the face. Mr Sir's face is hurting a few days.

Abb. 26: Kollaborativ erstellter Tagebucheintrag von Martin (grün) und Ben (rot)

Man erkennt, dass sich Martin und Ben bei der Erstellung des Textes jeweils bestimmten Abschnitten gewidmet und sich gegenseitig mit den Formulierungen geholfen haben. Martin erwähnt dies auch als einen Vorteil im späteren Interview:

> *Ja, es war ganz praktisch, dass man so sich* ***direkt austauschen*** *konnte. Also, dass man quasi was geschrieben hat und der andere konnte dann das korrigieren oder halt seine Meinung dazu schreiben oder seine Ergänzung dazu schreiben. Das war ganz* ***praktisch****, dass man quasi direkt* ***an einem Dokument zu zweit arbeiten kann****, ohne dass man jetzt irgendwie nebeneinandersitzt. Außerdem kann man halt auch gleich* ***Wörter nachschauen oder nach was suchen****, halt so über den Autor oder die Gegend oder so.* (Martin, Abs. 98, Fettdruck SF)

Das kollaborative Erstellen des Textes mithilfe des *TitanPad* stellt für Martin auch einen Vorteil hinsichtlich der räumlichen Unabhängigkeit von seinem Partner dar ([...], *ohne dass man jetzt irgendwie nebeneinandersitzt.*). Zudem nutzt er das iPad, um Wörter nachzuschlagen bzw. zu recherchieren. Dies bietet für ihn den Vorteil, dass er schnell Informationen bekommt, zumal diese „*im Buch schwer zu finden sind und [...] halt auch oft nicht das drinsteht, was [ihn] interessiert*“ (Martin, Abs. 100). Als er gebeten wird, ein Beispiel zu nennen, sagte er:

> *Zum Beispiel hab ich nachgeguckt, wie so eine „juvenile“, wie so eine, wie heißt das jetzt? So ein Gefängnis für Jugendliche halt.* (Martin, Abs. 102)
> *Juvenile correctional facility?* (SF, Abs. 103)
> *Ja, so genau. Wie genau sieht die aus und wie läuft das dort ab, fand ich interessant. Das konnt ich quasi nebenbei nachschauen.* (Martin, Abs. 104)

Da dieser Aspekt vor dem Hintergrund der Gestaltung von Martins PLU interessant erschien, fragte ich, ob ihm diese Information in irgendeiner Form geholfen hat. Hierzu äußert er sich folgendermaßen:

> *Mhm. Naja, wir sollten ja halt quasi so ein Tagebuch schreiben und da konnt ich mich schon* ***besser reinversetzen*** *wie das Leben da halt so ist quasi. Das hat mir geholfen.* (Martin, Abs. 108, Fettdruck SF)

Dieses Beispiel zeigt, dass Martin aufgrund seines persönlichen Interesses an dem Konzept der „*juvenile correctional facility*“ über die geforderte Aufgabenstellung hinausgeht und sich Wissen aneignet, das ihm hilft, sich besser in das Leben des Protagonisten reinzuversetzen. Dies entspricht auch seiner Aussage, dass in den Büchern oft nicht das drinsteht, was ihn interessiert.

Abschließend stellt Martin noch dar, wie er die iPads zukünftig im Unterricht einsetzen würde und gibt dabei zu erkennen, dass für ihn der Faktor „Selbststeuerung“ wichtig ist.

> *Ich weiß es nicht. Also, Präsentationen GENERELL auf dem iPad, aber sonst weiß ich nicht genau. Weil das meiste ist so,* ***Schreibaufgaben sind halt am iPad nicht genauer/ nicht einfacher oder angenehmer****, als wenn es man jetzt einfach ins Heft schreibt. Da helfen aber die Apps oder das Internet mit der Rechtschreibung von Wörtern und so.*

> *Präsentation würde ich auf jeden Fall mit dem iPad machen wollen. Außerdem finde ich, dass man uns halt auch* ***mehr alleine machen*** *lassen soll, also nicht so den Weg vorgeben, wie wir die iPads benutzen sollen. Ja, das wär's.* (Martin, Abs. 112, Fettdruck SF)

Martin bemängelt in seiner Aussage, dass Schreibaufgaben durch den Einsatz der Tablets nicht einfacher, genauer oder angenehmer sind. Obgleich er zu Beginn des Interviews hervorhebt, dass dank der mobilen Geräte Block und Stift überflüssig geworden sind, sieht er keinen Mehrwert in Bezug auf etwaige Schreibaufgaben. Das mag damit zusammenhängen, dass Schreibaufgaben in aller Regel das Verfassen längerer Texte beinhaltet und dies mit einer virtuellen Tastatur ungewohnt oder schwierig sein kann. Andererseits bezieht sich Martin in seiner Aussage auch auf den Einsatz von Apps bzw. dem Internet, die bei der Rechtschreibung als hilfreiche Werkzeuge fungieren. Somit lässt die Kombination aus unterschiedlichen Anwendungen einen Mehrwert erkennen, der jedoch bezogen auf das SAMR-Modell allenfalls eine Verbesserung darstellt. Neben den Präsentationen, die Martin auch gerne weiterhin mit dem iPad gestalten möchte, findet sich obigen Absatz der Wunsch, weniger Vorgaben durch die Lehrkräfte hinsichtlich der Nutzung der iPads zu bekommen und dafür mehr alleine machen zu können. Dabei lässt sich vermuten, dass selbstgesteuerte Lernprozesse, wie sie bei Martin zu erkennen sind, dazu beitragen, sich von eventuellen Vorgaben zu lösen.

10.5.1 Martins Fokus: Außerschulischer Einsatz mobiler Endgeräte

Die Analyse des Interviews mit Martin zeigt, dass die beiden Oberkategorien „funktional-technische Ebene“ und „Lernumgebung“ am häufigsten vertreten sind (Abb. 27).

Codesystem	Schüler_102_Martin
Affektiv-motivationale Ebene	2
Aufgabenbearbeitung TitanPad	1
Funktional-technische Ebene	15
Kognitiv-sprachliche Ebene	4
Lernumgebung	17
Soziale Ebene	9

Abb. 27: Code-Matrix-Browser Oberkategorien Martin

Interessant dabei ist, dass eine Aufteilung nach den Unterkategorien unter Berücksichtigung von mindestens drei codierten Textstellen lediglich zu Treffen auf den eben genannten zwei Oberkategorien führt.

Funktional-technische Ebene: – Präsentationen (5) – Informationsbeschaffung (3) – Augmentation (3) *Lernumgebung*: – Außerschulischer Bereich (5) – Informelle Lernsituationen (4) – Einsatz in anderen Fächern (4)

Tab. 11: Unterkategorien Martin

Martin hebt insgesamt, wie auch bereits in den Schülerbildern von Stefanie und Christian deutlich wurde, die Funktion von Präsentationen mit den iPads hervor. Diese stellen für ihn jedoch keine direkte Verbesserung im Sinne einer Augmentation dar, sondern werden von ihm als *„einfacher"* und *„angenehmer"* bezeichnet, ohne dabei einen genauen Mehrwert zu benennen (Abs. 82). Eine Verbesserung gegenüber anderen Medien sieht er hingegen im Matheunterricht. Dort stellt der konkrete Einsatz der App *GeoGebra* durch die Möglichkeit, „genauere Daten" im Vergleich zum handschriftlichen Bearbeiten der Aufgabe zu erhalten (Abs. 12) und *„rein zoomen"* bzw. *„raus zoomen"* zu können (Abs. 78), einen klaren Mehrwert für Martin dar.

Darüber hinaus konnten in Martins Interview unterschiedliche Textstellen festgelegt werden, die sich mit dem Einsatz der digitalen mobilen Endgeräte im außerschulischen Bereich befassen. Zum einen können diese Textstellen dem irrelevanten Kontext, also unabhängig von einem Lerngegenstand, zugeordnet werden (Musik hören während der Busfahrt, um diese zu „verschnellern", Abs. 40) und zum anderen weisen sie Aspekte des physischen bzw. sozialisierenden Kontexts auf. Martin stellt beispielsweise die Nutzung von Tutorials, die eng am einen Lerngegenstand angelehnt sind, als „bessere Zusammenfassung der Unterrichtsstunde" dar (vgl. Abs. 50) und nutzt diese bewusst, um für anstehende Arbeiten zu lernen (Abs. 66). Er schafft sich durch den Einsatz digitaler (mobiler) Medien in seiner Freizeit einen sozialisierenden Kontext, in dem er mit Freunden kommunizieren und zugleich spielen kann (Abs. 56).

Martin führt zudem im Interview ein konkretes Beispiel an, das in die Kategorie des informellen Lernens übertragen werden kann. Die Möglichkeit der schnellen Informationsbeschaffung veranlasst ihn, sich über das Konzept der *„juvenile correctional facility"* tiefergehend zu erkundigen, mit der Begründung, sich dadurch besser in den Protagonisten reinversetzen zu können. Im späteren Fazit sollen hierzu weitere Diskussionspunkte erörtert werden.

10.6 Ben

Im Unterricht fällt Ben vor allem durch seine regelmäßige mündliche Beteiligung und Sorgfalt bei der Bearbeitung der Aufgaben auf. Im Umgang mit den iPads zeigt er nicht nur einen sehr großen Kenntnisstand auf, sondern hilft auch anderen Mitschülern bei technischen Problemen. Seine Affinität zu digitalen Medien spiegelt sich auch in seinen Antworten im Fragenbogen zur Mediennutzung wider.

So gibt Ben an, bis auf Laptop/Notebook und Handy, welche er nie verwendet, alle weiteren Endgeräte (PC, Tablet und Smartphone) jeden Tag zu nutzen. Ähnlich wie Martin führt auch Ben noch die Optionen Fernseher und Konsole unter Sonstiges auf, kreuzt dann jedoch bei der Häufigkeit der Nutzung „nie“ an. Es kann nicht ausgeschlossen werden, dass er diese Angaben von seinem Tischnachbarn übernommen hat. Ohne eine genaue Aufteilung der einzelnen Medien vorzunehmen, nennt Ben folgende Nutzungsgründe: Im Internet surfen, Austausch in sozialen Netzwerken, Nachrichten anschauen/nachlesen.

Bereits in der Einstiegsfrage des Interviews wird deutlich, dass auch Ben den Einsatz der iPads auf einige wenige Möglichkeiten begrenzt sieht:

> *Also, wir benutzen die halt **häufig für Präsentationen**. Das ist dann meistens statt einem Plakat, **das ist halt einfacher**. Ansonsten benutzen wir die oft noch zur **Recherche** halt, wenn man gerade in Fremdsprachen **Wörter nachgucken** muss. Ansonsten gibt es in **Mathe** zum Beispiel eine Art/ so **ein Programm**, womit man halt in einem Koordinatensystem bestimmte Formen machen kann, das ist halt auch um einiges einfacher als mit der Hand. Ansonsten, ja, das ist eigentlich so ziemlich, wofür es vor allem benutzt wird.* (Ben, Abs. 10, Fettdruck SF)

Für Ben stehen Präsentationen und Recherchen im Vordergrund des unterrichtlichen Einsatzes. Im Hinblick auf den Mathematikunterricht nennt er ein Programm, das von der Darstellung her GeoGebra zu sein scheint. Als Attribut wird in beiden Fällen das Adjektiv „einfach“ verwendet.

Als einziger der neun Fallbeispiele wählte Ben bei der Aussage „Smartphone und/oder Tablet erleichtern mir das Leben“ die Option „Stimme voll und ganz zu“. Seine Erklärung im späteren Interview lautete hierfür:

> *Also, vor allem, also, ich weiß noch früher halt, als man noch nicht ein Handy hatte und so, da musste man halt zum Beispiel, wenn man sich mit Freunden, musste man halt irgendwie anrufen oder ZU den gehen und mittlerweile ist das Ganze viel einfacher. Und wenn man Sachen wissen will, gibt es ja fast alles im Internet auch, da kann man immer was nachgucken und ja, vor allem halt so was.* (Ben, Abs. 18)

Der wahrgenommene Mehrwert liegt für Ben demnach vor allem auf der Ebene der Kommunikation mit anderen. Die Erreichbarkeit und die damit verbundenen Wege haben sich in seinen Augen verbessert. Die Betonung der Tatsache, dass man dank der heutigen digitalen Medien niemanden mehr anrufen oder gar zu jemanden gehen muss, stellt eine enorme Erleichterung für ihn dar. Ebenso sieht er die digitalen mobilen Medien und mit ihnen den ständigen Zugriff auf das Internet als Wissens- und Informationsquelle, die „fast alles" umfasst.

Obwohl Ben angibt, soziale Netzwerke zu nutzen, tragen diese nicht dazu bei, dass er sich mit anderen Nutzern verbunden fühlt. Zwar stimmt er in seinem Fragebogen dieser Aussage zu, dennoch stellen soziale Netzwerke für ihn viel mehr Werkzeuge zur Kommunikation dar, wie er im Interview erklärt:

> *Also, ich persönlich bin jetzt/ fühle mich jetzt nicht verbunden durch irgendwie soziale Netzwerke. Ich benutze die halt nur, um einfach mit anderen zu kommunizieren. Aber ich weiß, dass halt andere auch dadurch halt ein Zusammengehörigkeitsgefühl bekommen. Aber das ist bei mir persönlich jetzt nicht so.* (Ben, Abs. 28)

Interessanterweise empfindet er ein „Zusammengehörigkeitsgefühl", wenn er mit Freunden PC spielt, jedoch weckt dies nicht dasselbe Gefühl wie ein reales Treffen. Es scheint ein wenig paradox, dass Ben es einerseits als Erleichterung empfindet, dank moderner Kommunikation nicht mehr zu jemanden gehen zu müssen, er jedoch hinsichtlich des Verbundenheitsgefühls anmerkt, es sei für ihn „[...] *echter, wenn man sich mit den Leuten trifft und die dann auch sieht.*" (Ben, Abs. 28). Er scheint dabei in seiner Aussage keine explizite Trennung zwischen den veränderten Kommunikationswegen und einem möglicherweise veränderten Sozialverhalten vorzunehmen.

Auf die Rückfrage, ob er sich vorstellen könne, dass Spiele zu Unterrichtszwecken auf den iPads genutzt werden, merkt Ben an:

> *Ja, ich weiß ja nicht. Also, wir HABEN ja auch Spiele auf den iPads, aber meistens ist es halt so, die* ***Spiele sind halt meistens irgendwie nicht gut oder machen keinen Spaß****. Und meistens da artet das dann aus, dass halt die Leute einfach spielen im Unterricht während halt was anderes gemacht werden soll. Und dann funktioniert das halt auch nicht und dann werden die meistens einfach ganz verboten und ja.* (Ben, Abs. 30, Fettdruck SF)

Die bereits installierten Spiele auf den Geräten, die Ben im Interview nicht näher darlegt, beschreibt er als „*nicht gut*" bzw. „*machen keinen Spaß*". Ob es sich dabei um Lernspiele oder sonstige Spiele handelt, bleibt offen. Es wird aber deutlich, dass Ben ebenso wie Lea das Verhalten bestimmter Mitschüler kritisiert, welche scheinbar unkontrolliert („*da artet das dann aus*") spielen und so den Unterrichtsablauf stören. Die Anschlussfrage im Interview verdeutlicht darüber hinaus, was Ben über den Einsatz von Spielen denkt, die nicht (primär) zu Lernzwecken entwickelt wurde. Die Frage thematisiert dabei explizit das Spiel „*World of Warcraft*".

> *Ich sehe jetzt nicht/ einerseits nicht den* ***pädagogischen Zweck*** *und andererseits sehe ich auch nicht, dass die Schule sich denken könnte, dass sich das LOHNEN würde. Denke mir wahrscheinlich eher doch eine Hausaufgabe, wo man auch wirklich mehr lernt. Ich kann mir aber vorstellen, DASS es besser funktioniert, aber ich glaube, dass man das* ***nicht wagt oder riskiert****, dass sich das Leute einfach nicht trauen, das zu machen, weil so Änderungen, das verstehen DIE auch sehr langsam. Ja.* (Ben, Abs. 36, Fettdruck SF)

Angesichts der Tatsache, dass Ben zum Zeitpunkt der Erhebung 15 Jahre alt ist, wirkt die Wortwahl des „pädagogischen Zwecks" überraschend reflektiert. In seiner Antwort kann sich Ben den Einsatz eines solchen Spiels nicht vorstellen und zieht sogar den Vergleich heran, dass eine Hausaufgabe einen besseren Lernzweck erfülle. Zudem glaubt er nicht, dass dieses „*Risiko*" von Seiten bestimmter Leute eingegangen werden würde. Nach einer weiteren Rückfrage, wer denn diese Personen seien, zählt Ben hier Lehrer wie auch Eltern als Zielgruppen auf.

Bei weiteren zwei Aussagen, die das schnelle Finden von Informationen mittels Smartphone und/oder Tablet sowie seine Motivation beim unterrichtlichen Einsatz der iPads betreffen, stimmt Ben jeweils voll und ganz zu. Hierzu gibt er im Interview folgende Erläuterung:

> *Also, helfen tun sie mir vor allem, wenn ich halt wie gesagt, was nachgucken muss, was ich nicht genau weiß, meistens halt das. Und ansonsten (...) ja, ab und zu höre ich auch Musik beim Lernen oder nicht beim Lernen, so bei Hausaufgaben eher. Das ist halt auch/ motiviert halt auch vor allem. Ja, vor allem das.* (Ben, Abs. 46)

Somit stellt der Informationszugriff für Ben einen der wichtigsten Motivationsgründe für den Einsatz im Unterricht dar. Ebenfalls motiviert ihn die Möglichkeit, beim Lernen bzw. der Hausaufgabenbearbeitung Musik hören zu können. Da der Aspekt des Informationszugriffs in Bens Fall ein immer wiederkehrendes Motiv darstellt, schien eine Folgefrage bezüglich der Vertrauenswürdigkeit dieser Informationen relevant. Sein Vorgehen wirkt jedoch entgegen seiner Einstellung gegenüber Spielen dabei eher unreflektiert:

> *Also, ich gucke es mir natürlich erst mal an und gucke erst mal wie wahrscheinlich ist, dass es auch wirklich stimmt. Meistens gucke ich das auf* ***Wikipedia*** *nach oder* ***halt auf Seiten, die halt wirklich vertraulich aussehen****. Meistens gucke ich das auch gar nicht weiter nach, aber wenn es was Wichtiges ist oder ich denke, dass es nicht stimmt, dann gucke ich das schon auf anderen Seiten auch noch nach. Da helfen dann zum*

> *Beispiel auch so**Foren**, wo eben **User Antworten** geben bei Fragen. Das finde ich echt hilfreich.* (Ben, Abs. 48, Fettdruck SF)

Antworten wie diese von Ben führten unter anderem bei der initiierenden Textarbeit mit den Interviewdaten dazu, dass die induktiv gewonnene Kategorie „Informationsbewertung" gebildet wurde. Nicht nur die Tatsache, dass Ben scheinbar gefühlsmäßig entscheidet, welche Informationen „wirklich vertraulich aussehen", drängt sich hierbei auf, sondern auch, dass er sich auf die Hilfe und Antworten „fremder" Personen in Foren verlässt.

Bei der kollaborativen Aufgabenbearbeitung stellt Ben zunächst ein für ihn schwerwiegendes Problem dar:

> *Und zwar bei uns war das Problem, dass irgendjemand halt die ganze Zeit reingekommen ist und man konnte/ und sobald man halt einmal den Link wusste, konnte man den halt nicht irgendwie rauswerfen oder so. Von daher waren da halt die ganze Zeit Texte, mit denen man nichts anfangen konnte und ja.* (Ben, Abs. 68)

Da die verschiedenen Links der jeweilig erstellten *TitanPads* im Rahmen der Aufgabenstellung allen Schülern zur Verfügung gestellt wurden, war es möglich, sich in jede Gruppenaktivität „einzuschalten". Diese Möglichkeit wurde von meiner Seite aus nicht bedacht und führte in einigen Fällen zu ungewollten Interaktionen zwischen den einzelnen Gruppen. Insgesamt zieht Ben für die Zusammenarbeit mit Martin jedoch folgendes Fazit:

> *Also, ich fand es schon **gut**, dass wir da **zusammenarbeiten** konnten, weil wir halt, **wir haben uns dann halt ergänzen können**. Ohne das iPad wäre das halt nicht so gut gewesen. Außerdem fand ich es gut, dass man gleichzeitig an die ganzen **Informationen** rangekommen ist, eben so aus dem Internet und von den Apps, also Wörterbücher und so. Ja.* (Ben, Abs. 70, Fettdruck SF)

Erneut findet sich in Bens Antwort der Hinweis auf den Informationszugriff, der auch im kollaborativen Kontext der Aufgabenbearbeitung von Vorteil zu sein scheint. Er beschreibt dabei die Zusammenarbeit mit Martin als „Ergänzung", was sich auch im gemeinsamen Text widerspiegelt (Abb. 26).

Abschließend legt Ben seine Vorstellungen über einen zukünftigen Einsatz der iPads im Unterricht wie folgt dar:

> *Also, vor allem halt bei den **Präsentationen statt Plakaten** halt mit Apps, das ist um einiges **angenehmer**. Und ja, also, zum Beispiel so, wenn es wirklich **Schreibaufgaben** gibt, finde ich die halt auch auf dem iPad **nicht angenehmer** wirklich, weil es da/ das Tippen ist manchmal schwer und dann gibt es da Probleme und so was. Das ist eigentlich meistens besser mit dem Heft wirklich. Und ja, man kann sich halt immer Lehrfilme oder so was angucken oder Videos, die wirklich helfen, das ist auch immer ganz praktisch.* (Ben, Abs. 72)

Auch Ben verweist auf das Erstellen von Präsentationen mit dem iPads bzw. Apps, da dies angenehmer sei. Schreibaufgaben hingegen empfindet er als weniger angenehm und stimmt hierbei mit Martins Einstellung überein. Besonders sticht jedoch der Vorschlag hervor, Lehrfilme oder Videos zu nutzen, da er diese für hilfreich erachtet. Gegen Ende des Interviews wurde allerdings klar, weshalb Ben diese Vorschläge als nicht realistisch sieht, da bereits mehrere solcher Ideen von Schülerseite genannt, jedoch von Lehrerseite nicht ausprobiert wurden, sodass es dann „*immer nur bei dem Bekannten*" bleibt (Ben, Abs. 76).

10.6.1 Bens Fokus: Mangelnde Bereitschaft der Lehrkräfte

Abbildung 28 zeigt die Aufteilung der codierten Textstellen von Bens Interview nach den jeweiligen Oberkategorien, wobei die soziale Ebene und die funktional-technische Ebene mit klaren Abstand zu den anderen Kategorien hervorstechen.

Codesystem	Schüler_103_Ben
Affektiv-motivationale Ebene	4
Aufgabenbearbeitung TitanPad	2
Funktional-technische Ebene	19
Kognitiv-sprachliche Ebene	4
Lernumgebung	2
Soziale Ebene	20

Abb. 28: Code-Matrix-Browser Oberkategorien Ben

Im Einzelnen zeichnet sich dabei wie auch in Martins Fall die Bedeutung dieser beiden Kategorien anhand der vergebenen Unterkategorien ab.

Funktional-technische Ebene:
- Informationsbeschaffung (4)
- Spiele (4)
- Substitution (3)
- Augmentation (3)
- Präsentation (3)

Soziale Ebene:
- Lehrer (4)
- Verbundenheitsgefühl (4)
- Virtuelle Kommunikation (3)

Tab. 12: Unterkategorien Ben

Bens Nutzungsabsicht und –verhalten legen anhand der analysierten Kategorien dar, dass besonders die Informationsbeschaffung sowie Spiele im Fokus stehen, wobei letztere im formalisierten Kontext eher kritisch betrachtet werden (fehlender pädagogischer Zweck, Abs. 36). Neben der Kategorie der Präsentationen fällt auf, dass sowohl Substitution als auch Augmentation zwei wichtige Kategorien für Ben darstellen. Während die Substitution ohne eindeutigen Vergleich zu anderen Medien stattfindet und Ben die Nutzung als „einfacher" oder „praktischer" bezeichnet, führt er vor allem im Bereich der Mathematik konkrete Verbesserungen an (Abs. 10). Zusätzlich finden sich auf der sozialen Ebene bei ihm vermehrt Hinweise, die die Lehrkräfte betreffen. Dabei kritisiert er, wie bereits im Schülerbild beschrieben, nicht nur deren „Unkenntnis" im Hinblick auf den Einsatz der iPads (Abs. 12), sondern auch die Verbote, die von ihnen hinsichtlich des iPad-Einsatzes einhergehen (Abs. 30). Abschließend lässt sich feststellen, dass Ben zwar Vorteile in der virtuellen Kommunikation mittels digitaler (mobiler) Endgeräte sieht, jedoch das Verbundenheitsgefühl nicht in dem Maße entwickelt, wie er es im persönlichen Kontakt tut (Abs. 28).

10.7 Julia

Julia wirkt im Unterricht eher zurückhaltend und zeigte im Verlauf der Unterrichtseinheit keine starke mündliche Beteiligung. Die Interaktionen mit ihren Mitschülern im Englischunterricht sind auf ein Minimum reduziert und treten nur in Gruppen- bzw. Partnerarbeitsphasen auf. Umso überraschender sind dafür ihre Angaben zur Mediennutzung. Julia ist die einzige der neun Teilnehmer, die angibt, sowohl PC als auch Laptop/Notebook, Tablet und Smartphone jeden Tag zu nutzen. Als schlichte Erklärung hierfür sagt sie im Interview: *„Ja, ich habe halt alles in meinem Zimmer / ich habe einen PC und einen Laptop direkt nebeneinander auf dem Schreibtisch stehen*" (Julia, Abs. 24). Weiterhin zählt sie das Handy und den Fernseher auf, die sie jedoch seltener als einen Tag pro Woche (Handy) bzw. drei bis vier Tage pro Woche (Fernseher) nutzt. Ähnlich wie bereits andere Schüler gibt Julia mehrere Gründe für die Nutzung der Endgeräte an, ohne diese jedoch zuzuordnen. Diese sind im Einzelnen: Kommunikation, Spiele, Zeitvertreib, Organisation, Musik, YouTube/Videos schauen. Es fällt auf, dass Julia allgemeine Kategorien (Kommunikation, Organisation) mit spezielleren Kategorien (YouTube/Videos schauen) vermischt, dabei jedoch keine offensichtlichen Bezüge zu Lernsituationen herstellt.

Der Aussage, dass Smartphone und/oder Tablet ihr Leben erleichtern, stimmt sie zu und hebt dabei im retrospektiven Interview erneut den Bereich der Kommunikation hervor.

Dass ich einfach auch mit Freunden und anderen Menschen ***schneller in Kontakt treten*** *kann. Zum Beispiel, wenn jetzt irgendwas ist oder so, dass ich dann einfach* ***schnell anrufen*** *kann und dann* ***weiß, was los ist****. Oder auch ich habe viele Freundinnen, die wohnten mal hier, die sind alle weggezogen, dann kann ich auch mit denen* ***in Kontakt bleiben****. Weil zum Beispiel, meine eine Freundin, die hat jetzt seit vier Jahren kein normales Telefon mehr, die hat nur noch ihr Handy. Deshalb für so was zum Beispiel ist es einfacher oder auch, wenn ich irgendwas für die Schule* ***schnell nachschauen muss****, dann kann ich das auch* ***einfach googeln****.* (Julia, Abs. 28, Fettdruck SF)

Ein wiederkehrendes Merkmal in der Aussage von Julia ist die Verwendung des Adverbs „schnell" (*schneller in Kontakt, schnell anrufen, schnell nachschauen*), das sie mit der wahrgenommenen Lebenserleichterung in Verbindung bringt. Gestützt wird dies durch ihre Angabe im Fragebogen, dass sie durch den Einsatz der digitalen mobilen Endgeräte schnell Informationen findet. Eine Erweiterung im Sinne einer Verbesserung oder Modifikation bestimmter Aufgaben lässt sich allerdings nicht ableiten. Darüber hinaus ergänzt Julia, dass sie ihr Smartphone häufig als Navigationsgerät verwendet. Diese Angabe kann wiederum zum Bereich der Organisation gezählt werden.

Julia gibt zudem an, sich durch die Nutzung eines Smartphones und/oder Tablets mit anderen verbunden zu fühlen. Dabei steht vor allem der Aspekt der Kommunikation auf unterschiedlichen Wegen im Vordergrund. Das iPad dient in diesem Zusammenhang als Werkzeug, welches zum Schreiben von E-Mails bzw. der Nutzung sozialer Netzwerke wie Twitter verwendet wird (Julia, Abs. 42). Da der Fokus bei Julia stärker auf der privaten, kommunikativen Nutzungsebene zu liegen scheint, verwundert es nicht, dass sie bei den beiden Aussagen „Smartphones und/oder Tablets helfen mit beim Lernen" sowie „Ich bin motiviert, wenn wir die Tablets im Unterricht einsetzen" die Option „weder noch" wählt. Für die Analyse und induktive Kategorienbildung weist Julias Begründung bereits bekannte Merkmale auf, die miteinander verknüpft werden.

Also, es ist so, ich finde es einfacher, aus Büchern was zu lernen, aber wenn ich jetzt zum Beispiel Sachen nicht weiß, also, dann schaue ich halt im Internet nach. Aber teilweise ist es auch so, dann gehe ich an meinen Computer, dann will ich was nachschauen, ***aber dann werde ich abgelenkt*** *und dann brauche ich eine halbe Stunde bis ich dann mal IRGENDWAS mache. Damit finde ich halt, also, ist das eigentlich, wenn man Schulbücher hat, teilweise einfacher zu lernen. Aber in den Büchern ist halt auch* ***nicht immer alles genau erklärt*** *und dann kann ich halt auch auf YouTube oder so und kann mir da irgendwelche Videos anschauen, wie das halt alles gemacht wird. Also, das ist so weder noch, weil ich finde immer, es lenkt mich ab, aber ich kann damit SCHON etwas besser lernen, aber mit Büchern kann man irgendwie genauso gut oder teilweise besser lernen.*

> *Außerdem* ***stimmt ja alles, was in den Büchern steht*** *im Vergleich zum Internet.* (Julia, Abs. 48, Fettdruck SF)

Zum einen ist zu erkennen, dass auch Julia in der Nutzung des Computers bzw. des Internets eine potenzielle Ablenkungsgefahr sieht. Zum anderen bemängelt sie jedoch, dass die Informationen, die in den (Schul-)Büchern vorhanden sind, oftmals nicht alles genau erklären und sie deshalb auf weitere Wissensquellen zurückgreift. Interessant hierbei ist allerdings, dass sie als Beispiele für diese Wissensquellen YouTube- oder andere Videos nennt und zugleich gegen Ende des Absatzes sagt, dass ja alles, was in den Büchern steht im Vergleich zum Internet stimmt. Dieser scheinbare Widerspruch zwischen dem Grad der Informationsbewertung und der tatsächlichen Nutzung zeigt sich wenig später an einer weiteren Stelle des Interviews, als Julia sagt:

> *Also, manchmal kommen mir irgendwelche Fragen in den Kopf und die google ich dann einfach schnell. Aber ansonsten würde ich mich eigentlich, wenn ich jetzt hier ein Buch und hier ein Tablet zum Lernen hätte, ich würde mich eigentlich immer für das Buch entscheiden eher. Weil ich finde es auch irgendwie besser. / [...]ich fühle mich irgendwie wohler, wenn ich mit einem Buch lernen kann, weil ich habe dann halt die Sachen so auf einem Blick in so einer Buchform. Und im Internet weiß man halt auch immer nicht, ist das alles so richtig und so, wie gesagt, und im Buch ist es dann halt richtig.* (Julia, Abs. 52/54)

Man kann hierbei vermuten, dass Julia dem Buch als traditionelles Lehr- und Lernmedium mehr Vertrauen hinsichtlich des Inhalts schenkt, als dies beim Internet der Fall ist. Neben dieser inhaltsbezogenen Vermutung lässt sich eine weitere Begründung feststellen. So wird Julia gefragt, ob sie bereits zu Unterrichtszwecken ein digitales Buch verwendet hat. Dies kann sie für den Deutschunterricht bestätigen, fügt jedoch hinzu, dass sie ein gedrucktes Exemplar gelesen hat. Auf die Rückfrage, ob bzw. warum ihr das besser gefallen hat, sagt sie:

> *Weil irgendwie, wenn man so ein Buch in der Hand hat, dann fühlt man halt irgendwie eher, es ist so was Größeres. Wie sagt man da? (...) Ich überlege gerade das Wort. / Weil ich halt ein iPad, da habe ich halt so elektronisches Zeug und wenn ich halt ein Buch habe, dann habe ich es halt so richtig vor mir und so und das gefällt mir besser.* (Julia, Abs. 60/62)

Im Rahmen der kollaborativen Aufgabenbearbeitung mit Elena zeigt sich Julia sehr engagiert, was unter anderem an dem in Abbildung 29 entstandenen Text der beiden zu sehen ist.

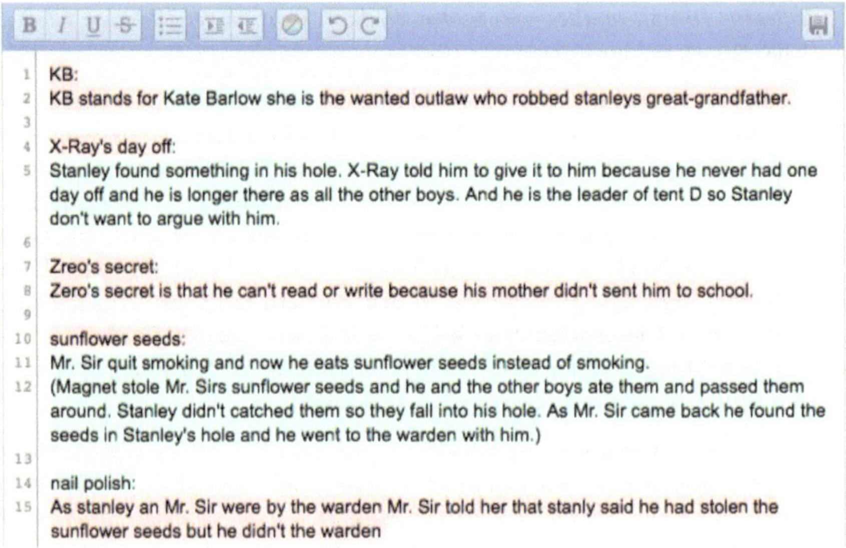
KB:
KB stands for Kate Barlow she is the wanted outlaw who robbed stanleys great-grandfather.

X-Ray's day off:
Stanley found something in his hole. X-Ray told him to give it to him because he never had one day off and he is longer there as all the other boys. And he is the leader of tent D so Stanley don't want to argue with him.

Zreo's secret:
Zero's secret is that he can't read or write because his mother didn't sent him to school.

sunflower seeds:
Mr. Sir quit smoking and now he eats sunflower seeds instead of smoking.
(Magnet stole Mr. Sirs sunflower seeds and he and the other boys ate them and passed them around. Stanley didn't catched them so they fall into his hole. As Mr. Sir came back he found the seeds in Stanley's hole and he went to the warden with him.)

nail polish:
As stanley an Mr. Sir were by the warden Mr. Sir told her that stanly said he had stolen the sunflower seeds but he didn't the warden

Abb. 29: Kollaborativ erstellte Worterklärungen von Julia (grün) und Elena (rot)

Als Julia im Interview den genauen Ablauf der Bearbeitung und somit ihr Vorgehen erläutern soll, spricht sie zunächst einen Aspekt an, der sich auf die Aufgabenstellung durch die Lehrkraft bezieht.

> *Also, ich fand es eigentlich ziemlich gut, aber ich glaube, [Name der Lehrkraft] hatte irgendwie gesagt, wir sollen uns am besten NICHT unterhalten. Aber* ***ich finde es halt besser, wenn man sich bei so etwas unterhält*** *und man kann es ja trotzdem irgendwie aufschreiben und so und man hat es dann halt beides gleichzeitig.* (Julia, Abs. 68, Fettdruck SF)

Da keine expliziten Vorgaben bezüglich der Aufgabenbearbeitung durch mich gemacht wurden, um die Datenerhebung nicht zu beeinflussen, irritiert Julias Aussage. Ein Erklärungsansatz hierfür ist, dass die Lehrkraft zu Beginn individuelle Rückfragen der einzelnen Gruppen beantwortet und so diese Information erteilt hat. Insgesamt empfindet Julia den Einsatz des kollaborativen Schreibprogramms jedoch positiv, wie sie auch im Interview betont:

> *Aber das Programm, also dieses TitanPad, auf dem wir das gemacht haben, das Programm fand ich eigentlich ziemlich gut, weil das war auch EIGENTLICH sehr gut geeignet für so was.* (Julia, Abs. 72)

Das „so was“, auf das Julia sich hier bezieht, ist die gegenseitige Fehlerkorrektur von ihr und Elena. Dabei kam es in dieser Gruppe zu einer Besonderheit, die so in keiner der anderen Gruppen zu beobachten war. Nachdem Julia und Elena die einzelnen Arbeitsschritte untereinander aufgeteilt und mit dem Schreiben angefangen hatten, führten mittendrin Fehlerkorrekturen zu Sprechanlässen über den Text. Dies erläutert Julia im Interview wie folgt:

> *Und wir haben das halt so gemacht, wir haben dann die Aufgaben aufgeteilt und dann zum Beispiel hat Elena angefangen, was zu schreiben und dann habe ich halt, wenn ich einen Fehler hatte, habe ich dann halt schnell in dem Text den Fehler korrigiert, dann hat sie halt weitergeschrieben. Und dann haben wir dann danach halt geredet über den Text, ob das so geht oder ob noch irgendwas fehlt. Und wenn noch was gefehlt hat, dann haben wir es noch dazu geschrieben und dann habe ich halt den nächsten Text immer geschrieben.* (Julia, Abs. 68)

In Abbildung 29 sind diese Wechsel bzw. Korrekturen deutlich zu erkennen. Wenn man sich den Schreibprozess mittels der „Time Slider"-Funktion des Programms anschaut, zeigt sich, dass die Aushandlungen zwischen Julia und Elena hinsichtlich des Inhalts zu mehreren Schreibansätzen und somit Versionen führt. Ein Beispiel hierfür wird in der Abbildung 30, in der Julia noch einen weiteren Satz geschrieben hatte, der in der finalen Version jedoch wieder entfernt wurde, dargestellt.

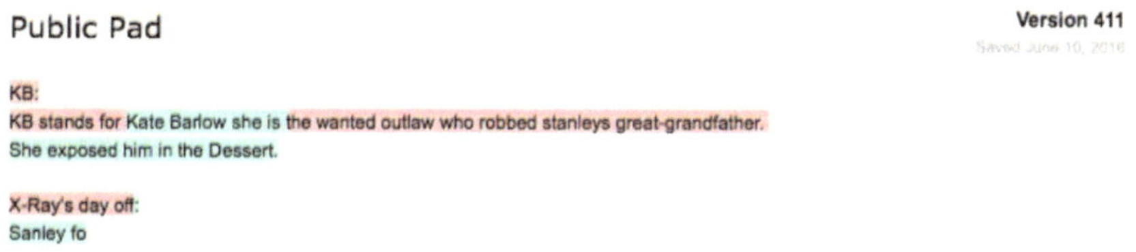

Abb. 30: Screenshot einer Textversion von Julia (grün) und Elena (rot)

Nachdem Julia im Interview gefragt wird, ob sie über das Programm hinaus noch weitere Hilfsmittel benutzt hat, nennt sie zunächst nur den Jugendroman. Auch bei erneuter Rückfrage fällt ihr hierzu nichts ein, allerdings merkt sie dann noch an, dass sie ein Online-Wörterbuch benutzt haben, um die sprachliche Korrektheit einer ihrer Sätze zu überprüfen.

> *Achso, doch einmal haben wir noch das Wörterbuch von Leo benutzt, weil wir da halt nachgeschaut/ wir wollen nachschauen, ob der eine Satz so stimmt und da gibt es so ein Forum, wo man nachschauen kann.* (Julia, Abs. 76)

Schließlich äußert Julia in den Vorschlägen, wie die iPads zukünftig im Unterricht verwendet werden sollten, vor allem Kritik an den gegenwärtigen Einsatzszenarien. Diese Kritik findet sich auch bei Ben, Lea und Stefanie und betrifft diejenigen Mitschüler, die die iPads als Spielzeuge ansehen und damit den Unterrichtsablauf stören. Damit einhergehend fordert Julia eine strengere Kontrolle durch die Lehrkraft, die „*dann vielleicht am Ende einmal rumläuft und korrigiert*“ (Julia, ebd.). Ansonsten spricht sie sich gegen den Einsatz der iPads zu Schreibzwecken aus, da dies „*einfach viel komplizierter [ist] und es dauert länger als wie wenn man es einfach mit der Hand schreibt*“ (Julia, Abs. 80). Sie plädiert hingegen für einen Einsatz zu Zwecken der Präsentationserstellung und entspricht damit ihrer Beschreibung der momentanen unterrichtlichen Nutzung. Die Idee des Sammelns der im unterrichtlichen Kontext entstandenen Schülerprodukte (vor allem Texte) in einem virtuellen Ordner missfällt ihr hingegen wieder, da sie sich „*dann irgendwie unwohl*“ fühlen würde, wenn „*irgendwelche Leute*“ das lesen (Julia, Abs. 82).

10.7.1 Julias Fokus: Zweifel am Informationsgehalt

Analog zu Ben zeigt sich auch bei Julia eine klare Verteilung der codierten Textstellen auf die beiden Oberkategorien „funktional-technische Ebene“ sowie „soziale Ebene“.

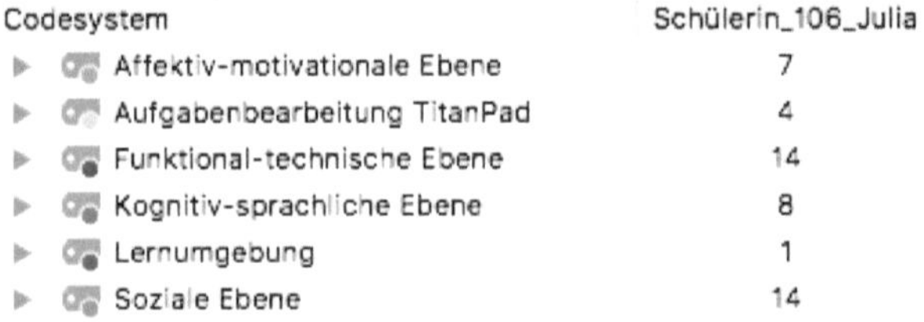

Codesystem	Schülerin_106_Julia
Affektiv-motivationale Ebene	7
Aufgabenbearbeitung TitanPad	4
Funktional-technische Ebene	14
Kognitiv-sprachliche Ebene	8
Lernumgebung	1
Soziale Ebene	14

Abb. 31: Code-Matrix-Browser Oberkategorien Julia

Betrachtet man sich die Gesamtverteilung auf die Unterkategorien, siegt sich folgendes Bild:

Affektiv-motivationale Ebene:
- Negative Affekte (5)

Funktional-technische Ebene:
- Vergleich analoge Medien (6)
- Substitution (3)

Kognitiv-sprachliche Ebene:
- Fehlerkorrektur (3)
- Informationsbewertung (3)

Soziale Ebene:
- Nutzungsvorlieben (5)

Tab. 13: Unterkategorien Julia

Zunächst fällt dabei auf, dass die affektiv-motivationale Ebene mit den negativen Affekten ebenso wie die soziale Ebene mit den Nutzungsvorlieben mit je fünf codierten Textstellen verhältnismäßig häufig besetzt ist. Zu den negativen Affekten wurden diejenigen Textstellen gefasst, in denen sich Julia sich kritisch gegenüber dem Einsatz der iPads ausspricht. So bemängelt sie beispielsweise die Tatsache, dass die Geräte trotz ihrer „handlichen“ Größe zu schwer sind, um sie jedes Mal mit in die Schule zu nehmen (Abs. 10). Gleichzeitig zieht Julia an mehreren Stellen einen Vergleich zu analogen Medien (insbesondere Bücher). Die latenten Sinnstrukturen ihrer Aussagen bestätigen diese als Nutzungsvorlieben definierte Kategorie. Zudem repräsentieren digitale mobile Medien in ihren Funktionen für Julia vorrangig Substitutionen (Smartphone als Navigationsersatz). Die kognitiv-sprachliche Ebene wird vor allem im Bereich der Fehlerkorrektur und Informationsbewertung abgedeckt. So wertet Julia die Funktion des kollaborativen Arbeitens und somit gegenseitigen Korrigierens des *TitanPad* als „eigentlich sehr gut“ ein. Bei der Informationsbewertung hingegen wirkt es zwar zunächst so, als ob Julia dem Informationsgehalt von Büchern mehr Vertrauen entgegenbringt (Abs. 54), jedoch erklärt sie weiter, dass auch Foren Antworten auf ihre Fragen bereitstellen können (Abs. 76). Zusammenfassend lässt sich sagen, dass Julia den Einsatz der iPads nicht ablehnt, jedoch ihre Persönliche Lernumgebung vorrangig durch andere (analoge) Medien definiert.

10.8 Elena

Elena fällt bei den Unterrichtsbeobachtungen zunächst dadurch auf, dass sie mehrmals von der Lehrkraft ermahnt werden muss, sich auf das Unterrichtsgeschehen zu konzentrieren. Sie beteiligt sich nur sehr wenig mit mündlichen Beiträgen und zeigt ebenso wenig Interesse an Unterhaltungen mit anderen Mitschülern.

Ihre Angaben im Mediennutzungsfragebogen verraten, dass sie das Smartphone jeden Tag verwendet, das Tablet fünf bis sechs Tage pro Woche, den PC seltener als einen Tag pro Woche und den Laptop/Notebook bzw. das Handy nie. Die Hauptbeweggründe für die Nutzung fasst sie in folgenden Stichpunkten zusammen: *Um mit Freunden zu schreiben, um soziale Netzwerke zu nutzen, um zu telefonieren, Serien etc. schauen sowie um Dinge nachzuschauen.*

Als Elena im Interview gebeten wird, den Einsatz der iPads im Unterricht zu beschreiben, nimmt sie zunächst Bezug auf die männlichen Mitschüler in ihrer Klasse und sagt:

> *Am Anfang haben wir ziemlich oft noch/ oder, also, die Jungs haben öfters mal so damit Spiele gemacht oder so was oder sich irgendwas runtergeladen, das hat jetzt auch eher nachgelassen.* (Elena, Abs. 10)

Elena versucht, darüber hinaus in ihrer Antwort an mehreren Stellen einen zeitlichen Vergleich herzustellen, der ansonsten nur noch bei Paul zu finden ist. So beschreibt Elena den ersten Einsatz der iPads als *„noch so was Neues und Tolles“*, woran sie sich jedoch mittlerweile *„so gewöhnt hat“* (Elena, ebd.). Obwohl anhand ihrer Antwort nicht ersichtlich wird, wie genau die iPads zu Beginn eingesetzt wurden und ob es im Vergleich zum momentanen Einsatz Unterschiede gibt, spricht Elena davon, dass man die Tablets nun benutzt, *„um irgendwas nachzugucken oder irgendwelche Präsentationen zu machen* [...] *viel mehr nicht“* (Elena, ebd.). Damit entspricht sie wiederum den Darstellungen der anderen Schüler. Auf die Rückfrage, ob sie das Gefühl habe, es wiederhole sich alles, antwortet sie:

> *Nee. Also, ist ja je nach Fach immer wieder was anderes. Also, wir machen jetzt nicht unbedingt für jedes Fach wieder was komplett Neues, was wir noch nicht mit dem iPad gemacht haben, aber trotzdem hab ich das Gefühl, dass da* ***keine neuen Ideen*** *mehr kommen von den Lehrern halt. Und* ***uns fragen die halt eh nicht****, was wir wollen. Ja, so halt.* (Elena, Abs. 12, Fettdruck SF)

Sie drückt damit eine gewisse Unzufriedenheit hinsichtlich des Verhaltens der Lehrkräfte aus, die scheinbar nicht nur wenige Ideen haben, wie man die iPads im Unterricht einsetzen kann, sondern kritisiert auch fehlende Absprachen diesbezüglich mit den Schülern.

Elena stimmt in ihrem Fragebogen den Aussagen zu, dass das Smartphone und/oder Tablet ihr das Leben erleichtert und dass sie sich durch die Nutzung mit anderen verbunden fühlt. Im Interview hebt sie hervor, dass vor allem kommunikative Absichten der wahrgenommenen Erleichterung zugrunde liegen, die sowohl soziale als auch organisatorische Elemente beinhalten.

> *Also, erst mal vor allen Dingen, wenn man irgendwie sich* ***mit jemandem treffen*** *will oder* ***noch mal irgendwas absprechen*** *will oder so und jetzt gerade nicht zu Hause ist oder so, dann ist das halt immer voll nervig, wenn man dann sein Handy vergessen hat und dann steht man da.* (Elena, Abs 34, Fettdruck SF)

Als weiteres Beispiel für die pragmatische Nutzungsabsicht führt Elena die Möglichkeit an, sich die Wettervorhersagen anzeigen zu lassen, um zu wissen, welche Kleidung sie am kommenden Tag anzieht. Sie schließt ihre Aussage sogar mit den Worten ab *„das Handy benutze ich sonst eigentlich nur für so was“* (Elena, ebd.). Das iPad hingegen findet laut ihrer Aussage vor allem zum

Schauen von Videos und Serien auf Plattformen wie YouTube Einsatz. Dabei spielt der größere Bildschirm des iPads eine ausschlaggebende Rolle für Elena. Im weiteren Verlauf des Interviews legt sie genauer dar, welche inhaltliche Ausrichtung die Videos haben.

> *Also, bei YouTube zum Beispiel Tutorials, halt so für Haare oder auch Schminktutorials manchmal, aber auch manchmal zum Lernen, wenn ich halt schnell eine Zusammenfassung brauche von einem Thema oder so.* (Elena, Abs. 38)

Ähnlich wie bereits Martin nutzt auch Elena Tutorials, differenziert hierbei jedoch nach bestimmten Kontexten. So trennt sie Schminktutorials von weiteren Tutorials, die ihr eine Zusammenfassung eines bestimmten Themas bieten. Diese kontextuelle Unterscheidung wirft die Frage auf, ob Elena informelle Lerninhalte, die dennoch der Wissensvermittlung bzw. –aneignung dienen, dem Lernen überhaupt bewusst zuordnet. Weiterhin stellt sich die Frage, ob durch eine solche kontextuelle Trennung eine veränderte Lerneinstellung einhergeht, die vor allem Bereiche der Motivation betreffen.

Auf die Frage, ob die Videos, die sie schaut, auf Deutsch sind, antwortet Elena:

> *Meistens ja (lachend). Aber Serien gucke ich auch MANCHMAL auf Englisch, dann aber mit Untertiteln (lachend).* (Elena, Abs. 40)

An dieser Stelle wird deutlich, dass die Fremdsprache eine eher untergeordnete Rolle bei der Nutzung des iPads in informellen Lernsituationen für Elena spielt. Im weiteren Verlauf zeigt sich jedoch, dass die wahrgenommenen Vorteile sich nach eigenen Angaben auch positiv auf ihren Wortschatzerwerb auswirken.

> *Also, es kommt halt ein bisschen drauf an, wenn man jetzt/ Also, das finde ich auch immer praktisch, wenn ich mir Videos anschauen kann, in denen halt bestimmte Themen erklärt werden, auch die wir im Unterricht haben. Da kann ich mir halt* ***so viel Zeit lassen wie ich will*** *und mir das Video ein paar Mal anschauen. Ansonsten weiß ich nicht, ob mir die Serien helfen (lachend), aber ich glaub, dass ich schon so* ***damit mehr Wörter und so gelernt*** *habe. Ja, das halt.* (Elena, Abs. 42, Fettdruck SF)

Elena nimmt diese positiven Auswirkungen allerdings nur in begrenztem Maße wahr, was sich unter anderem dadurch ausdrückt, dass sie die Option „weder noch" bei der Aussage „Smartphones und/oder Tablets helfen mit beim Lernen" auswählt. Sie weist darauf hin, dass sie sich gut vorstellen kann, dass *„viele Leute damit voll gut lernen können"* und nennt in diesem Zusammenhang den Einsatz von *„Lerntutorials"* (Elena, Abs. 50). Für sie selbst kommt dies hingegen nur manchmal in Frage, da sie den Einsatz der digitalen mobilen Endgeräte zu Lernzwecken auch als mögliche Stör- bzw. Ablenkungsquelle empfindet (eingehende Nachrichten usw.).

Elena stimmt dennoch der Aussage zu, dass sie motiviert ist, wenn die Tablets im Unterricht eingesetzt werden und macht dies im Interview vor allem an Elementen fest, die ihre Kreativität fördern.

> *Also, ich finde immer so Präsentationen und so was auf dem iPad cool, weil man hat da so viele Möglichkeiten. Ich benutze immer voll gerne Book Creator, da kann man halt so das noch so* ***schöner gestalten*** *und so. Und dann habe ich mehr Lust als zu halt bei einem Plakat, aber das machen wir eh nie mehr, also, so Plakate. Ja, das finde ich eigentlich immer ganz cool. Da kann man halt auch* ***echt kreativer*** *sein.* (Elena, Abs. 62, Fettdruck SF)

Zudem gibt Elena an, durch die Nutzung der iPads schnell an Informationen zu gelangen, deren Verlässlichkeit sie jedoch oftmals in Frage stellt, und sie sich im selben Kontext auf die Informationsdarstellung in (Schul-)Büchern stützt.

> *Nur ich finde öfters mal, wenn man im Internet nachguckt, ich weiß immer nicht, ob das dann richtig ist oder ob ich wo falsch nachgucke oder so und dann weiß ich nicht, ob ich manchmal lieber im Buch nachgucke, wo ich dann mir sicher bin, dass das auch die richtige Antwort dann ist auf die Frage, die wir im Unterricht gemacht haben.* (Elena, Abs. 66)

Als es im Interview zu der Frage kommt, wie sie zusammen mit Julia die Aufgabenbearbeitung mit dem *TitanPad* beschreiben würde, zeigt sich hinsichtlich der Informationsbewertung ein weiterer Aspekt. Der Jugendroman, der mit seinen Annotationen die Grundlage der Aufgabe darstellt, scheint für Elena in bestimmten Momenten unzureichend in Bezug auf die darin enthaltenen Informationen zu sein. Dies führt wiederum dazu, dass sie das Internet bzw. digitale Wörterbücher als Hilfsmittel nutzt. Insbesondere im Kontext des kollaborativen Schreibens findet in Zweifelsfällen die Bedeutungsaushandlung mittels externen Quellen statt.

> *Ansonsten hab ich manchmal noch im Internet geschaut oder halt in Wörterbüchern. Da mussten wir eh oft gucken, weil wir uns bei manchen Sachen nicht sicher waren. / Also, wie man das zum Beispiel auf Englisch richtig sagt halt. Da gibt es aber auch so Hilfen bei Leo oder so. Wo Leute über Begriffe sprechen und so.* (Elena, Abs. 86/88)

Die Rückfrage, ob es sich bei dem Ort, an dem Leute über Begriffe sprechen, um ein Forum handeln, kann Elena leider nicht bestätigen, da sie nicht weiß, wie man dies bezeichnet.

Abschließend wird Elena noch gebeten, ihre Vorstellungen vom zukünftigen Einsatz der iPads im Unterricht zu verbalisieren. Dabei fällt auf, dass sie zunächst auf Präsentationen zu sprechen kommt, die sie „*voll cool*“ findet. Darüber hinaus beanstandet sie, dass die iPads häufig nur für Recherchezwecke eingesetzt werden. Diese Verwendungsweise stellt sie als „*schon hilfreich*“, jedoch für den Unterricht als nicht interessant dar (Elena, Abs. 105). Sie führt hierzu weiter aus:

> *Also, ich finde halt, das ist zwar hilfreich, wenn man mit dem iPad so was anschauen, also, Informationen raussuchen kann, aber ich finde es jetzt vielleicht nicht so, dass ich jetzt denke, das will ich unbedingt im Unterricht machen die ganze Zeit mit dem iPad Informationen suchen.* (Elena, Abs. 107)

Ihrer Vorstellung nach wäre zudem der Einsatz von Musik sowie vermehrt Gruppenarbeiten etwas, das sie motivieren würde (Abs. 115). Zum Einsatz konkreter Apps hat Elena keine Ideen, weist allerdings darauf hin, dass auch von Seiten der Lehrkräfte keine Vorschläge kommen, da diese „*sich öfters auch nicht so gut damit auskennen*" (Elena, Abs. 121).

Gegen Ende des Interviews beschreibt Elena dann noch ein Einsatzszenario aus dem Deutschunterricht, das sie „*eigentlich ganz cool*" findet. Ziel war es hierbei, einen eigenen Comic zu erstellen.

> *Ja, also, wir mussten, glaube ich, so/ wir hatten irgendwie eine bestimmte Anzahl an Fotos, die wir machen mussten und es musste halt so eine richtige Geschichte sein. Aber **wir durften uns** halt **aussuchen**, welche Art von Comic wir machen und wir haben dann halt da die Texte selber eingefügt und halt **Fotos wie gesagt, gemacht**. Und ja, da haben wir dann halt im Unterricht immer so die Fotos gemacht und dann ja.* (Elena, Abs. 123, Fettdruck SF)

10.8.1 Elenas Fokus: Informelles Lernen mit Tutorials

Ähnlich wie bei Julia verteilt sich die Besetzungshäufigkeit der Codierungen auf die beiden Oberkategorien „soziale Ebene" sowie „funktional-technische Ebene". Hinzu kommt bei Elena noch die „kognitiv-sprachliche" Ebene (Abb. 32).

Codesystem	Schülerin_044_Elena
Affektiv-motivationale Ebene	6
Aufgabenbearbeitung TitanPad	2
Funktional-technische Ebene	25
Kognitiv-sprachliche Ebene	10
Lernumgebung	3
Soziale Ebene	18

Abb. 32: Code-Matrix-Browser Oberkategorien Elena

Betrachtet man nun in einem weiteren Schritt die einzelnen Unterkategorien, die mit mindestens drei Textstellen codiert wurden, zeigen sich folgende Themenschwerpunkte.

Affektiv-motivationale Ebene:
- Negative Affekte (4)

Funktional-technische Ebene:
- Informationsbeschaffung (6)
- Präsentationen (4)
- Vergleich analoge Medien (3)
- Videos (6)

Kognitiv-sprachliche Ebene:
- Informationsbewertung (3)

Soziale Ebene:
- Virtuelle Kommunikation (3)
- Nutzungsvorlieben (3)
- Lehrer (4)

Tab. 14: Unterkategorien Elena

Elena spricht auf der funktional-technischen Ebene vor allem die Möglichkeit der Informationsbeschaffung an und beschreibt diese als hilfreich (Abs. 107). Gleichsam bilden Videos bzw. in Elenas Fall zusätzlich Serien einen wichtigen Bestandteil dieser Ebene. Diese vor allem im außerschulischen, irrelevanten Kontext eingesetzten Videos (Schminktutorials, Serien) stehen dabei stellvertretend für informelle Lerninhalte. Dabei gilt zu beachten, dass die Informationsbewertung auf der kognitiv-sprachlichen Ebene vor allem Lernsituationen betrifft, in denen Elena vor der Wahl steht, Informationen im Internet oder dem (Schul-)Buch zu recherchieren (Abs. 66). Sie ist sich dabei nicht sicher, ob die Informationen, die sie im Internet erhält, den geforderten Informationen zur Beantwortung der unterrichtlichen Frage(n) entsprechen. Elenas Nutzungsvorlieben hinsichtlich des iPads umfassen nicht nur den Einsatz von Präsentationen, sondern auch kreativen Schreibanwendungen wie dem *BookCreator*, den sie als Verbesserung gegenüber der Erstellung eines Plakates sieht. Schließlich verbinden sich die beiden Kategorien affektiv-motivational und sozial unter dem Gesichtspunkt der Lehrkraft. Elena zeigt sich hier im Interview durchaus frustriert, dass seitens der Lehrer keine Ideen in Bezug auf den Einsatz der iPads kommen, die Schüler allerdings auch nicht nach ihren Ideen gefragt werden (Abs. 12)

10.9 Paul

Pauls Verhalten im Unterricht lässt sich als durchaus gegensätzlich beschreiben. Zum einen bildet er zusammen mit einigen anderen Mitschülern den größten Unruheherd, der mehrfach von der Lehrkraft ermahnt werden muss, zum anderen versuchte er, sich regelmäßig am Unterrichtsgeschehen produktiv mit Wortbeiträgen zu beteiligen. Paul stellt zudem im Hinblick auf den Datenerhebungskontext als Fall eine Besonderheit dar. Da von den zwei weiteren Mitgliedern seiner Arbeitsgruppe keine unterschriebenen Einverständniserklärungen vorliegen, dürfen keine Daten von ihnen verwendet werden. Dies schließt kollaborativ erarbeitete Schülerprodukte mit ein (Screenshots). Interviewausschnitte, in denen Bezug zu den anderen Schülern genommen wird, spiegeln lediglich Pauls Ansichten wider und wurden hinsichtlich der Nennung weiterer Namen vollständig anonymisiert.

Pauls Beschreibung vom Einsatz der iPads im Unterricht stellt sich überwiegend positiv dar und legt den Fokus auf das gemeinsame Erleben der digitalen mobilen Endgeräte durch Schüler und Lehrer, wobei ein Unterschied zwischen beiden Gruppen besteht.

> *Also,* ***es war recht gut****, als wir die iPads bekommen haben, haben uns* ***schnell reingelebt****, fand ich. War ein* ***kleines Problem mit den Lehrern****, die mussten sich da erst reinleben, das hat ein bisschen gedauert, bis wir wirklich die iPads nutzen konnten intensiv im Unterricht. Und dann wurde es mehr vom Nutzen her, die Lehrer haben viel mit uns gemacht mit iPad-Präsentation und so was. Aber später wurde es dann auch wieder weniger, also* ***in letzter Zeit nutzen wir die iPads sehr wenig****, fast gar nicht, außer in Englisch da wirklich. Ja, so war das eigentlich.* (Paul, Abs. 10, Fettdruck SF)

Dieses „Reinleben", das Paul betont, und die damit verbundenen anfänglichen Schwierigkeiten, werden auch im Interview mit der Lehrkraft ersichtlich, die bestätigt, dass es zunächst immer wieder Treffen mit verschiedenen iPad-Klassen von verschiedenen Schulen gab, um zu schauen, in welchen Fächern welche Möglichkeiten des Einsatzes bestehen. Ebenso wird durch Pauls Aussage deutlich, dass eine unterschiedlich starke Nutzung über den gesamten Zeitraum stattfand.

Pauls Angaben zu seiner Mediennutzung zeigen, dass er den PC sowie das Smartphone jeden Tag verwendet, das Tablet hingegen seltener als einen Tag pro Woche. Handy oder Laptop werden nicht genutzt. Somit ist Paul der einzige der neun Schüler, der das iPad in sehr geringem Maße einsetzt. Schaut man sich die Verwendungszwecke der einzelnen Endgeräte genauer an, sieht man, dass Paul das Tablet für seine Unterhaltung (*YouTube*) und für die Schule nutzt, den PC zum Spielen und für Internetrecherchen und Informationsbeschaffung (*Google*) und das Smartphone erneut zur Unterhaltung und zur Kommunikation.

Auf die Frage, inwiefern das Smartphone und oder Tablet sein Leben erleichtern, antwortet Paul:

> *In vielen Sachen, zum Beispiel* ***Wecker stellen, Kalender****. Man kann mit Freunden* ***besser kommunizieren****. Man kann sich* ***ablenken****, was manchmal nicht so gut ist, aber das ist auch was Gutes. Man hat viel besser/ also, mit Freunden kommunizieren ist, finde ich, die Hauptsache, die mir das Ganze dann so erleichtert. Ja.* (Paul, Abs. 26, Fettdruck SF)

Er zählt dabei vorrangig Funktionen von Geräten auf, die dem Bereich der Lebensorganisation (Wecker stellen, Kalender) sowie der Kommunikation zuzuordnen sind, wobei für ihn die Kommunikation mit Freunden an erster Stelle steht. Dennoch zeigt sich Paul unentschlossen, was das Verbundenheitsgefühl zu anderen Nutzern angeht. Im Interview geht er in diesem Zusammenhang explizit auf sein Begriffsverständnis von Verbundenheit ein und erklärt:

> [...] *ich habe das jetzt so interpretiert, dass man sich so verbunden fühlt, also, ich sage mal,* ***dem anderen nah****. / Aber ich sage da jetzt nicht nein. Also sprich, kommuniziere und so was, aber ich sage da jetzt auch nicht so, dass ich sagen könnte: Ja, ich könnte jetzt den ganzen Tag mit ihm schreiben und mich nie mit ihm treffen und so was.* (Paul, Abs. 28/30, Fettdruck SF)

Ausschließlich virtuelle Kontakte zu Freunden können somit für Paul kein Verbundenheitsgefühl fördern. Es ist für ihn nicht gleichzustellen mit einem persönlichen Treffen. Auf die Frage, ob und wenn ja, inwiefern sich dieses Gefühl ändern würde, wenn er keine digitalen mobilen Endgeräte zur Verfügung hätte, findet Paul zwar eine klare Antwort, kann diese jedoch nicht genauer begründen:

> *Es WÄRE anders. Ja, also, es fehlt auf jeden Fall was, wenn ich jetzt so PLÖTZLICH das abgenommen bekomme, also plötzlich es nicht mehr hätte, dann fehlt auf jeden Fall was. Aber keine Ahnung, ja.* (Paul, Abs. 34)

Pauls weitere Angaben zur Mediennutzung geben zudem Aufschluss über seine Einstellung im Hinblick auf den unterrichtlichen Einsatz der Geräte. Paul stimmt dabei den Aussagen zu, sich gut mit den Funktionen von Smartphones bzw. Tablets auszukennen und gibt auch an, dass diese Endgeräte ihm beim Lernen helfen. Bei der Aussage „Ich bin motiviert, wenn wir die Tablets im Unterricht einsetzen" wählt er allerdings erneut die Option „weder noch". Im Interview erklärt Paul dann, dass ihm das iPad vor allem hilft beim „[...] *Vokabeln lernen und in Englisch und so was, Präsentationen und so*" (Paul, Abs. 36). Mit dem Smartphone lernt er hingegen selten. Seine Angaben zur Motivation durch den Einsatz der iPads im Unterricht begründet Paul folgendermaßen:

> *Also, das hat nichts damit zu tun* [Anm. SF: mit den wahrgenommenen Vorteilen], *das hat einfach so was damit zu tun, das ist für mich ALLTAG. Also, ich fühle mich da jetzt nicht so motiviert/ also, ich fühle mich da schon motiviert, ich freue mich da, wenn wir was mit den iPads in der Schule machen können. Aber ich bin da jetzt auch nicht so der sagt, so whoa krass, also, das ist voll cool.* (Paul, Abs. 40)

Für Paul ist der unterrichtliche Einsatz der iPads bereits „Alltag", und der Neuheitseffekt der Endgeräte trägt nicht mehr zur Motivation bei. Gerade deshalb ist es interessant zu sehen, in welchen Kontexten Paul auch nach fast zwei Jahren des Einsatzes der iPads motiviert wird. Im Interview gibt er hierbei zunächst an, dass es manchmal Spiele sind, meistens jedoch Vokabellernen, Schreibaufgaben oder Präsentationen, die ihm *„sehr gefallen"* (Abs. 46). Auf die Frage, in welcher Sozialform dies stattfindet (Einzelarbeit, Partner- oder Gruppenarbeit), erläutert Paul *„meistens Zweiergruppen, wenn nicht sogar mehr"* (Abs. 48). Um besser verstehen zu können, welche Rolle insbesondere Gruppenarbeiten für seine Motivation spielen, schloss die Frage an, was genau ihm daran gefällt. Seine Antwort beinhaltet dabei Aspekte, die auch von anderen Mitschüler aufgeführt wurden:

> *Ja, also mir gefällt es VIEL mehr, als wenn ich es alleine machen muss. Ich meine, es ist ja so, dass, naja,* ***ich bin meistens kreativer*** *würd ich sagen, weil mir alleine nicht so viel einfällt und halt in der Gruppe mit den iPads da hat man mehr Möglichkeiten find ich.* (Paul, Abs. 50, Fettdruck SF)

Pauls Darstellung des Lernkontexts ist dabei durch soziokonstruktivistische Elemente gekennzeichnet (vgl. Kap. 4.2). Gemeinschaftliches Lernen steht für ihn im Vordergrund und erlaubt, seine Ideen zu teilen sowie Ideen anderer aufzunehmen und zu verarbeiten. Dies gibt Paul das Gefühl, in der Gruppe kreativer zu sein als alleine.

Als Paul im Interview nach seinem Vorgehen bei der Aufgabenbearbeitung mit dem *TitanPad* gefragt wird, stellt sich wiederum heraus, dass ein solcher Ideenaustausch unter den Gruppenmitgliedern vielfach auch pragmatische Gründe haben kann, die zu einer Art restringierter Kommunikation führen.

> *Also, das mit dem* ***Chat*** *haben wir* ***nicht so oft genutzt****, weil wir eher dann so* ***über WhatsApp kurz geschrieben*** *haben, von wegen ich mache DAS schnell. Und ja, ich habe mich dann eingeloggt, was geschrieben und wenn ich/ habe es gespeichert und wenn ich dann wieder ausgeloggt war, dann hat sich später irgendwann [Name des Schülers] eingeloggt und sein Zeug geschrieben.* (Paul, Abs. 58, Fettdruck SF)

Der in das Programm eingebaute Chat wurde demnach nicht von den Gruppenmitgliedern genutzt, dafür aber ein von Paul präferierter Kommunikationskanal (*WhatsApp*). Gleichzeitiges Schreiben am Dokument fand ebenfalls nicht statt, was wiederum dazu führte, dass sich die einzelnen Gruppenmitglieder vorrangig auf ihre Textabschnitte konzentrierten und nur in einigen wenigen Fällen die Texte der anderen berücksichtigten oder gar korrigierten. Somit bildet die Aufgabenbearbeitung der Gruppe um Paul einen grenzwertigen Fall kollaborativen Schreibens. Zwar entstand als Produkt ein gemeinsamer Text, dieser kann jedoch als Sammlung einzeln verfasster, nur bedingt relationaler Textabschnitte gewertet werden.

Bei der abschließenden Frage des retrospektiven Interviews verdeutlicht Paul, wie er sich einen zukünftigen Einsatz der iPads im Unterricht vorstellt:

> *Ja, was mich motivieren würde, wäre so was wie **freies Arbeiten**, so was wie eine Präsentation machen oder so was, das finde ich immer cool. Aber auch generell einfach so freies Arbeiten, mal mit dem iPad was machen,**irgendwas schreiben** oder was, ich sage mal, **herstellen** in Anführungszeichen. Und wo man sich dann auch so ein bisschen **frei was ausdenken** kann, ja? Man hat zwar ein Thema, aber man kann auch da ein bisschen sich **frei bewegen**, also **frei denken**.* (Paul, Abs, 70, Fettdruck SF)

Ein wiederkehrendes Motiv in seiner Aussage ist der Aspekt der Freiheit. Paul wünscht sich weniger kontrolliert zu sein, in dem was er mit dem iPad produziert. Vorgaben hinsichtlich der Aufgabenstellungen und des Vorgehens bei der Bearbeitung stünden ihm dabei im Weg. Bereits bei der kollaborativen Schreibaufgabe zeigt sich, dass Paul das bereitgestellte Kommunikationsmittel (Chat) sowie die Funktionen der Anwendung (parallel arbeiten) nicht nutzt. Ein Erklärungsansatz hierfür könnte die Einschränkung in eben jener „Freiheit" sein.

10.9.1 Pauls Fokus: Neue und alte Kommunikationswege

Pauls Interview stellt sich hinsichtlich der Qualitativen Analyse und der Kategorienbildung als am schwächsten besetzt dar. Dies liegt daran, dass wenige Themen von ihm angesprochen wurden bzw. wenig latente Sinnstrukturen zu verborgen lagen. So rückt augenscheinlich die soziale Ebene in den Vordergrund (Abb. 33).

Codesystem	Schüler_108_Paul
Affektiv-motivationale Ebene	5
Aufgabenbearbeitung TitanPad	3
Funktional-technische Ebene	7
Kognitiv-sprachliche Ebene	6
Lernumgebung	3
Soziale Ebene	13

Abb. 33: Code-Matrix-Browser Oberkategorien Paul

Der Blick auf die enthaltenen Unterkategorien, die durch mindestens drei Textstellen markiert wurden, zeigt folgendes Bild:

Funktional-technische Ebene:
- Präsentationen (4)

Kognitiv-sprachliche Ebene:
- Vokabellernen (3)

Soziale Ebene:
- Virtuelle Kommunikation (5)

Tab. 15: Unterkategorien Paul

Paul beschreibt den Nutzen der iPads wie viel andere Interviewteilnehmer sowohl aus der gegenwärtigen als auch zukünftigen Unterrichtsperspektive heraus. Für ihn stellen sie ein hilfreiches Instrument dar (Abs. 46). Weiterhin bezieht sich Paul auf das Vokabellernen mithilfe der mobilen Endgeräte, welches er als ähnlich nützlich empfindet (Abs. 36). Auf der sozialen Ebene steht die virtuelle Kommunikation im Mittelpunkt. So liegt die „Hauptsache" für Paul in der Möglichkeit, mit seinen Freunden zu kommunizieren, was sich nicht nur im schulischen, sondern auch im außerschulischen Kontext zeigt (*WhatsApp* zur Aufgabenbearbeitung vs. genereller Austausch). Trotz seines klaren Fokus in Bezug auf die Nutzungsabsicht, sieht Paul in der virtuellen Kommunikation, wie bereits im Schülerbild deutlich wurde, keinen vollständigen Ersatz für den persönlichen Kontakt.

11 Fallübergreifende Diskussion

Nach einer genauen Betrachtung der Einzelfälle soll im Folgenden eine systematische Darstellung der im Forschungsverlauf gewonnenen Erkenntnisse vorgenommen werden. Dabei sollen nicht sämtliche Kategorien erläutert, sondern vielmehr eine Auswahl von Teilaspekten hervorgehoben werden, die in ihren Eigenschaften besonders bemerkenswert sind. Diese persönliche Auswahl lässt sich unter anderem mit der in Kapitel 7.5 beschriebenen Rolle als Forschungsleiter, aber auch anhand weiterer *messbarer* Faktoren wie Codefrequenz, Gewichtung usw. begründen. Es handelt sich gewissermaßen um die Goldstücke, die in einigen Fällen unerwartet zum Vorschein kamen und über die man sich als Forscher freut, da sie beispielhaft an die zuvor bemühte Theorie anknüpfen kann, aber auch um jene datenbasierten Erkenntnisse, die zeigen, dass sich Theorie und Praxis manchmal unterscheiden. Das Ziel soll schließlich sein, die gewonnenen Erkenntnisse mit den theoretischen Positionen zu vergleichen, um somit einen Beitrag zum fremdsprachendidaktischen und bildungspolitischen Diskurs zum Einsatz mobiler digitaler Endgeräte zu leisten sowie weiterführende Forschungsdesiderate zu benennen.

11.1 Zugang zu und Bewertung von Informationen

Einer der häufigsten von den Schülern wahrgenommenen Vorteile der digitalen mobilen Endgeräte stellte der erleichterte Zugriff auf Informationen dar. Sei es das spontane „Eben-mal-schnell-Nachschauen“, dessen Impetus selbst- oder fremdinitiiert war oder auch das geplante „Zusammensuchen-von-Informationen“, die Auswahl an Informationsquellen wurde von den Schülern als deutlich umfangreicher im Vergleich zu den Inhalten der verwendeten Lehrbücher beschrieben. Themen, die einzelne Lerner als interessant empfanden, wurden dabei in einigen Fällen losgelöst vom unterrichtlichen Kontext vertieft behandelt (Bsp.: Martin, Abs. 102-104). Insgesamt wurde ersichtlich, dass die Schüler zu unterschiedlichen Zeitpunkten und Anlässen ihre mobilen Endgeräte nutzen und dabei sowohl formale als auch informelle Lernsituationen schaffen. Die Persönlichen Lernumgebungen der Schüler werden dabei deutlich von der von Kurtz (2015) beschriebenen Dimension der (Multi-)Funktionalität/Intentionalität geprägt.

Ebenso zeigt sich der in der Fachliteratur (vgl. Kukulska-Hulme 2009) wiederkehrende Aspekte des „Immer-und-überall-Lernens“ mithilfe von mobilen Endgeräten bei der untersuchten Zielgruppe, jedoch mit dem Unterschied, dass die Umgebungskontexte für die Schüler in den meisten Fällen nur eine untergeordnete Rolle gespielt haben. Vor allem Rechercheaufgaben, die im Unterricht gestellt wurden, führten häufig zu isolierten Lernsituationen, wenngleich als Sozialform von der Lehrkraft Partner- bzw. Gruppenarbeit vorgesehen war. Methodische Ansätze wie *Think-Pair-Share* blieben in ihrer Umsetzung meist auf der ersten Stufe des Nachdenkens und Recherchierens stehen und führten nur in wenigen Fällen im unterrichtlichen Geschehen zu einem aktiven Austausch innerhalb der Lernergruppe. Nach Frohberg (2008) kann die beobachtete und von den Lernern beschriebene Form der Informationssuche demnach dem irrelevanten bzw. formalisierten Kontext zugeordnet werden. Gründe hierfür sind nicht explizit aus den Daten ersichtlich, es lässt sich jedoch vermuten, dass das individuelle Suchverhalten und damit auch die Selbststeuerung der Lerner wichtige Aspekte darstellen. Bereits die JIM-Studie 2016 zeigt, dass durchschnittlich 86 % der 12- bis 19-Jährigen täglich bzw. mehrmals pro Woche Suchmaschinen wie Google nutzen (vgl. Feierabend, Plankenhorn, Rathgeb 2016). Erwähnt wird dabei nicht, *wie* diese Suchmaschinen genutzt werden, allerdings kann davon ausgegangen werden, dass sich unterschiedliche Nutzungswege ergeben. In den retrospektiven Schülerinterviews konnte dies zumindest in Ansätzen bestätigt werden. So wird die letztendliche Auswahl an Informationen in einigen Fällen durch Suchmaschinenalgorithmen bestimmt: je weiter oben im Browserfenster ein Ergebnis steht, desto eher wird dies für weitere Zwecke verwendet. In anderen Fällen wiederum findet ein Vergleich verschiedener Quellen und Ergebnisse statt. In keinen der untersuchten Schülerdaten lässt sich allerdings ein direkter Rückschluss von der Informationssuche auf den jeweiligen Umgebungskontext ziehen[63]. Die durch die Lehrkraft gewählte Aufgabenstellung kann allerdings an diesem Punkt ansetzen und eine aktive Einbindung der Lernumgebung sowie eine verstärkte Kollaboration innerhalb der Lernendengruppe fordern und fördern (siehe Ausblick).

Die Bewertung der gewonnenen Informationen durch die Schüler ist ein weiterer Aspekt, den es hervorzuheben gilt. Die vielfach subjektiv geprägte Betrachtungsweise des Informationsgehaltes führte bei einigen Teilnehmern der Studie zu einer oberflächlichen Auseinandersetzung mit den jeweiligen Inhalten. Das „Eben-mal-schnell-Nachschauen“ in Form einer Google-Suche

63 Die Beispiele der Einbindung von Fotos von persönlichen Gegenständen zur Visualisierung von Vokabeln fallen nicht hierunter, da es um sich nicht im klassischen Sinne um Informationssuche handelt.

ist ein Beispiel dafür, dass Ergebnisse in kurzer Zeit überflogen werden, ohne weiterführende Analysen vorzunehmen. Die große Menge an Informationen zu einem bestimmten Thema begünstigt somit nicht per se eine differenzierte Auseinandersetzung, sondern verleitet die Lernenden, vorgefasste Meinungen wirken zu lassen und so beispielsweise auf bekannte Quellen wie Wikipedia zuzugreifen. Eine anknüpfende Analyse der Suchergebnisse wird in vielen Fällen nicht in Betracht gezogen, da die wahrgenommene Zuverlässigkeit des Informationsgehaltes durch eben jene Bekanntheit als gegeben erscheint.

Ein weiterer durchaus bemerkenswerter Aspekt, der von einigen Schülern im Rahmen der retrospektiven Interviews angeführt wurde, ist der Vergleich zu traditionellen Medien wie etwa Schulbüchern. Diese häufig in analoger Form vorliegenden Materialien wurden von einigen Schülern hinsichtlich ihres Informationsgehaltes unbestritten als verlässlich eingestuft. Die scheinbar fehlende kritisch-reflexive Betrachtung der einzelnen Inhalte mag dabei vielerlei Ursachen haben, welche sich nur schwer anhand der gewonnenen Daten festlegen lassen. Eine Möglichkeit, die jedoch in Betracht gezogen werden sollte, liegt erneut im Bereich der Vertrautheit mit dem Medium. Printmedien wie Schulbücher sind noch immer ein fester Bestandteil der Unterrichtspraxis vieler Lehrkräfte und werden daher in unterschiedlichen Unterrichtsphasen eingesetzt, sei es zum Einstieg in ein neues Thema, während konkreter Arbeitsphasen (Aufgaben, Übungen etc.) oder auch zur Ergebnissicherung/Anwendung (Weiterarbeit bzw. Transfer in Form von Hausaufgaben). Das Medium Schulbuch bekommt so eine feste und gewissermaßen auch verlässliche Rolle im Lehr- und Lernprozess zugewiesen. Dabei zeigte sich sowohl im Interview mit der Lehrkraft als auch in einigen retrospektiven Interviews mit den Schülern, dass eine generelle Bereitschaft, dieses analoge Medium durch digitale Inhalte zu ergänzen, vorhanden ist, allerdings eine konkrete Umsetzung entweder durch fehlende Ideen oder mangelnde (technisch-administrative) Unterstützung scheitert.

11.2 Vergleich zu „traditionellen" Lehr-/Lernmaterialien

Wie bereits im vorangegangenen Kapitel erläutert wurde, stellen analoge Medien wie das Schulbuch eine für die Schüler verlässliche Informationsquelle dar. Die inhaltlichen Darstellungen wurden von der untersuchten Zielgruppe nur selten kritisch-reflexiv behandelt und eine mögliche Verknüpfung mit digitalen Inhalten zwar teilweise als wünschenswert, jedoch weniger als realisierbar angesehen.

Interessant ist hierbei, dass sich bei der untersuchten Zielgruppe, vor allem in den retrospektiven Interviews, immer wieder Bezüge zu „traditionellen" Lehr-/

Lernmaterialien finden lassen. Unter diesem Begriff sollen all diejenigen Materialien verstanden werden, die für die Aufgabenstellung, die Informationsverbreitung sowie zur Ergebnissicherung dienen und die nicht in digitaler Form verwendet werden. Traditionelle Lehr-/Lernmaterialien können somit Arbeitsblätter oder Texte sein, die von der Lehrkraft verteilt und von den Lernern bearbeitet werden sowie Plakate, Poster, Tafelanschriebe etc., mit deren Hilfe erworbenes bzw. zu vermittelndes Wissen festgehalten wird. Aus den Unterrichtsbeobachtungen wie auch den Schülerinterviews kam es in mehreren Fällen zu einem direkten Rückgriff bzw. indirektem Vergleich von digitalen zu analogen Medien. Im Unterrichtsgeschehen zeigte sich beispielsweise, dass einige Schüler ihre Ergebnisse aus Partner-/Gruppenarbeitsphasen mithilfe von Papier und Stift festhielten, statt diese als Datei(en) auf dem schul-/klasseninternen Laufwerk zu sichern und so den anderen Lernenden zur Verfügung zu stellen. Somit wurde es häufig die Aufgabe der Lehrkraft, eine gemeinsame Ergebnissicherung in Form eines digitalen Dokuments vorzunehmen. In den retrospektiven Interviews hingegen begründete sich der präferierte Einsatz digitaler mobiler Medien in den meisten Fällen dadurch, mehr Gestaltungsmöglichkeiten zu haben bzw. einfacher arbeiten zu können. Insbesondere Vergleiche zum traditionell häufig verwendeten Schulbuch fielen hierbei ins Gewicht. Aussagen wie die von Christian (Abs. 56/64) verdeutlichen dabei, dass die wahrgenommene Vereinfachung des Arbeitens mit digitalen Medien zudem mit der Möglichkeit der Personalisierung von Lerninhalten verknüpft wird. An dieser Stelle gilt es jedoch zunächst hervorzuheben, dass sich nur in wenigen der untersuchten Fälle eine nach dem SAMR-Modell vorgenommene Einteilung der beschriebenen Mediennutzung aufzeigen lässt, die deutlich über den beiden Kategorien der *Substitution* bzw. *Augmentation* liegt. So werden beispielsweise digital erstellte Poster/Plakate oder auch Präsentationen als *schneller*, *einfacher* oder *besser lesbar* gegenüber den traditionell analogen Materialien beschrieben (Beispiele: Christian Abs. 68; Lea Abs. 66; Stefanie Abs. 32). Ein Erklärungsansatz hierfür kann in der jeweiligen Aufgabenstellung zu finden sein. Wenn diese keine expliziten Angaben über den Medieneinsatz beinhaltet und zudem wenig bis keine Einführung in die Nutzung der digitalen Anwendungen erfolgt, liegt es allein in der Verantwortung der Lerner, sich mit den für sie häufig neuen Inhalten zu befassen und diese kreativ einzubinden. Die wahrgenommene Vereinfachung des Arbeitsprozesses beinhaltete somit vielfach keine funktionale Veränderung wie sie auf den drei Stufen *Augmentation*, *Modification* oder auch *Redefinition* vorausgesetzt werden. Auf der anderen Seite ließ sich bei der untersuchten Gruppe im Rahmen der Unterrichtsbeobachtungen wie auch der retrospektiven Interviews eine gewisse Unzufriedenheit im Hinblick auf die (digitale) Materialauswahl und –bearbeitung durch die Lehrkraft erkennen. Während des Einsatzes im Unterricht wurde innerhalb der Gruppen hinterfragt, weshalb sie bestimmte Aufgabenstellungen nicht bereits in digitaler Form (genannt wurden hierbei Textauszüge, Arbeitsanweisungen oder auch Vokabellisten) zur Verfügung gestellt bekommen haben, um so Inhalte nicht zuerst übertragen zu müssen. Die Diskussion, die sich in im konkreten Untersuchungskontext entwickelt hat, zeigt, dass sich verschiedene Aspekte wie die Einstellung zur Mediennutzung, die tatsächliche Mediennutzung sowie die (Selbst)Steuerung von Lernprozessen durch die handelnden Akteure gegenseitig beeinflussen.

11.3 Soziale Interaktionen

Welche Personen(gruppen) einen direkten oder auch indirekten Einfluss auf die in den vorangegangenen Kapiteln aufgeführten Aspekte haben, lässt sich nicht auf die Gesamtheit aller (Fremdsprachen)Lerner übertragen und kann nur anhand der gewonnenen und ausgewerteten Daten für die vorliegenden Fälle betrachtet werden. Hierbei gilt jedoch ebenso, dass etwaige Rückschlüsse und Interpretationen nur einen bestimmten Ausschnitt wiedergeben und nicht dem Prinzip der Objektivität entsprechen können. Die Aussagen der Schüler wie auch deren Handlungen im Bezug auf den Umgang mit den digitalen mobilen Endgeräten im Kontext des Fremdsprachenunterrichts geben allerdings wichtige Hinweise auf soziale Komponenten, die in weiterführenden Untersuchungen behandelt werden können. Hierbei konnten multidirektionale Interaktionen herausgearbeitet werden, in denen verschiedene Personen(gruppen) agieren. Die bereits erwähnte personalisierte Nutzung des iPads umfasst zunächst den einzelnen Lerner, der Inhalte nach seinen Bedürfnissen anpasst, Informationen individuell sammelt und Aufgaben eigenständig bearbeitet. Dazu greift er auf eine Auswahl an Anwendungen zurück, die für seine Zwecke sinnvoll erscheinen. Wenn ein Schüler wie Christian (Abs. 86) beispielsweise eine konkrete App zum Vokabellernen und eine weitere für die Verwaltung der Hausaufgaben verwendet, so heißt dies nicht zwingend, dass ebenso alle anderen Schüler so vorgehen müssen. Personalisierung auf der Ebene des einzelnen Lerners stellt kein starres Konstrukt dar, sondern bietet Raum für Vielfalt und Veränderung. Die Auseinandersetzung mit dem vorhandenen Angebot an digitalen Anwendungen fördert dabei diese beiden Aspekte. Grundlage hierfür ist hingegen die generelle Bereitschaft, sich mit einer Vielzahl an möglichen Apps zu befassen, diese zu erkunden und für seine Zwecke anzupassen. Bei der untersuchten Zielgruppe zeigte sich in den retrospektiven Interviews, dass vor allem in informellen außerunterrichtlichen Lernsituationen eine Vielzahl an unterschiedlichen Apps wie Wörterbücher, Videoplattformdienste, Navigationsanwendungen, Kommunikationsdienste uvm. eingesetzt wurden (vgl. bspw. Martin Abs. 40 / Lea Abs. 32). Anhand der gewonnenen Daten wurde jedoch nicht ersichtlich, ob ein Austausch über die Nutzung der einzelnen Apps innerhalb der Gruppe stattfindet.

Der Einsatz der iPads im Fremdsprachenunterricht wurde wesentlich durch die wechselseitigen Interaktionen zwischen der Lehrkraft und den Schülern bzw. den Schülern untereinander bestimmt. Die Rolle der Lehrkraft kann in diesem Kontext als tendenziell passiv beschrieben werden, da Lerninhalte von den Lernenden oftmals selbstständig zusammengetragen und bearbeitet werden konnten und die Aufgabenstellungen im Hinblick auf die zu verwendenden Materialien offener gestaltet waren. Ein aktives Eingreifen in das Handeln der Schüler konnte während der Unterrichtsbesuche nur selten festgestellt werden (meist handelte es sich dabei um technische Erklärungen oder Ermahnungen bei Unterrichtsstörungen). Von Seiten der Schüler wurde dies prinzipiell positiv aufgefasst. Der eigenverantwortliche und teils kollaborative Einsatz der Geräte trug in einigen Fällen sogar dazu bei, Ängste vor negativen Reaktionen der Lehrkraft zu reduzieren (vgl. Luca Abs. 36). Ausschlaggebend waren hierfür der Austausch zwischen Lernenden, der Rückgriff auf unterschiedlichen Informationsquellen und Anwendungen sowie die damit zusammenhängenden Möglichkeiten der kreativen Aufgabenbearbeitung. Die Lehrkraft wiederum merkte im Interview an, dass sich die Beiträge von ansonsten eher ruhigeren Schülern durch selbstgestaltete kreative Lernerprodukte wie beispielsweise Präsentationen im Unterricht verbessert hätten. Ein wichtiger Aspekt, der sich im Laufe der Untersuchung gezeigt hat, ist der kollaborative Austausch zwischen den Lernenden. Die von Laal und Ghodsi (2012) aufgeführten Vorteile kollaborativen Lernens finden sich auch in der untersuchten Zielgruppe wieder und lassen sich mit weiteren Ergebnissen verknüpfen. So zeigen sich die *social benefits* vor allem in der gegenseitigen Unterstützung der Lernenden mithilfe der digitalen mobilen Endgeräte. Kommunikationsdienste werden für Absprachen genutzt, Zusammenarbeit gefördert, um letztendlich Lerngemeinschaften entstehen zu lassen. Die *psychological benefits* drücken sich in den zuvor beschriebenen affektiv-motivationen Situationen aus, welche Angstreduktion sowie eine positive Einstellung gegenüber der Lehrperson umfassen. Schließlich können auch die *academic benefits* in Form einer aktiven Einbindung der Lernenden wie auch der Möglichkeit zur Personalisierung von Lerninhalten in der untersuchten Gruppe abgebildet werden.

11.4 Verbundenheitsgefühl

Zu guter Letzt soll ein Gesichtspunkt hervorgehoben werden, der sich wie ein roter Faden durch das gesamte Forschungsprojekt gezogen hat und den ich als besonders bedeutsam für den Einsatz von digitalen mobilen Endgeräten in verschiedenen Kontexten erachte. Bereits bei der theoretischen Aufarbeitung des Konzepts des Mobiles Lernens mit seinen zahlreichen anknüpfenden Kategorien wie die des Kontexts, des kollaborativen Lernens, der Lernumgebungen oder auch des soziokonstruktivistischen Lernens trat immer wieder eine gewisse Verbindung zwischen einzelnen Akteuren bzw. Personengruppen in den Vordergrund. Diese Verbindung kann in Form von Partner- oder Gruppenarbeit innerhalb des Unterrichts verstanden werden, deckt dabei jedoch nur einen kleinen Wirklichkeitsausschnitt ab. Im Rahmen des Forschungsprojektes konnte dieser Ausschnitt durch die Analysen der Schülerdaten vergrößert werden und so interessante Erkenntnisse liefern. Das Konzept des Verbundenheitsgefühls wurde als deduktive Kategorie aus den Interviews gewonnen und beschreibt das Gefühl, durch digitale Medien mit anderen Personen verbunden zu sein. Per definitionem ist dieses Gefühl weder zeitlich noch räumlich beschränkt und geht somit über die im Klassenraum stattfindenden (Lern)Situationen hinaus. Dieses Verbundenheitsgefühl dient als Grundlage für den kommunikativen Austausch in sozialen Netzwerken, ohne dabei persönliche Treffen auszuschließen (Paul, Abs. 28/30), stellt Kontakte her und hält diese aufrecht (Julia, Abs. 28) und kann ein Gemeinschaftsgefühl erschaffen (Martin, Abs. 56/58). Selbstverständlich trifft dieses Gefühl nicht auf alle Nutzer digitaler Medien zu, wie auch bereits in der untersuchten Zielgruppe deutlich wurde (vgl. Ben, Abs. 28), dennoch kann das dahinterliegende Potenzial für kollaborative Arbeiten in unterrichtlichen Kontexten gewinnbringend genutzt werden. Folglich kann aus dem Wunsch nach mehr Zusammenarbeit, den die Schüler an mehreren Stellen in den Interviews geäußert haben, eine Chance erwachsen, Kommunikation und Bedeutungsaushandlungen innerhalb der Lernergruppe zu fördern, um so mögliche Synergieeffekte zu nutzen. Die soziale Ebene wird somit durch den Einsatz digitaler (mobiler) Endgeräte bereichert und sollte bei zukünftigen bildungspolitischen Diskussionen einen besonderen Stellenwert einnehmen.

Fazit und Ausblick

Zusammenfassung der Ergebnisse

Die Darstellung der neun Schülerbilder und der dazugehörigen Kategorien zeigt, dass der Einsatz von digitalen mobilen Endgeräten im schulischen sowie außerschulischen Kontext von zahlreichen Faktoren abhängt. Im Rahmen dieser Studie konnte ein gewisser Ausschnitt genauer betrachtet und analysiert werden. Das Ziel war es, zum einen die Nutzungsabsichten und damit das Nutzungsverhalten der Schüler im Hinblick auf diese digitalen mobilen Endgeräte herauszuarbeiten. Durch das qualitativ-inhaltsanalytische Vorgehen bei den retrospektiven Interviews konnten Kategorien sowohl deduktiv als auch induktiv gebildet, wenn notwendig zusammengefasst oder umformuliert und schließlich angewandt werden. Dabei zeigte sich, dass Faktoren aus unterschiedlichen Ebenen zum Tragen kommen. Die affektiv-motivationale Ebene beinhaltet beispielsweise positive wie auch negative Gemütszuschreibungen. So drückten einige der Schüler ihre Wut oder Enttäuschung über den Einsatz der iPads im Unterricht mit einer klaren Richtung an bestimmte Personengruppen aus oder zeigten sich erfreut und motiviert, wenn sie bestimmte Inhalte mit den Endgeräten bearbeiten konnten. Es fällt insgesamt jedoch auf, dass die negativen Eindrücke überwiegen, was zum großen Teil an der eben beschriebenen Beziehung zu anderen Personengruppen liegt.

Damit kommen wir zur sozialen Ebene. Diese Kategorie, die zunächst theoriebasiert deduktiv gebildet wurde (u. a. durch den sozialisierenden Kontext nach Frohberg, den soziokonstruktivistischen Ansätzen oder auch dem *collaborative principle* nach Kirschner), umfasste nach Abschluss der induktiven Kategorienbildung nicht nur Unterkategorien, die sich auf externe Personengruppen, sondern auch auf die jeweiligen Schüler selbst beziehen. Beziehungen untereinander konnten entweder konkret hervorgehoben werden (Schüler-Lehrer-Verhältnis) oder blieben durchaus offen (vgl. Kap. 11.4 zum Verbundenheitsgefühl).

Weiterhin stellte sich die funktional-technische Ebene als wichtige Kategorie in Bezug auf die Nutzungsabsicht und das Nutzungsverhalten der Schüler heraus. Hierbei sind besonders zwei Aspekte zu betonen. In den meisten Fällen konnte ein direkter Zusammenhang festgestellt werden zwischen dem bisherigen Einsatz der digitalen mobilen Endgeräte zu unterrichtlichen Zwecken und der wahrgenommenen Nutzungsabsicht und damit dem Nutzungsverhalten durch die Schüler. Kurzum: Wenn Präsentationen die häufigste methodische

Einsatzform der iPads darstellen, ist es wahrscheinlich, dass Schüler sie auch für zukünftige Zwecke einzusetzen gedenken. Es scheint beinahe so, dass kaum von unterrichtlichen Einsatz abweichende Vorschläge von Seiten der Schüler kommen. Wie in den Interviews deutlich wird, kritisieren zwar einige von ihnen die „Ideenlosigkeit“ oder gar „Planlosigkeit“ der Lehrer und merkten darüber hinaus an, dass eigene Konzepte nicht umgesetzt werden, allerdings führen nur weniger Schüler im Rahmen der Interviews „neue“ Ideen vor. Dies bringt uns zu dem zweiten Aspekt. Viele Schüler geben an, die digitalen mobilen Endgeräte zwar häufig und für unterschiedliche Zwecke wie Informationsbeschaffung oder auch zum Schreiben zu nutzen, sollen sie allerdings den wahrgenommenen Mehrwert beschreiben, stellt sich heraus, dass die Endgeräte in vielen Fällen nur als Substitution für andere analoge Medien verwendet werden. Ob hierbei nun auf die Bloom'sche Taxonomie oder das SAMR-Modell referiert wird, soll keine große Rolle spielen. Dennoch gilt es zu überlegen, ob gerade der unterrichtliche Einsatz und damit seine Schüler nicht durchaus mehr davon profitieren würden, stellte das iPad nicht nur einen Ersatz für einen Stift und ein Stück Papier dar.

Schließlich umfasst die kognitiv-sprachliche Ebene relevante Faktoren hinsichtlich der Nutzungsabsicht und des Nutzungsverhaltens der Schüler. Nicht nur wird deutlich, dass bei weitem nicht alle sprachlichen Fertigkeiten durch den Einsatz von iPad und Co. gleichsam gefordert bzw. gefördert werden, sondern auch, dass fünf der neun interviewten Schüler bemerkenswerte Angaben hinsichtlich der Informationsbewertung machen. Ob nun das Schulbuch oder das iPad als Informationsquelle genutzt wird, wird vom jeweiligen Inhalt abhängig gemacht. Das mag auf den ersten Blick durchaus sinnvoll erscheinen, erweist sich jedoch in den genannten Fällen als stark pauschalisierend. Aussagen, die den Informationsgehalt von Bücher per se als wahrheitsgemäß und „fehlerfrei“ darstellen, sollten dabei ebenso kritisch reflektiert werden wie das blinde Vertrauen im Hinblick auf Wissenssammlungen in Online-Plattformen wie Foren oder Wikis.

Dies führt zur zweiten Forschungsfrage, die der Gestaltung der Persönlichen Lernumgebungen durch die Schüler unter Berücksichtigung bestimmter Aspekte (Teilfragen) nachgeht. Da es sich, wie der Begriff bereits verrät, um Persönliche Lernumgebungen handelt, sollen an dieser Stelle nicht erneut alle neun Schüler vorgestellt werden. Die jeweiligen Schülerbilder vermitteln diesbezüglich bereits einen tiefergehenden Eindruck. Vielmehr stehen die Teilfragen mit ihren unterschiedlichen Perspektiven im Fokus. So kann die erste Teilfrage nach dem Anteil formaler und informeller Lernkontexte unter anderem durch Einbeziehung der gebildeten Kategorien beantwortet werden. Die von Iske (2015: 521) beschriebenen informellen Lerngemeinschaften, die sich auf „gemeinsam geteilten Interessen und Ziele gründen und damit eine hohe alltagsweltliche Relevanz besitzen", finden sich auch in den Darstellungen einzelner Schüler wieder. Der Einsatz der iPads wird hierbei vor allem in Verbindung mit Tutorials oder auch Serien gebracht. Die alltagsweltliche Relevanz besteht dabei in Anleitungen zum Haare frisieren oder zum Schminken, die gemeinsam geteilten Interessen im Austausch bezüglich des Inhalts einer Folge der aktuellen Serien. Stefanie hebt beispielsweise im Interview hervor, dass der Einsatz des iPads mit seinen vielen Funktionen und Informationszugängen auch „zufällige Entdeckungen" ermöglicht. Diese Beispiele stehen stellvertretend für denkbare informelle Lernsituationen, jedoch zeigen einige Interviews auch, dass ein Brückenschlag zu bzw. von formalen Lerninhalten stattfindet. Der Umgebungskontext, in dem die digitalen mobilen Endgeräte eingesetzt werden, spielt für einige Schüler eine wichtige Rolle. Lerninhalte werden personalisiert, indem vorgegebene, eventuell formalisierte Elemente mit außerschulischen, für die Schüler relevanten Elementen verknüpft werden. Vokabelkarten werden mithilfe des iPads mit individuell festgelegten Bildern oder auch Audiodateien versehen, um eine stärkere Anbindung an bekannte, lebensweltliche Dinge zu schaffen. Darüber hinaus bietet die von den Schülern in den Interviews dargestellte erleichterte Informationsbeschaffung Möglichkeiten, selbstgesteuerten Lernprozessen zu initiieren. Martin konnte durch den Einsatz des iPads seinem Interesse an dem Konzept einer US-amerikanischen Jugendstrafanstalt nachgehen und sich so schließlich nach eigenen Angaben besser in den Protagonisten reinversetzen. Somit kann im Falle von Martin der großen subjektiven Bedeutung Rechnung getragen werden, die Rohlfs und Hertel (2015: 634) im Hinblick auf informelle Lerninhalte sehen.

Dies führt zur Beantwortung der zweiten Teilfrage, die die Rolle der Fremdsprache in der Gestaltung der Persönlichen Lernumgebung einnimmt. Im Rahmen der retrospektiven Interviews konnte eine konkrete Rollenzuschreibung des Englischen analysiert werden. So gibt Elena an, manchmal Serien auf Englisch zu schauen, dabei jedoch Untertitel zu nutzen. Auf die Frage, ob ihr dies hilft, antwortet sie, dass sie glaubt, dadurch schon Wörter gelernt zu haben. An dieser Stelle wird ein Problem des empirischen Erforschens informeller Lernsituationen ersichtlich. Es kann keine Überprüfung des Gelernten stattfinden. Ob und wenn ja wie viele Wörter gelernt wurden, basiert in diesem Zusammenhang lediglich auf den Einschätzungen des Schülers. Dennoch sollte betont werden, dass der Kontakt und damit die Auseinandersetzung mit der Fremdsprache auf diesem Wege sicherlich nicht schaden, obgleich dies ungesteuert erfolgt. Diskursive Aushandlungen in virtuellen Kommunikationsgruppen finden trotz Anbindung an unterrichtliche Inhalte (vgl. Aufgabenbearbeitung mit dem *TitanPad* bei Luca) nicht auf Englisch, sondern auf Deutsch statt. Zudem konnte beobachtet werden, dass im Rahmen der Informationsbeschaffung (Bsp.: Recherche zum Autor) in den meisten Fällen ein Rückgriff auf die deutsche Muttersprache stattfindet. In einem Punkt jedoch stellen die digitalen mobilen Endgeräte für die meisten Schüler einen Vorteil dar: das Übersetzen von Wörtern aus dem Englischen ins Deutsche. Die Geräte dienen dabei mit unterschiedlichen Anwendungen (Online-Wörterbuch, Übersetzungsmaschine wie *Google Translate*, etc.) als Werkzeuge zur Aufgabenbearbeitung und dem inhaltlichen Verstehen sowie der Bedeutungsaushandlung von Begriffen.

Die abschließende dritte Teilfrage richtet das Augenmerk auf mögliche Strategien, die die Schüler bei der Gestaltung ihrer Persönlichen Lernumgebungen anwenden. Das soeben beschriebene Vorgehen bei der Übersetzung von Wörtern kann als eine solche Strategie aufgefasst werden. Anhand der analysierten Interviews, unterrichtsbezogenen Schülerprodukte und der Unterrichtsbeobachtungen lassen sich allerdings keine generellen Aussagen über Strategien treffen. Dies ist jedoch auch kein erklärtes Ziel der vorliegenden Arbeit. Die Einzelfallbetrachtung ermöglicht aber eine Beschreibung von Vorgehensweisen beim Einsatz der digitalen mobilen Endgeräte im schulischen sowie außerschulischen Bereich. Die Funktionalitäten der iPads und Smartphones können in mehreren Fällen organisatorischen Bereichen zugeordnet werden. So sind es erneut Substitutionen für einen Wecker, für einen Kalender oder auch für ein Navigationsgerät. Ein direkter Bezug zu einer Lernumgebung kann in diesen Fällen nicht hergestellt werden, wenn man davon ausgeht, dass beispielsweise eine Routenplanung zweckdienlich erscheint, um von Punkt A nach Punkt B zu kommen, jedoch vorrangig wenig lernförderliche Elemente aufweist. Interessanter hingegen erscheint die Rolle der iPads in speziellen unterrichtlichen Kontexten wie der kollaborativen Aufgabenbearbeitung. In diesem Zusammenhang fiel auf, dass in mehreren Gruppen auf Anwendungen zurückgegriffen wurde, um entweder Wortbedeutungen auszuhandeln oder als fehlerhaft markierte Textstellen zu diskutieren (vgl. Gruppenbeispiel Julia und Elena). In Lucas Fall dienen die Gruppenarbeit und damit die Kollaboration als wichtige Strategie, um den Kontakt bei Unklarheiten durch Nachfragen bei der Lehrkraft zu vermeiden. Die virtuelle wie auch reale Zusammenarbeit bietet ihm einen geschützteren Raum, in dem er durch mögliches Unwissen weniger auffällt.

Zusammenfassend lässt sich sagen, dass die einzelnen Kategorien, die im Rahmen der Untersuchung herausgearbeitet wurden, sowohl Hinweise auf die Nutzungsabsicht und das Nutzungsverhalten der Schüler liefern, als auch die Komplexität der Gestaltung von Persönlichen Lernumgebungen widerspiegeln. Es ist wenig überraschend, dass nicht alle Schüler gleichermaßen die digitalen mobilen Endgeräte nutzen; zugleich bleibt allerdings vor diesem individuellen Hintergrund die Frage nach einem „angemessenen“ unterrichtlichen Einsatz offen.

Implikationen für den unterrichtlichen Einsatz

Unter Bezug auf die soeben dargestellten Ergebnisse lassen sich drei zentrale Implikationen für den unterrichtlichen Einsatz digitaler mobiler Endgeräte festhalten. Ersten sollten individuelle Nutzungsverhalten und -vorlieben der Schüler bei der Planung von Aufgaben berücksichtigt werden. Dies beinhaltet sowohl Wissen über die Medienbiographie der Schüler als auch eine deren präferierten Bearbeitungsformen. An dieser Stelle kommt zudem die Forderung der Förderung des selbstgesteuerten Lernens. Wenn die digitalen mobilen Endgeräte als Möglichkeit verstanden werden, Lerninhalte sowohl durch die Lerner selbst bearbeiten und darüber hinaus personalisieren zu lassen, tritt eine größere Vielfalt in Verbindung mit positiven Affekten wie Spaß am Bearbeiten oder Motivation auf, die den Unterricht bereichern können. Hierfür muss die Lehrkraft allerdings zweitens Abwechslung in der Unterrichtsgestaltung schaffen und zulassen. Ein offenes Ohr für die Vorschläge hinsichtlich des Einsatzes von Seiten der Schüler ist dabei ebenso wichtig wie die Berücksichtigung verschiedener Sozialformen. Insbesondere vor dem Hintergrund des aufgabenorientierten Lernens kann dabei auf unterschiedliche methodische Herangehensweisen zurückgegriffen werden (Bsp. komplexe Lernaufgaben). Drittens stehen gerade bei der rasanten und stetig voranschreitenden technischen Entwicklung Fort- und Weiterbildungen für Lehrkräfte im Mittelpunkt. Mit dem Wissen um die Einsatzmöglichkeiten von Apps und den generellen Funktionen digitaler mobiler Endgeräte kann nicht nur der „Planlosigkeit" entgegengewirkt, sondern auch vielfältigere Angebote geschaffen werden.

Diese Implikationen sollen dabei nicht als allgemeine Kritik am Status Quo des (fremdsprachlichen) Unterrichts gesehen werden, sondern als langfristiges Ziel für den Medieneinsatz, das kleinschrittig gefasst weniger utopisch als vielmehr realistisch erscheint.

Kritisch-reflexive Abschlussbetrachtung

Bereits in Kapitel 7.5 wurde meine Rolle als Forschungsleiter reflektiert. In diesem abschließenden Teil soll die gesamte Studie kritisch-reflexiv betrachtet werden.

Mit der Entscheidung, eine qualitativ ausgerichtete Untersuchung durchzuführen, kamen während des Forschungsprozesses immer wieder Zweifel hinsichtlich des methodischen Vorgehens auf. Um den eigenen sowie wissenschaftlichen Ansprüchen gerecht zu werden, sollte eine Falldarstellung und somit Abbildung individueller wie auch übergreifender Faktoren und Muster ein möglichst genaues Bild über den Einsatz von digitalen mobilen Endgeräte im schulischen und außerschulischen Kontext wiedergeben. Informelles Lernen zu untersuchen, stellte sich erwartungsgemäß als schwierig heraus. Es galt anhand der Angaben der Schüler festzulegen, welche Lernsituationen informeller Natur sind und welche nicht. Darüber hinaus führten die Schüler in den Interviews nicht allzu viele Aspekte diesbezüglich an. Es ist jedoch verschiedenen Umständen geschuldet, dass bei weitem nicht die Menge und Tiefe an Daten zustande gekommen ist, was dazu führt, dass mit den Ergebnissen dieser Studie keine verallgemeinerbaren Aussagen getroffen werden können. Mir ist bewusst, dass vor allem qualitative Forschung dies nicht zum Ziel hat. Ich möchte dennoch betonen, dass die vorliegende Studie einen speziellen Wirklichkeitsausschnitt untersucht hat, aus dem diese Ergebnisse abgeleitet werden. Rückblickend stellt sich zudem die introspektive Forschungsmethodik des Lauten Erinnerns als weniger gewinnbringend heraus, als dies erhofft war. Auch wenn ich es in der Praxis für schwer umsetzbar halte, würde Lautes Denken bei der Bearbeitung sicherlich die Datenmenge und –tiefe und damit Analysemöglichkeiten erhöhen.

Forschungsdesiderate

Viele der durch diese Untersuchung gewonnenen Erkenntnisse lassen sich als Grundlage für zukünftige Forschungsprojekte nehmen. So können einzelne (Ober-) Kategorien näher betrachtet werden, die durch die Analyse der Interviews in ihrer Besetzungshäufigkeit hervorstechen. Insbesondere kollaborative Aktivitäten, die die Schüler als Produzenten kreativer Inhalte ansiedeln, scheinen dabei vor dem Hintergrund des multifunktionalen Medieneinsatzes interessant zu sein. Ebenso gilt es, den großen Bereich des informellen Lernens näher zu untersuchen. Hierfür muss allerdings zunächst eine Operationalisierung des Begriffs stattfinden, der besonders im schulischen Kontext keine Widersprüche erzeugt. Denn es bleibt ungeklärt, ob informelles Lernen durch eine Einbindung in formale Kontexte weiterhin informell bleibt und wie es zertifiziert bzw. akkreditiert werden kann. Die Ergebnisse der vorliegenden Studie sollten darüber hinaus zum Anlass genommen werden, eine quantitative und somit größer angelegte Studie durchzuführen, um die induktiv gewonnenen Kategorien im Hinblick auf die Gütekriterien der Validität, Reliabilität und Objektivität zu untersuchen.

Abschließend möchte ich die zu Beginn verwendete Metapher der drei Affen aufgreifen und dazu ermutigen, sich dem Einsatz „neuer" Medien im Bildungsbereich mit offen Augen und Ohren sowie aktiver Beteiligung am öffentlichen Diskurs zu stellen, da nur so eine (sozio-)konstruktiv(istisch)e Entwicklung stattfinden kann.

Literaturverzeichnis

Agar, Michael H. (1980): *The Professional Stranger.* New York: Academic Press.

Aguado, Karin (2013): „Die Qualitative Inhaltsanalyse in der empirischen Fremdsprachenforschung: Grenzen, Potentiale, Desiderata“. In: Aguado, Karin / Schramm, Karen & Heine, Lena (Hrsg.): *Introspektive Verfahren und Qualitative Inhaltsanalyse in der Fremdsprachenforschung.* Frankfurt: Peter Lang International Academic Publishers (KFU), 119-135.

Albert, Ruth; Marx, Nicole (2010): *Empirisches Arbeiten in Linguistik und Sprachlehrforschung. Anleitung zu quantitativen Studien von der Planungsphase bis zum Forschungsbericht.* Tübingen: Narr (Narr-Studienbücher).

Alm-Lequeux, Antonie (2001): „Using the Internet as a Zone of Proximal Development for Teaching Indirect Speech: A Vygotskian Approach“. In: *Die Unterrichtspraxis / Teaching German* 34, 1–9.

Anderson, Lorin W. (2014): *A taxonomy for learning, teaching, and assessing. A revision of Bloom's.* Harlow: Pearson Education.

Arich-Gerz, Bruno (2008): „E-Learning as Collaborative Effort“. In: Donnerstag, Jürgen / Volkmann, Laurenz (Hrsg.): *Media and American studies in the EFL-classroom.* Heidelberg: Winter (American studies), 157–171.

Arnold, Patricia; Kumar, Swapna (2014): „"Räumchen wechsle dich" – Eigenräume und Raumwechsel beim Aufbau einer Online Community of Practice“. In: Rummler, Klaus (Hrsg.): *Lernräume gestalten – Bildungskontexte vielfältig denken.* Münster, Westf: Waxmann (Medien in der Wissenschaft), 473–484.

Attwell, Graham (2007): „The Personal Learning Environments – the future of eLearning?“. In: *eLearning Papers* 2, 1–8.

Aufenanger, Stefan (2017): „Zum Stand der Forschung zum Tableteinsatz in Schule und Unterricht aus nationaler und internationaler Sicht“. In: Bastian, Jasmin / Aufenanger, Stefan (Hrsg.): *Tablets in Schule und Unterricht.* Wiesbaden: Springer Fachmedien Wiesbaden, 119–138.

Bach, Gerhard; Viebrock, Britta (2012): „Was ist erlaubt? Ethik in der Fremdsprachenforschung“. In: Doff, Sabine (Hrsg.): *Fremdsprachenunterricht empirisch erforschen.* Tübingen: Narr, 17–33.

Bächle, Thomas Christian; Thimm, Caja (2014a): „Mobile Medien – Mobiles Leben. Zur Einleitung“. In: Bächle, Thomas Christian / Thimm, Caja (Hrsg.): *Mobile Medien, Mobiles Leben. Neue Technologien, Mobilität und die mediatisierte Gesellschaft.* Berlin: Lit (Bonner Beiträge zur Onlineforschung), 7–16.

Bächle, Thomas Christian; Thimm, Caja (2014b): „Mobile Technologien im Alltag und die Erfahrbarkeit sozialer Räume. Ein Entwurf zum Augmented Living“. In: Bächle, Thomas Christian / Thimm, Caja (Hrsg.): *Mobile Medien, Mobiles Leben. Neue Tech-*

nologien, Mobilität und die mediatisierte Gesellschaft. Berlin: Lit (Bonner Beiträge zur Onlineforschung), 41–68.

Bastian, Jasmin (2017): „Tablets zur Neubestimmung des Lernens?: Befragung und Unterrichtsbeobachtung zur Bestimmung der Integration von Tablets in den Unterricht". In: Bastian, Jasmin / Aufenanger, Stefan (Hrsg.): *Tablets in Schule und Unterricht.* Wiesbaden: Springer Fachmedien, 139–173.

Bax, Stephen (2003): „CALL – past, present, future". In: *System* 31, 13–28.

Beatty, Ken; Nunan, David (2004): „Computer-mediated collaborative learning". In: *System* 32, 165–183.

Biebighäuser, Kathrin; Zibelius, Marja; Schmidt, Torben (Hrsg.) (2012a): *Aufgaben 2.0. Konzepte, Materialien und Methoden für das Fremdsprachenlehren und -lernen mit digitalen Medien.* Tübingen: Narr. Tübingen: Narr Verlag (Gießener Beiträge zur Fremdsprachenforschung).

Biebighäuser, Kathrin; Zibelius, Marja; Schmidt, Torben (2012b): „Aufgaben 2.0 – Aufgabenorientierung beim Fremdsprachenlernen mit digitalen Medien". In: Biebighäuser, Kathrin / Zibelius, Marja / Schmidt, Torben (Hrsg.): *Aufgaben 2.0. Konzepte, Materialien und Methoden für das Fremdsprachenlehren und -lernen mit digitalen Medien.* Tübingen: Narr. Tübingen: Narr Verlag (Gießener Beiträge zur Fremdsprachenforschung), 11–56.

Biebighäuser, Katrin (2014): *Fremdsprachenlernen in virtuellen Welten. Empirische Untersuchung eines Begegnungsprojekts zum interkulturellen Lernen.* Tübingen: Narr Verlag (Giessener Beiträge zur Fremdsprachendidaktik).

Birch, Anthony; Irvine, Valerie (2009): „Preservice teachers' acceptance of ICT integration in the classroom: applying the UTAUT model". In: *Educational Media International* 46, 295–315.

Böttcher, Rebecca (2015): „Lernen mit digitalen Medien in informellen Situationen und die Verbindung zu formal organisierten Lernprozessen". In: *Fremdsprache Deutsch,* 9–13.

Bredella, Lothar (2002): „Die Entwertung der Welt und der Sprache in der radikalkonstruktivistischen Fremdsprachendidaktik". In: *Zeitschrift für Fremdsprachenforschung* 13, 109–129.

Brückner, Cornelia (2012): „Mit Shared Documents selbstbestimmte und kreative Lernumgebungen schaffen". In: Wagner, Jürgen / Heckmann, Verena (Hrsg.): *Web 2.0 im Fremdsprachenunterricht. Ein Praxisbuch für Lehrende in Schule und Hochschule.* Glückstadt: Hülsbusch (E-Learning), 42–49.

Burston, Jack (2013): „Language Learning Technology". In: *The IALLT Journal* 43, 89–96.

Burwitz-Melzer, Eva; Steininger, Ivo (2016): „Inhaltsanalyse". In: Caspari, Daniela / Klippel, Friederike / Legutke, Michael K. / Schramm, Karen (Hrsg.): *Forschungsmethoden in der Fremdsprachendidaktik. Ein Handbuch.* Tübingen: Narr Francke Attempto, 256–269.

Caspari, Daniela (2016a): „Erfassen von unterrichtsbezogenen Produkten". In: Caspari, Daniela / Klippel, Friederike / Legutke, Michael K. / Schramm, Karen (Hrsg.): *Forschungsmethoden in der Fremdsprachendidaktik. Ein Handbuch.* Tübingen: Narr Francke Attempto, 193–205.

Caspari, Daniela (2016b): „Grundfragen fremdsprachendidaktischer Forschung". In: Caspari, Daniela / Klippel, Friederike / Legutke, Michael K. / Schramm, Karen (Hrsg.): *Forschungsmethoden in der Fremdsprachendidaktik. Ein Handbuch.* Tübingen: Narr Francke Attempto, 7–21.

Caspari, Daniela; Schmelter, Lars (2016): „Qualitative Forschung". In: Burwitz-Melzer, Eva / Mehlhorn, Grit / Riemer, Claudia / Bausch, Karl-Richard / Krumm, Hans-Jürgen (Hrsg.): *Handbuch Fremdsprachenunterricht.* Tübingen: A. Francke Verlag (UTB), 583–587.

Chan, Tak-Wai (2010): „How East Asian classrooms may change over the next 20 years". In: *Journal of Computer Assisted Learning* 26, 28–52.

Cochrane, Thomas (2013): „A Summary and Critique of M-Learning Research and Practice". In: Berge, Zane L. / Muilenburg, Lin Y. (Hrsg.): *Handbook of mobile learning.* New York: Routledge, 24–34.

Cole, Jason; Vanderplank, Robert (2016): „Comparing autonomous and class-based learners in Brazil: Evidence for the present-day advantages of informal, out-of-class learning". In: *System* 61, 31–42.

Crompton, Helen (2013): „Mobile Learning: New Approach, New Theory". In: Berge, Zane L. / Muilenburg, Lin Y. (Hrsg.): *Handbook of mobile learning.* New York: Routledge, 47–57.

Csikszentmihalyi, Mihaly / Aeschbacher, Urs (2010): *Das Flow-Erlebnis. Jenseits von Angst und Langeweile: im Tun aufgehen.* Stuttgart: Klett-Cotta (Konzepte der Humanwissenschaften).

Cullen, R.; Kullman, J.; Wild, C. (2013): „Online collaborative learning on an ESL teacher education programme". In: *ELT Journal* 67, 425–434.

Dabbagh, Nada; Kitsantas, Anastasia (2012): „Personal Learning Environments, social media, and self-regulated learning: A natural formula for connecting formal and informal learning". In: *The Internet and Higher Education* 15, 3–8.

Dausend, Henriette (2017): „Tablets zur Förderung diskursiver Aushandlungsprozesse im Fremdsprachenunterricht". In: Bastian, Jasmin / Aufenanger, Stefan (Hrsg.): *Tablets in Schule und Unterricht.* Wiesbaden: Springer Fachmedien Wiesbaden, 355–379.

Davis, Fred D.; Bagozzi, Richard P.; Warshaw, Paul R. (1989): „User Acceptance of Computer Technology: A comparison of two theoretical models". In: *Management Science* 35, 982–1003.

De Guerrero, María C.M.; Villamil, Olga S. (2000): „Activating the ZPD: Mutual Scaffolding in L2 Peer Revision". In: *The Modern Language Journal* 84, 51–68.

Diekmann, Andreas (2009): *Empirische Sozialforschung. Grundlagen, Methoden, Anwendungen.* Reinbek bei Hamburg: rowohlts enzyklopädie im Rowohlt Taschenbuch Verlag.

Dizon, Gilbert (2016): „Measuring Japanese EFL Student Peceptions of Internet-Based Tests with the Technology Acceptance Model“. In: *TESL-EJ* 20, o.P.
Dowling, Sean (2013): „Using Blogs to Share Learner-Generated Content“. In: *TESL-EJ* 17, o.P.
Dresing, Thorsten; Pehl, Thorsten (2013): *Praxisbuch Interview, Transkription & Analyse. Anleitungen und Regelsysteme für qualitativ Forschende.* Marburg: Dr. Dresing und Pehl GmbH.
Dudeney, Gavin; Hockly, Nicky (2012): „ICT in ELT: how did we get here and where are we going?“. In: *ELT Journal* 66, 533–542.

Edmondson, Willis (2002): „Fremdsprachendidaktik dekonstruiert. Eine Replik auf Michael Wendt“. In: *Zeitschrift für Fremdsprachenforschung* 13, 131–138.
Ehrenreich, Susanne (2004): *Auslandsaufenthalt und Fremdsprachenlehrerbildung. Das assistant-Jahr als ausbildungsbiographische Phase.* München: Langenscheidt (Münchener Arbeiten zur Fremdsprachen-Forschung; 10).
Elsner, Daniela; Viebrock, Britta (2015): „Einleitung: Triangulation in der Fremdsprachenforschung“. In: Elsner, Daniela / Viebrock, Britta (Hrsg.): *Triangulation in der Fremdsprachenforschung.* Frankfurt am Main: Lang, 7–16.
Esteve, Olga (2008): „Die Rolle der Interaktion zur Förderung selbstregulierender Prozesse“. In: Arntz, Reiner / Kühn, Bärbel (Hrsg.): *Autonomes Fremdsprachenlernen in Hochschule und Erwachsenenbildung. Erträge des 1. Bremer Symposions zum Autonomen Fremdsprachenlernen.* Bochum: AKS-Verlag (Fremdsprachen in Lehre und Forschung), 33–46.
Europäische Kommission (2001): *Mitteilung der Kommission. Einen europäischen Raum des lebenslangen Lernens schaffen,* http://eur-lex.europa.eu/LexUriServ/LexUriServ.do?uri=COM:2001:0678:FIN:DE:PDF.

Falk, Simon (2015): „Ap(p)ropos mobil – Über den Einsatz von Apps im DaF-Unterricht“. In: *GFL – German as a foreign language,* 16–32.
Falloon, Garry (2015): „What's the difference? Learning collaboratively using iPads in conventional classrooms“. In: *Computers & Education* 84, 62–77.
Fehn, Marianne (2016): „Sprachlern-Apps im und nach dem Unterricht: Quizlet, Busuu und Tellagami“. In: *Praxis Fremdsprachenunterricht Basisheft* 13, 14.
Feick, Diana (2016): *Autonomie in der Lernendengruppe. Entscheidungsdiskurs und Mitbestimmung in einem DaF-Handyvideoprojekt.* Tübingen: Narr Francke Attempto (Giessener Beiträge zur Fremdsprachendidaktik).
Feierabend, Sabine / Plankenhorn, Theresa / Rathgeb, Thomas (2016): *JIM 2016 Jugend, Information, (Multi-)Media. Basisstudie zum Medienumgang 12- bis 19-Jähriger in Deutschland,* www.mpfs.de/fileadmin/files/Studien/JIM/2016/JIM_Studie_2016.pdf.
Fisher, Brian; Lucas, Timothy; Galstyan, Araksi (2013): „The Role of iPads in Constructing Collaborative Learning Spaces“. In: *Technology, Knowledge and Learning* 18, 165–178.

Flick, Uwe (2011a): *Qualitative Sozialforschung. Eine Einführung*. Reinbek bei Hamburg: Rowohlt-Taschenbuch-Verl. (Rowohlts Enzyklopädie).

Flick, Uwe (2011b): *Triangulation*. Wiesbaden: Springer Fachmedien (Qualitative Sozialforschung).

Frohberg, Dirk (2008): *Mobile Learning*. Zürich: Universität Zürich (Disserationsschrift).

Funk, Hermann (2016): „Materialeinsatz in tandembasierten Fremdsprachenlernszenarien: Bericht aus einem laufenden Forschungsprojekt“. In: *Info DaF* 43, 693–709.

Gartner Inc. (2017): *Research Methodologies. Gartner Hype Cycle*, www.gartner.com/technology/research/methodologies/hype-cycle.jsp.

Gehring, Wolfgang (2010): „Zur Einleitung: Lernort, Lernstandort, Lernumgebung: Warum ein Fremdsprachenunterricht auch außerhalb des Klassenzimmers ertragreich ist“. In: Gehring, Wolfgang / Stinshoff, Elisabeth (Hrsg.): *Außerschulische Lernorte des Fremdsprachenunterrichts*. Braunschweig: Bildungshaus Schulbuchverlage, 7–16.

Gerstein, Jackie (2013): „Team and Community Building Using Mobile Devices“. In: Berge, Zane L. / Muilenburg, Lin Y. (Hrsg.): *Handbook of mobile learning*. New York: Routledge, 268–284.

Grau, Maike; Legutke, Michael K. (2013): „Vernetzte Lernorte: Englisch im Klassenzimmer und in der Lebenswelt lernen“. In: *Der fremdsprachliche Unterricht Englisch* 47, 2–6.

Grimm, Nancy; Hammer, Julia (2014): „Now, Here, and Everywhere: Mit Edu-Apps Blended Learning-Szenarien gestalten und mobil lernen“. In: *Der fremdsprachliche Unterricht Englisch* 48, 2–8.

Grotjahn, Rüdiger (1987): „On the Methodological Basis of Introspective Methods“. In: Færch, Claus / Kasper, Gabriele (Hrsg.): *Introspection in second language research*. Clevedon [etc.]: Multilingual Matters, 54–81.

Grotjahn, Rüdiger (1993): „Qualitative vs. quantitative Fremdsprachenforschung: Eine klärungsbedürftige und unfruchtbare Dichotomie“. In: Timm, Johannes-Peter (Hrsg.): *Kontroversen in der Fremdsprachenforschung. Dokumentation des 14. Kongresses für Fremdsprachendidaktik, veranstaltet von der Deutschen Gesellschaft für Fremdsprachenforschung (DGFF)*, Essen, 7. – 9. Oktober 1991. Bochum: Brockmeyer (Beiträge zur Fremdsprachenforschung), 223–248.

Grotjahn, Rüdiger (2000): „Einige Thesen zur empirischen Forschungsmethodologie“. In: Aguado, Karin (Hrsg.): *Zur Methodologie in der empirischen Fremdsprachenforschung*. Baltmannsweiler: Schneider, 19–30.

Grotjahn, Rüdiger (2002): „Informationsverarbeitungsparadigma und Radikaler Konstruktivismus: Kritische Anmerkung zu Michael Wendt "Kontext und Konstruktion"“. In: *Zeitschrift für Fremdsprachenforschung* 13, 139–163.

Grum, Urška; Legutke, Michael K. (2016): „Sampling“. In: Caspari, Daniela / Klippel, Friederike / Legutke, Michael K. / Schramm, Karen (Hrsg.): *Forschungsmethoden in der Fremdsprachendidaktik. Ein Handbuch*. Tübingen: Narr Francke Attempto, 78–89.

Grum, Urška; Zydatiß, Wolfgang (2016): „Statistische Verfahren – Einleitung“. In: Caspari, Daniela / Klippel, Friederike / Legutke, Michael K. / Schramm, Karen (Hrsg.):

Forschungsmethoden in der Fremdsprachendidaktik. Ein Handbuch. Tübingen: Narr Francke Attempto, 319–324.

Grunert, Cathleen (2015): „Informelles Lernen im Jugendalter". In: Harring, Marius / Witte, Matthias D. / Burger, Timo (Hrsg.): *Handbuch informelles Lernen. Interdisziplinäre und internationale Perspektiven.* Weinheim, Bergstr: Beltz Juventa, 331–343.

Hanjani, Alireza Memari; Li, Li (2014): „Exploring L2 writers' collaborative revision interactions and their writing performance". In: *System* 44, 101–114.

Harrop, Deborah; Turpin, Bea (2013): „A Study Exploring Learners' Informal Learning Space Behaviors, Attitudes, and Preferences". In: *New Review of Academic Librarianship* 19, 58–77.

Heine, Lena (2013): „Introspektive Verfahren in der Fremdsprachenforschung: State-of-the-Art und Desiderata". In: Aguado, Karin / Schramm, Karen / Heine, Lena (Hrsg.): *Introspektive Verfahren und Qualitative Inhaltsanalyse in der Fremdsprachenforschung.* Frankfurt: Peter Lang International Academic Publishers (KFU), 13–30.

Heine, Lena; Schramm, Karen (2016): „Introspektion". In: Caspari, Daniela / Klippel, Friederike / Legutke, Michael K. / Schramm, Karen (Hrsg.): *Forschungsmethoden in der Fremdsprachendidaktik. Ein Handbuch.* Tübingen: Narr Francke Attempto, 173–181.

Hessisches Kultusministerium (HKM) (2015): *Hessisches Schulgesetz,* https://kultusministerium.hessen.de/sites/default/files/media/hkm/lesefassung_schulgesetz_mit_inhaltsverzeichnis_stand_20170116.pdf.

Hockly, Nicky (2013): „Mobile learning". In: *ELT Journal* 67, 80–84.

Hockly, Nicky (2015): „Developments in online language learning". In: *ELT Journal* 69, 308–313.

Holec, Henri (1979): *Autonomie et apprentissage des langues étrangères.* Paris: Hatier.

Hu, Adelheid (2002): „Skeptische Anmerkung zu einer naturalisierten Erkenntnistheorie als Grundlage für das Lernen und Lehren von Sprachen: Eine Replik auf Michael Wendt (2002): "Kontext und Konstruktion"". In: *Zeitschrift für Fremdsprachenforschung* 13, 165–180.

Hubona, Geoffrey S.; Whisenand, Thomas G. (1995): „External Variables and the Technology Acceptance Model". In: *AMCIS 1995 Proceedings,* 1–6.

Iske, Stefan (2015): „Digitale Medien und informelles Lernen". In: Harring, Marius / Witte, Matthias D. / Burger, Timo (Hrsg.): *Handbuch informelles Lernen. Interdisziplinäre und internationale Perspektiven.* Weinheim, Bergstr: Beltz Juventa, 510–532.

Jarvis, Huw (2015): „From PPP and CALL/MALL to a Praxis of Task-Based Teaching and Mobile Assisted Language Use". In: *TESL-EJ* 19, 1–9.

Jarvis, Huw; Achilleos, Marianna (2013): „From Computer Assisted Language Learning (CALL) to Mobile Assisted Languge Use (MALU)". In: *TESL-EJ* 16, 1–18.

Jarvis, Huw; Krashen, Stephen (2014): „Is CALL Obsolete? Language Acquisition and Language Learning Revisited in a Digital Age". In: *TESL-EJ* 17, 1–6.

Jenkins, Henry; Purushotma, Ravi (2009): *Confronting the challenges of participatory culture. Media education for the 21st century.* Cambridge, Mass.: The MIT Press (The John D. and Catherine T. MacArthur Foundation Reports on Digital Media and Learning).

Kahnwald, Nina (2013): *Informelles Lernen in virtuellen Gemeinschaften. Nutzungspraktiken zwischen Information und Partizipation.* Münster, Westf: Waxmann (Medien in der Wissenschaft; 62).

Kerres, Michael (2013): *Mediendidaktik. Konzeption und Entwicklung mediengestützter Lernangebote.* München: Oldenbourg.

Kinshuk; Koper, Rob; Kommers, Piet; Kirschner, Paul; Sampson, Demetrios G.; Didderen, Wim (Hrsg.) (2006): *The Sixth International Conference on Advanced Learning Technologies. ICALT 2006; 5 – 7 July 2006, Kerkrade, The Netherlands; proceedings.* Los Alamitos, Calif.: IEEE Computer Society.

Kirschner, Paul A.; Kirschner, Femke; Janssen, Jeroen (2014): „The Collaborative Principle in Multimedia Learning". In: Mayer, Richard E. (Hrsg.): *The Cambridge handbook of multimedia learning.* New York: Cambridge University Press (Cambridge Handbooks in Psychology), 547–575.

KMK (2014): *Bildungsstandards für die fortgeführte Fremdsprache (Englisch/Französisch) für die Allgemeine Hochschulreife.* (Beschluss der Kultusministerkonferenz vom 18.10.2012). Köln: Link.

Knorr, Petra (2013): „Zur Differenzierung retrospektiver verbaler Daten: Protokolle Lauten Erinnerns erheben, verstehen und analysieren". In: Aguado, Karin / Schramm, Karen / Heine, Lena (Hrsg.): *Introspektive Verfahren und Qualitative Inhaltsanalyse in der Fremdsprachenforschung.* Frankfurt: Peter Lang International Academic Publishers (KFU), 31–53.

Knorr, Petra; Schramm, Karen (2012): „Datenerhebung durch Lautes Denken und Lautes Erinnern in der fremdsprachendidaktischen Empirie: Grundlagenbeitrag". In: Doff, Sabine (Hrsg.): *Fremdsprachenunterricht empirisch erforschen.* Tübingen: Narr, 184–201.

Knorr, Petra; Schramm, Karen (2016): „Triangulation". In: Caspari, Daniela / Klippel, Friederike / Legutke, Michael K. / Schramm, Karen (Hrsg.): *Forschungsmethoden in der Fremdsprachendidaktik. Ein Handbuch.* Tübingen: Narr Francke Attempto, 90–97.

Kollenberg, Malte E. (2012): *Maximal digital,* www.spiegel.de/schulspiegel/digitale-revolution-schulen-in-korea-schaffen-buecher-aus-papier-ab-a-840959.html.

Königs, Frank G. (1983): *Normenaspekte im Frendsprachenunterricht. Ein konzeptorientierter Beitrag zur Erforschung des Fremdsprachenunterrichts.* Tübingen: G. Narr (Tübinger Beiträge zur Linguistik; 222).

Königs, Frank G. (2005): „Konstruktiv: ja, bitte! Konstruktion: warum nicht – aber Konstruktivismus? Gedanken zur Verbindung zwischer einer Lerntheorie und dem Fremdsprachenunterricht in einem Sprachlernzentrum". In: Leewen, Eva C. van (Hrsg.): *Sprachenlernen als Investition in die Zukunft. Wirkungskreise eines Sprach-*

lernzentrums; Festschrift für Heinrich P. Kelz zum 65. Geburtstag. Tübingen: Narr, 447–463.

Königs, Frank G. (2015): „Ortstermin. Beobachtungen zur Bedeutung der Lernorte für das Lehren und Lernen von Fremdsprachen“. In: Burwitz-Melzer, Eva / Königs, Frank G. / Riemer, Claudia (Hrsg.): *Lernen an allen Orten? Die Rolle der Lernorte beim Lehren und Lernen von Fremdsprachen. Arbeitspapiere der 35. Frühjahrskonferenz zur Erforschung des Fremdsprachenunterrichts.* Tübingen: Narr Francke Attempto (Giessener Beiträge zur Fremdsprachendidaktik), 90–97.

Königs, Frank G. (2016): „Die Dichotomie Spracherwerb und Sprachenlernen“. In: Burwitz-Melzer, Eva / Mehlhorn, Grit / Riemer, Claudia / Bausch, Karl-Richard / Krumm, Hans-Jürgen (Hrsg.): *Handbuch Fremdsprachenunterricht.* Tübingen: A. Francke Verlag (UTB), 281–285.

Konrad, Klaus; Traub, Silke (2015): *Selbstgesteuertes Lernen. Grundwissen und Tipps für die Praxis.* Baltmannsweiler: Schneider Verlag Hohengehren.

Krommer, Axel (2014): „"Bring your own device!": Smartphone, Tablets und ein demokratisierter Beamer im Sprachunterricht“. In: *Deutsche Lehrer im Ausland* 61, 336–342.

Krotz, Friedrich (2014): „Augmented Reality und informelle Vereinbarungen: Überlegungen zu einer Theorie des Smartphones“. In: Bächle, Thomas Christian / Thimm, Caja (Hrsg.): *Mobile Medien, Mobiles Leben. Neue Technologien, Mobilität und die mediatisierte Gesellschaft.* Berlin: Lit (Bonner Beiträge zur Onlineforschung), 19–40.

Kuckartz, Udo (2016): *Qualitative Inhaltsanalyse. Methoden, Praxis, Computerunterstützung.* Weinheim und Basel: Beltz Juventa (Grundlagentexte Methoden).

Kukulska-Hulme, Agnes (2009): „Will mobile learning change language learning?“. In: *ReCALL* 21, 157–165.

Kukulska-Hulme, Agnes / Norris, Lucy / Donohue, Jim (2014): *Mobile pedagogy for English language teaching: a guide for teachers*, http://englishagenda.britishcouncil.org/sites/ec/files/E485%20Mobile%20pedagogy%20for%20ELT_FINAL_v2.pdf.

Kurtz, Jürgen (2015): „Dimensionen einer fremdsprachendidaktischen Theorie der Lernorte“. In: Burwitz-Melzer, Eva / Königs, Frank G. / Riemer, Claudia (Hrsg.): *Lernen an allen Orten? Die Rolle der Lernorte beim Lehren und Lernen von Fremdsprachen. Arbeitspapiere der 35. Frühjahrskonferenz zur Erforschung des Fremdsprachenunterrichts.* Tübingen: Narr Francke Attempto (Giessener Beiträge zur Fremdsprachendidaktik), 106–116.

Laal, Marjan; Ghodsi, Seyed Mohammad (2012): „Benefits of collaborative learning“. In: *Procedia – Social and Behavioral Sciences* 31, 486–490.

Laal, Marjan; Laal, Mozhgan (2012): „Collaborative learning: what is it?“. In: *Procedia – Social and Behavioral Sciences* 31, 491–495.

Laal, Marjan; Laal, Mozhgan; Kermanshahi, Zhina Khattami (2012): „21st Century Learning; Learning in Collaboration“. In: *Procedia – Social and Behavioral Sciences* 47, 1696–1701.

Laal, Marjan; Naseri, Azadeh Sadat; Laal, Mozhgan; Khattami-Kermanshahi, Zhina (2013): „What do we Achieve from Learning in Collaboration?“. In: *Procedia – Social and Behavioral Sciences* 93, 1427–1432.

Lackner, Elke; Kopp, Michael (2014): „Lernen und Lehren im virtuellen Raum. Herausforderungen, Chancen, Möglichkeiten“. In: Rummler, Klaus (Hrsg.): *Lernräume gestalten – Bildungskontexte vielfältig denken.* Münster, Westf: Waxmann (Medien in der Wissenschaft), 174–186.

Lai, Emily; Dicerbo, Kristen; Foltz, Peter (2017): *Skills for Today: What We Know about Teaching and Assessing Collaboration.* London: Pearson.

Landkammer, Florian; Sassenberg, Kai (2016): „Der Einfluss von Gruppenmitgliedschaften auf den Informationsaustausch mit digitalen Kommunikationsmedien“. In: *Psychologische Rundschau* 67, 110–117.

Legutke, Michael; Thiel, Wolfgang (1983): *Airport. Ein Projekt für den Englischunterricht in Klasse 6.* Wiesbaden: Hessisches Institut für Bildungsplanung und Schulentwicklung.

Legutke, Michael K. (2003): „Lernwelt Klassenzimmer: Szenarien für einen handlungsorientierten Fremdsprachenunterricht“. In: Bach, Gerhard (Hrsg.): *Englischunterricht. Grundlagen und Methoden einer handlungsorientierten Unterrichtspraxis.* Tübingen: Francke (UTB für Wissenschaft Anglistik), 82–109.

Legutke, Michael K. (2010): „Lehr- und Lernort“. In: Surkamp, Carola (Hrsg.): *Metzler Lexikon Fremdsprachendidaktik. Ansätze – Methoden – Grundbegriffe.* Stuttgart, Weimar: Metzler , 171–175.

Legutke, Michael K. (2015): „Vernetzte Lernorte“. In: Burwitz-Melzer, Eva / Königs, Frank G. / Riemer, Claudia (Hrsg.): *Lernen an allen Orten? Die Rolle der Lernorte beim Lehren und Lernen von Fremdsprachen. Arbeitspapiere der 35. Frühjahrskonferenz zur Erforschung des Fremdsprachenunterrichts.* Tübingen: Narr Francke Attempto (Giessener Beiträge zur Fremdsprachendidaktik), 127–135.

Legutke, Michael K.; Schramm, Karen (2016): „Forschungsethik“. In: Caspari, Daniela / Klippel, Friederike / Legutke, Michael K. / Schramm, Karen (Hrsg.): *Forschungsmethoden in der Fremdsprachendidaktik. Ein Handbuch.* Tübingen: Narr Francke Attempto, 108–117.

Mackey, Alison; Gass, Susan M. (2016): *Second language research. Methodology and design.* Abingdon, Oxon: Routledge.

Marques-Schäfer, Gabriela (2013): *Deutsch lernen online. Eine Analyse interkultureller Interaktionen im Chat.* Tübingen: Narr (Giessener Beiträge zur Fremdsprachendidaktik).

Martinez, Hélène (2008): *Lernerautonomie und Sprachenlernverständnis. Eine qualitative Untersuchung bei zukünftigen Lehrerinnen und Lehrern romanischer Sprachen.* Tübingen: Gunter Narr Verlag (Giessener Beiträge zur Fremdsprachendidaktik).

Mayring, Philipp (1983): *Qualitative Inhaltsanalyse. Grundlagen und Techniken.* Weinheim: Beltz.

McQuiggan, Scott; Kosturko, Lucy; McQuiggan, Jaime; Sabourin, Jennifer (2015): *Mobile learning. A handbook for developers, educators, and learners.* Hoboken, New Jersey: John Wiley & Sons (Wiley & SAS business series).

Mempel, Caterina; Mehlhorn, Grit (2014): „Datenaufbereitung: Transkription und Annotation". In: Settinieri, Julia / Demirkaya, Sevilen / Feldmeier, Alexis / Gültekin-Karaçok, Nazan / Riemer, Claudia (Hrsg.): *Empirische Forschungsmethoden für Deutsch als Fremd- und Zweitsprache. Eine Einführung.* Paderborn: Ferdinand Schöningh, 147–166.

Milrad et al. (2013): „Seamless Learning: An International Perspective on Next-Generation Technology-Enhanced Learning". In: Berge, Zane L. / Muilenburg, Lin Y. (Hrsg.): *Handbook of mobile learning.* New York: Routledge, 95–108.

Mitschian, Haymo (2010): *m-Learning – die neue Welle? Mobiles Lernen für Deutsch als Fremdsprache.* Kassel: Kassel University Press.

Miyazoe, Terumi; Anderson, Terry (2010): „Learning outcomes and students' perceptions of online writing: Simultaneous implementation of a forum, blog, and wiki in an EFL blended learning setting". In: *System* 38, 185–199.

Möller, Stefan (2014): „A call for CALL in the Modern Language Classroom: Übungen für das selbstgesteuerte Lernen am Computer konzipieren". In: *Der fremdsprachliche Unterricht Englisch* 48, 38–43.

Oesterreicher, Mario (2016): „MALL – Neurodidaktischer Saulus oder Paulus?". In: Böttger, Heiner / Sambanis, Michaela (Hrsg.): *Focus on evidence – Fremdsprachendidaktik trifft Neurowissenschaften.* Tübingen: Narr Francke Attempto, 181–186.

Overwien, Bernd (2015): „Informelles Lernen – Ein historischer Abriss". In: Harring, Marius / Witte, Matthias D. / Burger, Timo (Hrsg.): *Handbuch informelles Lernen. Interdisziplinäre und internationale Perspektiven.* Weinheim, Bergstr: Beltz Juventa, 41–51.

Palalas, Agnieszka; Hoven, Debra (2016): „Emerging Pedagogies for MALL". In: Palalas, Agnieszka / Ally, Mohamed (Hrsg.): *The International Handbook of Mobile-Assisted Language Learning.* China Central Radio & TV Press Co., Ltd., 44–85.

Pegrum, Mark (2014): *Mobile learning. Languages, literacies and cultures.* Basingstoke: Palgrave Macmillan.

Pegrum, Mark (2016): „Three Agendas for MALL". In: Palalas, Agnieszka / Ally, Mohamed (Hrsg.): *The International Handbook of Mobile-Assisted Language Learning.* China Central Radio & TV Press Co., Ltd., 86–112.

Pettit, John; Kukulska-Hulme, Agnes (2011): „Mobile 2.0: crossing the border into formal learning?". In: Lee, Mark J.W. / McLoughlin, Catherine (Hrsg.): *Web 2.0-Based E-Learning.* IGI Global, 192–208.

Pfeil, Andrea (2015a): „Digitale und analoge Lernwelten im Deutsch als Fremdsprache-Unterricht". In: *Fremdsprache Deutsch,* 3–7.

Pfeil, Andrea (2015b): „Verzahnung als Schlüssel für erfolgreichen Unterricht mit digitalen Medien". In: *Fremdsprache Deutsch,* 29–34.

Piepho, Hans-Eberhard (1974): *Kommunikative Kompetenz als übergeordnetes Lernziel im Englischunterricht.* Dornburg-Frickhofen: Frankonius-Verl (Reihe "Stundenvorbereitung").
Pietraß, Manuela (2005): „"Leeres Wissen" durch E-Learning?: Didaktische Aspekte der virtuellen Lernwelten in anthropologisch-medienanalytischer Perspektive". In: *Zeitschrift für Pädagogik*, 61–74.
Przyborksi, Aglaja; Wohlrab-Sahr, Monika (2010): *Qualitative Sozialforschung. Ein Arbeitsbuch.* München: Oldenbourg (Lehr- und Handbücher der Soziologie).
Puentedura, Ruben (2014): *Transformation, Technology, and Education*, www.graphite.org/blog/samr-and-blooms-taxonomy-assembling-the-puzzle.
Pukrop, Andrea (2016): „"Quizlet": Mit Spaß (nicht nur) Vokabeln lernen". In: *Praxis Fremdsprachenunterricht Russisch* 13, 12.

Reinders, Hayo (2014): „Personal Learning Environments for Supporting Out-of-Class Language Learning". In: *English Teaching Forum*, 14-19; 27.
Riemer, Claudia (2000): „Der interpretative Mehr-Methoden-Ansatz zur Untersuchung individueller Unterschiede". In: Aguado, Karin (Hrsg.): *Zur Methodologie in der empirischen Fremdsprachenforschung.* Baltmannsweiler: Schneider, 93–104.
Riemer, Claudia (2014): „Forschungsmethodologie Deutsch als Fremd- und Zweitsprache". In: Settinieri, Julia / Demirkaya, Sevilen / Feldmeier, Alexis / Gültekin-Karaçok, Nazan / Riemer, Claudia (Hrsg.): *Empirische Forschungsmethoden für Deutsch als Fremd- und Zweitsprache. Eine Einführung.* Paderborn: Ferdinand Schöningh, 15–31.
Riemer, Claudia (2016a): „Befragung". In: Caspari, Daniela / Klippel, Friederike / Legutke, Michael K. / Schramm, Karen (Hrsg.): *Forschungsmethoden in der Fremdsprachendidaktik. Ein Handbuch.* Tübingen: Narr Francke Attempto, 155–173.
Riemer, Claudia (2016b): „Forschungsmethodologie". In: Burwitz-Melzer, Eva / Mehlhorn, Grit / Riemer, Claudia / Bausch, Karl-Richard / Krumm, Hans-Jürgen (Hrsg.): *Handbuch Fremdsprachenunterricht.* Tübingen: A. Francke Verlag (UTB), 571–578.
Roche, Jörg (2008): *Handbuch Mediendidaktik. Fremdsprachen.* Ismaning: Hueber (Qualifiziert unterrichten).
Rohlfs, Carsten; Hertel, Silke (2015): „Informelles Lernen in Schule und Unterricht". In: Harring, Marius / Witte, Matthias D. / Burger, Timo (Hrsg.): *Handbuch informelles Lernen. Interdisziplinäre und internationale Perspektiven.* Weinheim, Bergstr: Beltz Juventa, 633–646.
Rohs, Matthias (2013): „Informelles Mobiles Lernen". In: Witt, Claudia de / Sieber, Almut (Hrsg.): *Mobile Learning.* Wiesbaden: Kopaed, 75–97.
Rösler, Dietmar (2010): *E-Learning Fremdsprachen – eine kritische Einführung.* Tübingen: Stauffenburg (Stauffenburg-Einführungen; 18).
Rösler, Dietmar (2012): *Deutsch als Fremdsprache.* Eine Einführung. Stuttgart: Metzler.
Rösler, Dietmar (2015): „Die Herausforderung: Funktionale Erweiterung des Fremdsprachenlernens in Bildungsinstitutionen durch individuelles Lernen unterstützende Lernorte und gesellschaftlich organisierte Unterstützung des Lernens an 'individualisierenden' Lernorten". In: Burwitz-Melzer, Eva / Königs, Frank G. / Riemer,

Claudia (Hrsg.): *Lernen an allen Orten? Die Rolle der Lernorte beim Lehren und Lernen von Fremdsprachen. Arbeitspapiere der 35. Frühjahrskonferenz zur Erforschung des Fremdsprachenunterrichts.* Tübingen: Narr Francke Attempto (Giessener Beiträge zur Fremdsprachendidaktik), 192–200.

Rymarczyk, Jutta (2013): „Foreign language learning with new technologies in the context of museum studies". In: Rymarczyk, Jutta (Hrsg.): *Foreign language learning outside school. Places to see, learn and enjoy.* Frankfurt am Main: Lang (Inquiries in language learning), 159–169.

Schey, Sabine; Rieder, Christian (2014): „Wie Smartphones das Leben in einer Gesellschaft verändern – Ergebnisse einer qualitativen Untersuchung der Smartphones-Nutzung in der Schweiz". In: Bächle, Thomas Christian / Thimm, Caja (Hrsg.): *Mobile Medien, Mobiles Leben. Neue Technologien, Mobilität und die mediatisierte Gesellschaft.* Berlin: Lit (Bonner Beiträge zur Onlineforschung), 195–218.

Schmelter, Lars (2011): „Vielgestaltige Zugänge zum Forschungsfeld "Lehren und Lernen von Fremdsprachen" – politische, ethisch, methodische Probleme und Fragen". In: Bausch, Karl-Richard / Burwitz-Melzer, Eva / Königs, Frank G. / Krumm, Hans-Jürgen (Hrsg.): *Erforschung des Lehrens und Lernens fremder Sprachen: Forschungsethik, Forschungsmethodik und Politik. Arbeitspapiere der 31. Frühjahrskonferenz zur Erforschung des Fremdsprachenunterrichts.* Tübingen: Narr (Giessener Beiträge zur Fremdsprachendidaktik), 201–209.

Schmelter, Lars (2014): „Gütekriterien". In: Settinieri, Julia / Demirkaya, Sevilen / Feldmeier, Alexis / Gültekin-Karaçok, Nazan / Riemer, Claudia (Hrsg.): *Empirische Forschungsmethoden für Deutsch als Fremd- und Zweitsprache. Eine Einführung.* Paderborn: Ferdinand Schöningh, 33–45.

Schmenk, Barbara (2008): *Lernerautonomie. Karriere und Sloganisierung des Autonomiebegriffs.* Tübingen: Narr (Giessener Beiträge zur Fremdsprachendidaktik).

Schmidt, Torben (2016): „Chocolate-covered Drill & Practice? Möglichkeiten und Grenzen des ‚gamifizierten', adaptiven Übens mit Fremdsprachenlern-Apps". In: Burwitz-Melzer, Eva / Königs, Frank G. / Riemer, Claudia / Schmelter, Lars (Hrsg.): *Üben und Übungen beim Fremdsprachenlernen. Perspektiven und Konzepte für Unterricht und Forschung. Arbeitspapiere der 36. Frühjahrskonferenz zur Erforschung des Fremdsprachenunterrichts.* Tübingen: Narr Francke Attempto (Giessener Beiträge zur Fremdsprachendidaktik), 200–210.

Schmidt, Torben; Strasser, Thomas (2016): „Digital Classroom". In: *Der fremdsprachliche Unterricht Englisch* 50, 2–7.

Schramm, Karen (2016a): „Empirische Forschung". In: Caspari, Daniela / Klippel, Friederike / Legutke, Michael K. / Schramm, Karen (Hrsg.): *Forschungsmethoden in der Fremdsprachendidaktik. Ein Handbuch.* Tübingen: Narr Francke Attempto, 49–58.

Schramm, Karen (2016b): „Gestaltung des Designs". In: Caspari, Daniela / Klippel, Friederike / Legutke, Michael K. / Schramm, Karen (Hrsg.): *Forschungsmethoden in der Fremdsprachendidaktik. Ein Handbuch.* Tübingen: Narr Francke Attempto, 376–382.

Schramm, Karen; Schwab, Götz (2016): „Beobachtung". In: Caspari, Daniela / Klippel, Friederike / Legutke, Michael K. / Schramm, Karen (Hrsg.): *Forschungsmethoden in der Fremdsprachendidaktik. Ein Handbuch.* Tübingen: Narr Francke Attempto, 141–154.

Settinieri, Julia (2012): „Statistische Verfahren: Grundlagenbeitrag". In: Doff, Sabine (Hrsg.): *Fremdsprachenunterricht empirisch erforschen.* Tübingen: Narr, 249–270.

Settinieri, Julia (2014): „Planung einer empirischen Studie". In: Settinieri, Julia / Demirkaya, Sevilen / Feldmeier, Alexis / Gültekin-Karaçok, Nazan / Riemer, Claudia (Hrsg.): *Empirische Forschungsmethoden für Deutsch als Fremd- und Zweitsprache. Eine Einführung.* Paderborn: Ferdinand Schöningh, 57–71.

Settinieri, Julia (2016): „Deskriptiv- und Inferenzstatistik". In: Caspari, Daniela / Klippel, Friederike / Legutke, Michael K. / Schramm, Karen (Hrsg.): *Forschungsmethoden in der Fremdsprachendidaktik. Ein Handbuch.* Tübingen: Narr Francke Attempto, 324–341.

Sockett, Geoffrey (2014): *The online informal learning of English.* London: Palgrave Macmillan (New language learning and teaching environments).

Specht, Marcus; Kalz, Marco; Börner, Dirk (2013): „Innovation und Trends für Mobiles Lernen". In: Witt, Claudia de / Sieber, Almut (Hrsg.): *Mobile Learning.* Wiesbaden: Kopaed, 55–74.

Spil, Ton; Schuring, Roel W. (2006): „The UTAUT Questionnaire Items". In: Spil, Ton / Schuring, Roel W. (Hrsg.): *E-health systems diffusion and use. The innovation, the user and the Use IT model.* Hershey, Pa.: Idea Group Publication, 93–97.

Spitzer, Manfred (2015): *Cyberkrank! Wie das digitalisierte Leben unsere Gesundheit ruiniert.* München: Droemer.

Stefer, Claus (2015): „Ansätze zur Triangulation mithilfe qualitativer Forschungssoftware (MAXQDA 11)". In: Elsner, Daniela / Viebrock, Britta (Hrsg.): *Triangulation in der Fremdsprachenforschung.* Frankfurt am Main: Lang, 101–133.

Steinke, Ines (1999): *Kriterien qualitativer Forschung: Ansätze zur Bewertung qualitativ-empirischer Sozialforschung.* Weinheim: Juventa.

Stöcker, Christian (2016): *Widerstand gegen Schulcomputer. Nicht hören, nicht sehen, nicht digitalisieren,* www.spiegel.de/wissenschaft/technik/widerstand-gegen-digitalisierung-der-schule-kolumne-a-1116660.html.

Stork, Antje (2010): „Wortschatzerwerb". In: Hallet, Wolfgang / Königs, Frank G. (Hrsg.): *Handbuch Fremdsprachendidaktik.* Seelze-Velber: Klett, Kallmeyer, 104–107.

Strasser, Thomas (2012): *Mind the app! Inspiring internet tools and activities to engage your students.* Esslingen: Helbling (The resourceful teacher series).

Summer, Theresa (2016): „Lehr-/Lernmaterialien und Medien zum Grammatiklernen". In: Burwitz-Melzer, Eva / Mehlhorn, Grit / Riemer, Claudia / Bausch, Karl-Richard / Krumm, Hans-Jürgen (Hrsg.): *Handbuch Fremdsprachenunterricht.* Tübingen: A. Francke Verlag (UTB), 448–452.

Tai, Yaming; Ting, Yu-Liang (2011): „Adoption of mobile technology for language learning: Teacher attitudes and challenges". In: *The JALT CALL Journal* 7, 3–18.

Tan, Paul Juinn Bing (2013): „Applying the UTAUT to Understand Factors Affecting the Use of English E-Learning Websites in Taiwan". In: *SAGE Open* 3, 1-12.
Trautmann, Matthias (2012): „Führen und Auswerten qualitativer Interviews: Grundlagenbeitrag". In: Doff, Sabine (Hrsg.): *Fremdsprachenunterricht empirisch erforschen.* Tübingen: Narr, 218–231.
Twining, P.; Evans, D.; Cook, D.; Ralston, J.; Selwood, I.; Jones, A.; Underwood, J.; Dillon, G.; Scanlon, E.; Heppell, S.; Kukulska-Hulme, A.; McAndrew, P.; Sheehy, K. (2005): *Tablet PCs in schools: Case study report: A report for Becta by the Open University.* Coventry, UK: Becta.

Van der Zwaard, Rose; Bannink, Anne (2014): „Video call or chat? Negotiation of meaning and issues of face in telecollaboration". In: *System* 44, 137–148.
Van Harmelen, Mark (2006): „Personal Learning Environments". In: Kinshuk / Koper, Rob / Kommers, Piet / Kirschner, Paul / Sampson, Demetrios G. / Didderen, Wim (Hrsg.): *The Sixth International Conference on Advanced Learning Technologies. ICALT 2006; 5 – 7 July 2006, Kerkrade, The Netherlands; proceedings.* Los Alamitos, Calif.: IEEE Computer Society, 815–816.
Venkatesh, V.; Morris, M.; Davis, G.; Davis, F. (2003): „User acceptance of information technology: Toward a unified view". In: *MIS Quartely* 27, 425–478.
Vetter, Eva (2008): „Konstruktiver konstruktivistischer Fremdsprachenunterricht – eine Suche nach den Grundsätzen des aktuellen und zukünftigen Fremdsprachenunterrichts". In: Tanzmeister, Robert (Hrsg.): *Lehren – Lernen – Motivation. Einführung in die Fachdidaktik für Romanistinnen und Romanisten.* Wien: Praesens-Verl (Praesens-StudienBücher), 95–118.
Viberg, Olga; Grönlund, Åke (2013): „Systematising the Field of Mobile Assisted Language Learning". In: *International Journal of Mobile and Blended Learning* 5, 72–90.
Viebrock, Britta (2007): „Kommunikative und argumentative Validierung: Zwischen Gütekriterien, Subjektivität und forschungsethischen Fragestellungen". In: Vollmer, Helmut Johannes (Hrsg.): *Synergieeffekte in der Fremdsprachenforschung. Empirische Zugänge, Probleme, Ergebnisse.* Frankfurt am Main, New York: Lang (KFU), 73–87.
Viebrock, Britta (2015): *Forschungsethik in der Fremdsprachenforschung.* Frankfurt am Main: Peter Lang (Kolloquium Fremdsprachenunterricht; 53).
Vogt, Karin (2011): „Fremdsprachendidaktische Forschung: Potenziale und Grenzen im Spannungsfeld von Bildungspolitik, Forschungsethik und -methodik". In: Bausch, Karl-Richard / Burwitz-Melzer, Eva / Königs, Frank G. / Krumm, Hans-Jürgen (Hrsg.): *Erforschung des Lehrens und Lernens fremder Sprachen: Forschungsethik, Forschungsmethodik und Politik. Arbeitspapiere der 31. Frühjahrskonferenz zur Erforschung des Fremdsprachenunterrichts.* Tübingen: Narr (Giessener Beiträge zur Fremdsprachendidaktik), 226–234.
Vygotsky, Lev Semenovich (1978): *Mind in society. The development of higher psychological processes.* Cambridge, MA: Harvard Univ. Press.

Wang, Yu-Chun (2014): „Using wikis to facilitate interaction and collaboration among EFL learners: A social constructivist approach to language teaching". In: *System* 42, 383–390.

Warschauer, Mark (1996): „Computer assisted language learning: an introduction". In: Fotos, Sandra (Hrsg.): *Multimedia Language Teaching*. Tokyo/San Francisco: Logos International, 3–20.

Wendt, Michael (2002): „Kontext und Konstruktion: Fremdsprachendidaktische Theoriebildung und ihre Implikationen für die Fremdsprachenforschung". In: *Zeitschrift für Fremdsprachenforschung* 13, 1–62.

Wendt, Michael (2003): „Am Anfang war die Konstruktion... Eine Erwiderung". In: *Zeitschrift für Fremdsprachenforschung* 14, 263–282.

Wenger, Etienne (1998): *Communities of practice. Learning, Meaning, and Identity*. New York: Cambridge University Press.

White, Cynthia; Direnzo, Raquel; Bortolotto, Celina (2016): „The learner-context interface: Emergent issues of affect and identity in technology-mediated language learning spaces". In: *System* 62, 3–14.

Wicke, Rainer E. (2012): *Aufgabenorientiertes und projektorientiertes Lernen im DaF-Unterricht: Genese und Entwicklung*. München: Iudicium.

Willis, Dave; Willis, Jane (2007): *Doing task-based teaching*. Oxford: Oxford Univ. Press (Oxford handbooks for language teachers).

Wolff, Dieter (2002): „"The proof of the pudding is in the eating" oder warum ich nicht als radikalkonstruktivistischer Mitstreiter von Michael Wendt verstanden werden möchte". In: *Zeitschrift für Fremdsprachenforschung* 13, 181–186.

Würffel, Nicola (2016): „Formen selbstgesteuerten Lernens in der digitalen Welt". In: Burwitz-Melzer, Eva / Mehlhorn, Grit / Riemer, Claudia / Bausch, Karl-Richard / Krumm, Hans-Jürgen (Hrsg.): *Handbuch Fremdsprachenunterricht*. Tübingen: A. Francke Verlag (UTB), 386–391.

Zibelius, Marja (2015): *Cooperative learning in virtual space. A critical look at new ways of foreign language teacher education*. Tübingen: Narr Verlag (Giessener Beiträge zur Fremdsprachendidaktik).

Zimmerman, Barry J. (2002): „Becoming a Self-Regulated Learner: An Overview". In: *Theory Into Practice* 41, 64–70.

Anhang 1: UTAUT-Fragebogen

1. Welches Geschlecht haben Sie?
   - weiblich
   - männlich
2. In welchem Jahr sind Sie geboren?
   Geburtsjahr:
3. Sie sind...
   - Ausbilder/-in am Studienseminar
   - Lehramtsstudent/-in
   - Lehrkraft
   - Lehrkraft im Vorbereitungsdienst
   - Mentor/-in (begleitende Lehrkraft)
   - Weder noch
4. Ich unterrichte (zukünftig) folgende Fächer:
   Bitte geben Sie hier die Fächer an, die Sie momentan unterrichten, bzw. die Sie unterrichten werden, sobald Sie im Lehrberuf tätig sind.
   - Fremdsprachen (einzelne Fächer als Unterpunkte)
   - Naturwissenschaften (einzelne Fächer als Unterpunkte)
   - Weitere Fächer (einzelne Fächer als Unterpunkte)
5. An welcher Schulform unterrichten Sie zukünftig?
   Bitte geben Sie hier alle Schulformen an, an denen Sie momentan bzw. als zukünftige Lehkraft unterrichten.
   - Berufsfachschule
   - Erwachsenen- und Weiterbildung
   - Förderschule
   - Gesamtschule
   - Grundschule
   - Gymnasium
   - Hauptschule
   - Hochschule
   - Realschule
   - Weder noch

Die nachfolgenden 21 Fragen wurden allesamt mit einer Likert-Skala versehen, die beispielhaft bei Frage 6 zu sehen ist.

6. Mobile Endgeräte stellen für das Lernen einen Mehrwert dar.
   - Stimme überhaupt nicht zu

  - Stimme nicht zu
  - Stimme eher nicht zu
  - Stimme eher zu
  - Stimme zu
  - Stimme voll und ganz zu
7. Lernaktivitäten können mit mobilen Endgeräten schneller bewältigt werden.
8. Mobile Endgeräte steigern die Lernproduktivität.
9. Wenn mobile Endgeräte im Unterricht eingesetzt werden, verbessert sich die Arbeitsleistung.
10. Der Umgang mit mobilen Endgeräten ist für mich klar und verständlich.
11. Für mich ist es einfach, Geschick im Umgang mit mobilen Endgeräten zu erlangen.
12. Ich fände es einfach, mobile Endgeräte im Unterricht zu nutzen.
13. Die Handhabung mobiler Endgeräte ist für mich leicht zu erlernen.
14. Personen, die mein Verhalten beeinflussen, denken, dass ich mobile Endgeräte im Unterricht einsetzen sollte.
15. Personen, die mir wichtig sind, denken, dass ich mobile Endgeräte im Unterricht einsetzen sollte.
16. Für den Einsatz mobiler Endgeräte im Unterricht erhalte ich Hilfe.
17. Im Allgemeinen unterstützt meine Schule den Einsatz mobiler Endgeräte im Unterricht.
18. Ich besitze die nötigen Voraussetzungen, um mobile Endgeräte im Unterricht einzusetzen.
19. Ich verfüge über ausreichendes Wissen, um mobile Endgeräte im Unterricht einzusetzen.
20. Es gibt eine bestimmte Person (oder Gruppe), die bei Problemen mit den mobilen Endgeräten zur Unterstützung bereitssteht.
21. Ich persönlich verwende mobile Endgeräte.
22. Ich habe bereits mobile Endgeräte im Unterricht eingesetzt.
23. Ich habe bereits an Fortbildungen zum Einsatz mobiler Endgeräte im Unterricht teilgenommen.
24. Ich habe vor, mobile Endgeräte in den nächsten 365 Tagen im Unterricht einzusetzen.
25. Ich kann vorhersagen, dass ich mobile Endgeräte in den nächsten 365 Tagen im Unterricht einsetze.
26. Ich plane, mobile Endgeräte in den nächsten 365 Tagen im Unterricht einzusetzen.
27. Möchten Sie zu dieser Befragung oder zum besseren Verständnis Ihrer Antworten noch etwas anmerken?

Ist Ihnen während der Teilnahme an dieser Befragung etwas negativ aufgefallen? Waren die Fragen an einer Stelle nicht klar oder war Ihnen die Beantwortung unangenehm? Bitte schreiben Sie kurz ein paar Stichworte dazu.

Anhang 2: Schülerbrief

Untersuchung zum Einsatz von iPads im Schulkontext

Liebe Schülerinnen und Schüler,

Wie ihr wisst, werden an eurer Schule schon ein wenig länger in einigen Fächern iPads eingesetzt. Damit arbeitet ihr teils im Unterricht und teils auch von zuhause aus.

Ich möchte gerne in einer kleinen Studie untersuchen, wie genau ihr die iPads im Unterricht und auch für das Bearbeiten von Aufgaben außerhalb der Schule einsetzt.

Um darauf Antworten zu finden, bitte ich euch um eure Teilnahme. Ich habe einen Fragebogen vorbereitet auf dem ihr eure Schritte zur Bearbeitung bestimmter Aufgaben eintragt, die ihr mit dem iPad vorgenommen habt. Ein Beispiel: Ihr sollt Informationen über einen bestimmten Feiertag sammeln. Die Fragen hierzu wären: Wie habt ihr angefangen? Welche Programme habt ihr genutzt? Hattet ihr Schwierigkeiten, etc.

Nachdem ihr die Fragebogen wieder ausgefüllt bei eurer Lehrerin/ eurem Lehrer abgegeben habt, würde ich gerne noch mit einigen von euch ein kurzes Interview führen (als Tonaufnahme), in dem ich noch ein bisschen genauer wissen möchte, wie ihr zum Einsatz der iPads steht.

Die Teilnahme ist freiwillig und ihr bekommt keinen Nachteil, wenn ihr nicht teilnehmt. Auch könnt ihr jederzeit während der Fragebogen oder Interviews mitteilen, wenn ihr doch nicht mehr mitmachen wollt. Wenn ihr euch entscheidet, teilnehmen, wird alles was ihr im Interview sagt oder auf den Fragebogen schreibt anonymisiert. Das heißt, es wird nicht möglich sein, zu wissen, wer was gesagt hat.

Wenn ihr noch weitere Fragen habt, können wir die gerne gemeinsam klären.

Ich würde mich sehr freuen, wenn ihr teilnehmt!
Vielen Dank im Voraus

Viele Grüße
Simon Falk

Einverständniserklärung zur wissenschaftlichen Studie „Einsatz von mobilen Endgeräten (iPads/Tablet-PCs) im Schulkontext“

Ich (Name des Schülers) bin mit der Datenerhebung
- einverstanden
- nicht einverstanden

(Ort, Datum) (Unterschrift des Schülers)

Anhang 3: Elternbrief

Wissenschaftliche Studie:
Einsatz von mobilen Endgeräten (iPads/Tablet-PCs) im Schulkontext

Sehr geehrte Eltern,

Im Rahmen einer wissenschaftlichen Untersuchung möchte ich der Frage nachgehen, wie mobile Endgeräte (iPads) im schulischen Kontext eingesetzt und von den Schülerinnen und Schülern verwendet werden und welchen Mehrwert sie für das Lernen haben? Durch diese Untersuchung erhoffe ich mir wichtige Erkenntnisse zum Einsatz dieser Geräte.

Um das Nutzungsverhalten zu untersuchen, sollen die Schülerinnen und Schüler ihre Arbeitsschritte (bei der Bearbeitung von unterrichtlichen Aufgaben mit dem iPad) mithilfe eines kurzen Dokumentationsbogens festhalten. Zudem werden rückblickend mit sechs zufällig ausgewählten Schülerinnen und Schülern leitfadengestützte Interviews geführt. Der zeitliche Aufwand beträgt insgesamt ca. 40 Minuten.

Sämtliche erhobenen Daten werden ausschließlich im Rahmen dieser Untersuchung genutzt und in anonymisierter Form verwendet. Die Namen der Schülerinnen und Schüler werden nicht erfasst. Es wird nicht möglich sein, einen Rückbezug zu den einzelnen Personen zu machen. Die Datenerhebung findet erst nach Prüfung und Genehmigung durch das Hessische Kultusministerium statt.

Ich wäre Ihnen sehr dankbar, wenn Sie mein Forschungsprojekt unterstützen könnten, indem Sie Ihr Kind daran teilnehmen lassen.

Im unteren Abschnitt finden Sie hierzu eine Einverständniserklärung. Ich bitte Sie, diese auszufüllen. Die Teilnahme ist freiwillig und es entsteht aus einer Nichtteilnahme kein Nachteil. Weiterhin kann eine Einwilligung jederzeit während der Datenerhebung widerrufen werden.

Mit freundlichen Grüßen
Simon Falk

Einverständniserklärung zur wissenschaftlichen Studie „Einsatz von mobilen Endgeräten (iPads/Tablet-PCs) im Schulkontext"

Ich bin mit der Datenerhebung
- einverstanden
- nicht einverstanden

(Name des Schülers)

(Ort, Datum) (Unterschrift Erziehungsberechtigter)

Anhang 4: Fragebogen zur Mediennutzung

Information:

Die folgenden Fragen beziehen sich auf deine persönliche Mediennutzung. Ich bitte dich, alle Fragen zu beantworten – so wie sie für dich passen. Deine Angaben werden dabei vertraulich behandelt und haben keinerlei Einfluss auf deine Noten.

Vielen Dank für deine Teilnahme!

Frage 1: Wie häufig nutzt du die folgenden Medien in deiner Freizeit? (Antwortmöglichkeiten waren jeweils: *Nie, Seltener als einen Tag pro Woche, 1 bis 2 Tage pro Woche, 3 bis 4 Tage pro Woche, 5 bis 6 Tage pro Woche, Jeden Tag*)
- PC
- Laptop/Notebook
- Tablet (z.B.: iPad)
- Smartphone
- Handy
- Sonstige und zwar:

Frage 2: Wozu nutzt du die oben ausgewählten Medien (Stichpunkte)

Frage 3: Inwiefern stimmst du den folgenden Aussagen zu? (5-stufige Likert-Skala von *Stimme überhaupt nicht zu* bis *Stimme voll und ganz zu*)
1. Smartphone und/oder Tablet erleichtern mir das Leben
2. Durch die Nutzung eines Smartphones und/oder eines Tablets fühle ich mich mit anderen verbunden.
3. Durch die Nutzung eines Smartphones und/oder eines Tablets finde ich schnell Informationen.
4. Smartphones und/oder Tablets helfen mir beim Lernen.
5. Ich kenne mich mit den Funktionen von Smartphones und/oder Tablets gut aus.
6. Ich bin motiviert, wenn wir die Tablets im Unterricht einsetzen.

Damit hast du auch schon das Ende des Fragebogens erreicht. Vielen Dank! Bitte gib den ausgefüllten Fragebogen an (Name der Lehrkraft) zurück. Wenn du noch irgendwelche Anmerkungen zu dem Fragebogen hast, kannst du sie gerne am Ende des Blattes eintragen.

Anmerkungen:
– …

Anhang 5: Leitfadeninterview

Einstiegsfrage:
- Ihr setzt die iPads nun schon seit zwei Jahren in eurer (Englisch)klasse ein. Erzähl doch mal: Wie genau muss ich mir das vorstellen?

Themenschwerpunkt Mediennutzung:
- Wenn ich mir so deine Angaben zur Nutzung der einzelnen Medien anschaue, dann fällt mir auf, dass du ......
- Außerdem hast du auch angegeben, dass mobile Geräte dein Leben erleichtern/nicht erleichtern. Kannst du mir das mal näher erklären? Wann und wo ist dies der Fall?
- Ist dies nur im privaten Umfeld der Fall
- Welche Personengruppen werden genannt?
- Werden bereits Lernszenarien erwähnt? Englischunterricht?
- Welche Rolle spielt die englische Sprache?

- Du hast auch angegeben, dass du dich durch die Nutzung mit anderen verbunden fühlst. Wie genau sieht das für dich aus?
- Bei der Aussage „Smartphone bzw. Tablets helfen mit beim Lernen“ hast du _____ angegeben. Wie kommt das?
- Du hast aber auch angegeben, dass dich der Einsatz im Unterricht motiviert. Wieso? Kannst du das an einem konkreten Beispiel erklären?

Themenschwerpunkt Aufgabenbearbeitung:
Aufgabe TitanPad:
- Beschreibe doch bitte einmal, wie du/ihr die Aufgaben mit dem TitanPad bearbeitet hast/habt. (Text als Erinnerungsimpuls). Wie bist du/seid ihr vorgegangen?
- Weitere Hilfsmittel genutzt? Wenn ja, welche?

Themenschwerpunkt zukünftiger Einsatz der iPads
- Stell dir vor, [Name der Lehrkraft] fragt dich, wie du gerne das iPad für den Unterricht einsetzen möchtest. Was würdest du vorschlagen?

Anhang 6: Kategoriensystem

Liste der Codes (Anzahl der codierten Textstellen)

Codesystem (468)

Affektiv-motivationale Ebene
- Ablenkung (7)
- Gewöhnung (3)
- Negative Affekte (25)
- Positive Affekte (8)

Aufgabenbearbeitung TitanPad
- Hilfsmittel (4)
- Probleme bei der Aufgabenbearbeitung (4)
- Vorgehensweise bei der Aufgabenbearbeitung (12)

Funktional-technische Ebene
- Augmentation (14)
- Informationsbeschaffung (28)
- Musik (3)
- Organisation (6)
- Potenzial der iPads (1)
- Präsentationen (34)
- Spiele (12)
- Substitution (20)
- Vergleich analoge Medien (19)
- Videos (7)
- Kognitiv-sprachliche Ebene
- Fehlerkorrektur (8)
- Informationsbewertung (10)
- Konzentration (1)
- Kreativität (3)
- Rolle der Fremdsprache (3)
- Sprachliche Fertigkeiten
  - Hören (3)
  - Lesen (1)

        Schreiben (9)
        Sprechen (1)
Wortschatz
        Bedeutungsaushandlung (4)
        Übersetzen (9)
        Vokabellernen (17)
Lernumgebung
    Außerschulischer Bereich (15)
        Informelle Lernsituationen (8)
        Inzidentielles Lernen (2)
Schulischer Bereich (7)
        Einsatz im Fremdsprachenunterricht (19)
        Einsatz in anderen Fächern (15)
        Hausaufgaben (5)
Soziale Ebene
    Eltern (3)
    Kollaboration (12)
    Kommunikation
    Reale Kommunikation (5)
    Virtuelle Kommunikation (28)
    Lehrer (14)
    Nutzungsvorlieben (13)
    Personalisierung (8)
    Schüler-Lehrer-Verhältnis (11)
    Schülerverhalten (2)
    Selbststeuerung (7)
    Verbundenheitsgefühl (18)

Anhang 7: Kodierleitfaden deduktiv gewonnene Kategorien

Kategorie	Definition	Ankerbeispiel	Kodierregel
Vorgehensweise bei der Aufgabenbearbeitung	Beschreibung der Vorgehensweise bei der Aufgabenbearbeitung mit dem *TitanPad*	Christian Abs. 74: „*Es war eben so, wir haben halt die Seite offen und wir haben uns dann eben einfach Namen erstellt und ja, ein paar Sachen eingestellt. Und dann haben wir es halt so gemacht, wir haben untereinander bestimmt, wer was macht und dann haben wir ein paar Zeilen Abstand genommen und angefangen zu tippen.*“	Nur beschreibende Elemente der Vorgehensweise, keine Wertung
Hilfsmittel	Hilfsmittel, die während der Aufgabenbearbeitung von den Schülern genutzt wurden	Stefanie Abs. 50: „*Ich habe noch mal halt Übersetzer für Worte, die ich nicht weiß oder auch bei Sätzen, die Lea geschrieben hat und sonst eigentlich nichts, nee.*“	Nennung ausschließlich derjenigen Hilfsmittel (Medien), die zur Aufgabenbearbeitung genutzt wurden
Substitution	Darstellung der Mediennutzung als Ersatz eines anderen Mediums, ohne funktionale Verbesserung sowie Darstellung der Mediennutzung ohne klaren Vergleich, jedoch auch ohne operationalisierten Mehrwert	Martin Abs. 40: „*Und da kann ich auch vor der Klasse einfach mein Handy rausholen und das dann da ablesen und muss nicht immer noch so einen ganzen Block mitnehmen, wo ich dann noch mit einem Stift was drauf schreiben muss.*“ Ben Abs. 82: „*Also, ich finde die iPads wirklich praktisch.*“	Vergleiche bzw. Darstellungen dürfen nicht auf bloße Verwendung positiv konnotierter Komparationen wie „praktischer“ oder „einfacher“ beruhen.

Augmentation	Einsatz des digitalen mobilen Endgerätes mit erkennbarer funktionalen Verbesserung gegenüber analogen Medien	Luca Abs. 54: *„Außerdem kann man besser nachschauen, ob man richtig schreibt mit der Autokorrektur zum Beispiel.“*	Vergleiche bzw. Darstellungen dürfen nicht auf bloße Verwendung positiv konnotierter Komparationen wie „praktischer“ oder „einfacher“ beruhen.
Rolle der Fremdsprache	Situationsbeschreibungen, in denen der Einsatz der Fremdsprache klar zu erkennen ist	Elena Abs. 40: *„Aber Serien gucke ich auch MANCHMAL auf Englisch, dann aber mit Untertiteln.“*	Die Sprachwahl muss expliziert genannt werden
Verbundenheitsgefühl	Beschreibung des Gefühls mit anderen Personen durch die digitalen Medien verbunden zu sein	Christian Abs. 48: *„Man kann sich ja auch unter Skype sozusagen verbinden und gemeinsam programmieren oder spielen oder sonst wie irgendwas machen.“*	Berücksichtigung von emotionalen sowie technisch-basierten Verbindungen
Soziale Ebene*	Alle Textstellen, die einen Bezug zur eigenen sowie „fremden“ Personen(gruppen) aufweisen	*Da diese Kategorie in einem späteren Schritt zur Oberkategorie wurde, findet sich hier kein konkretes Beispiel.	Die Kategorisierung erfolgt anhand der Unterkategorien.
Kollaboration	Alle Textstellen, die auf gemeinschaftliche Aktivitäten sowie das gemeinschaftliche Erstellen von Inhalten hinweisen	Lea Abs. 54: *„Ich fand es eigentlich gut, dass man auch von zu Hause gleichzeitig schreiben konnte und sich so gegenseitig verbessern konnte.“*	Gruppenarbeit wird unter dem Merkmal des kollaborativen Arbeitens subsummiert.
Informelle Lernsituationen	Alle Textstellen, die auf Lernsituationen hinweisen, die nicht im formalisierten Kontext stattfinden bzw. über diese hinausgehen	Elena Abs. 38: *„Also, bei YouTube zum Beispiel Tutorials, halt so für Haare oder auch Schminktutorials manchmal […]“*	Lernsituationen müssen nicht außerschulisch stattfinden und können an unterrichtliche Inhalte anknüpfen.

Anhang 8: Kodierleitfaden induktiv gewonnene Kategorien

Fälle	Beispielzitat	Paraphrase	Generalisierung	Kategorie
Luca Abs. 26/28; Ben Abs. 30; Martin Abs. 64; Paul Abs. 26; Elena Abs. 50; Julia Abs. 48	*„Zu Hause, glaube ich, eher auch nicht. Ich glaube, da ist sogar noch schlechter, weil man da halt sich noch mehr ablenken lässt, da dort keine Aufsicht ist oder so, die guckt.“* Luca Abs. 28	Mehr Ablenkung durch fehlende Aufsicht	Ablenkung durch iPads	Affektiv-motivationale Ebene > **Ablenkung**
Elena Abs. 10; Paul 34/40	*„Also, am Anfang war es halt noch so was Neues und Tolles und so, jetzt hat man sich halt schon so daran gewöhnt.“* Elena Abs. 10	Gewöhnung durch längere Nutzung der Geräte	Gewöhnung an den Einsatz der iPads	Affektiv-motivationale Ebene > **Gewöhnung**
Ben Abs. 30/82; Christian Abs. 88; Luca Abs. 42/52/56/ 60; Martin Abs. 100; Elena Abs. 10/12/62; Julia Abs. 10/48/52/ 78/82; Lea Abs. 44/66/68/ 72; Stefanie Abs. 52/54/56/ 58	*„Also, ich glaube, manche nehmen es halt nicht so ernst und können das nicht schätzen, dass wir iPads haben. Es sind auch schon zwei kaputt gegangen und verschwunden, das ist halt auch irgendwie blöd.“* Stefanie Abs. 58	Frustration durch das Verhalten anderer Mitschüler im Umgang mit den iPads; Verärgerung	Ausdruck der Frustration/ Ausdruck negativer Affekte	Affektiv-motivationale Ebene > **Negative Affekte**

Ben Abs. 46; Luca Abs. 30; Paul Abs. 10/40; Julia Abs. 80; Lea Abs. 42/44; Stefanie Abs. 40	*„Mir zum Beispiel macht das viel Spaß und ich mag ja Präsentationen auch."* Julia Abs. 80	Spaß im Umgang mit Funktionen des iPads	Ausdruck von Freude/ Motivation/ Ausdruck von positiven Affekten	Affektiv-motivationale Ebene > **Positive Affekte**
Ben Abs. 68; Julia Abs. 68; Lea Abs. 54; Stefanie Abs. 52	*„Also, mir fällt jetzt dazu nicht direkt was ein, aber mir fällt ein Problem auf."* Ben Abs. 68	Benennung eines Problems bei der Aufgabenbearbeitung	Benennung eines Problems bei der Aufgabenbearbeitung	Aufgabenbearbeitung iPad > **Probleme bei der Aufgabenbearbeitung**
Ben Abs. 10/46/60/70; Christian 8/24/28; Luca Abs. 8/10; Martin Abs. 55/66/72; Paul Abs. 74; Elena Abs. 50/54/56/96/105/ 107; Julia Abs. 52/80; Lea Abs. 14; Stefanie Abs. 14/16/20/32/40/56	*„Und ich kann da auch Sachen wie das Wetter oder so Informationen viel leichter herausfinden."* Luca Abs. 8	Nutzung digitaler mobiler Endgeräte zur Informationsbeschaffung	Informationsbeschaffung mittels digitaler mobiler Endgeräte	Funktional-technische Ebene > **Informationsbeschaffung**
Ben Abs. 46; Christian Abs. 24; Elena Abs. 115	*„Dass man immer Musik hören kann, während man Aufgaben macht."* Christian Abs. 24	Musik hören während der Aufgaben-bearbeitung	Musik hören	Funktional-technische Ebene > **Musik**
Luca Abs. 22/32; Paul Abs. 26; Elena Abs. 34; Stefanie Abs. 26	*„In vielen Sachen, zum Beispiel Wecker stellen, Kalender."* Paul Abs. 26	Nutzung der Weckfunktion bzw. der Kalenderfunktion	Nutzung von Funktionen zur Lebensorganisation	Funktional-technische Ebene > **Organisation**
Stefanie Abs. 54	*„Ich finde, dass man eigentlich ja viel mehr noch damit machen kann."* Stefanie Abs. 54	Wahrgenommenes Potenzial der iPads	Potenzial der iPads	Funktional-technische Ebene > **Potenzial der iPads**

Ben Abs. 10/58/72; Christian Abs. 8/24/ 64/66/68/ 86; Luca Abs. 32; Martin Abs. 12/32/80/ 82/112; Paul Abs. 10/36/46/ 70; Elena Abs. 62/105/ 117/ 121; Julia Abs. 80; Lea Abs. 20/44/66; Stefanie Abs. 16/18/22/ 34/42/54	*„Und ja, die Präsentationen würde ich halt auf dem iPad machen und das war es dann, glaube ich, auch.“* Christian Abs. 86	Einsatz von Präsentationen mittels iPads	Präsentationen mittels iPads	Funktional-technische Ebene > **Präsentationen**
Ben Abs. 30/36/38/ 82; Christian Abs. 92; Luca Abs. 26; Martin Abs. 56; Paul Abs. 46; Elena Abs. 10; Julia Abs. 78; Lea Abs. 68; Stefanie Abs. 56	*„Also, wir HABEN ja auch Spiele auf den iPads, aber meistens ist es halt so, die Spiele sind halt meistens irgendwie nicht gut oder machen keinen Spaß.“* Ben Abs. 30	Spiele auf den iPads sind nicht gut oder machen keinen Spaß.	Wahrgenommener Mehrwert von Spielen auf den iPads	Funktional-technische Ebene > **Spiele**
Christian Abs. 56/64; Luca Abs. 10/26/42; Martin Abs. 80; Elena Abs. 62/66/68; Julia Abs. 48/52/54/ 60/80; Lea Abs. 38; Stefanie Abs. 22/32/42	*„In dem Buch gibt es ja nur so Vokabellisten und das, also ICH finde, das nicht so leicht verständlich.“* Luca Abs. 42	Vokabellisten aus dem Buch sind nicht gut zu verstehen.	Vergleich von analogen und digitalen Medien und deren Funktionen	Funktional-technische Ebene > **Vergleich analoge Medien**
Ben Abs. 72; Elena Abs. 34/36/38/ 40/42/50	*„Und ja, man kann sich halt immer Lehrfilme oder so was angucken oder Videos, die wirklich helfen, das ist auch immer ganz praktisch.“* Ben Abs. 72	Lehrfilme oder Videos sind hilfreich und praktisch.	Einsatz von Videos (Filme/ Serien/ YouTube)	Funktional-technische Ebene > **Videos**

Luca Abs. 36; Julia Abs. 68/70/72; Lea Abs. 54/56/58; Stefanie Abs. 48	*„Ich fand es eigentlich gut, dass man auch von zu Hause gleichzeitig schreiben konnte und sich so gegenseitig verbessern konnte.“* Lea Abs. 54	Gegenseitiges Korrigieren durch gleichzeitiges Schreiben	Gegenseitige Fehlerkorrektur	Kognitiv-sprachliche Ebene > **Fehlerkorrektur**
Ben Abs. 48; Christian Abs. 28; Luca Abs. 12/14; Elena Abs. 66/68/88; Julia Abs. 48/54/76	*„Außerdem stimmt ja alles, was in den Büchern steht im Vergleich zum Internet.“* Julia Abs. 48	Informationen aus Büchern sind wahr.	Informationen werden subjektiv bewertet	Kognitiv-sprachliche Ebene > **Informationsbewertung**
Christian Abs. 24	*„Also, ich kann mich zumindest besser konzentrieren. Bei mir ist es zum Beispiel so, dass ich mich bei totaler Stille gar nicht konzentrieren kann.“* Christian Abs. 24	Bessere Konzentration durch den Einsatz von Musik auf den iPads	Konzentrationsfähigkeit	Kognitiv-sprachliche Ebene > **Konzentration**
Paul Abs. 50; Elena Abs. 62; Stefanie Abs. 22	*„Da kann man halt auch echt kreativer sein.“* Elena Abs. 62	Gesteigerte Kreativität durch iPads	Gesteigerte Kreativität durch iPads	Kognitiv-sprachliche Ebene > **Kreativität**
Elena Abs. 109/111; Stefanie Abs. 36	*„Da hab ich mir die manchmal erst bei Leo angehört.“* Stefanie Abs. 36	Nutzung der Audiofunktion des iPads	Audios anhören	Kognitiv-sprachliche Ebene > Sprachliche Fertigkeiten > **Hören**
Elena Abs. 109	*„Ja, also, so was lesen oder so, finde ich auch ganz gut mit dem iPad, das ist eigentlich ganz praktisch.“* Elena Abs. 109	Texte lesen mit dem iPad	Lesen mit dem iPad	Kognitiv-sprachliche Ebene > Sprachliche Fertigkeiten > **Lesen**

Ben Abs. 60/72; Luca Abs. 54; Martin Abs. 40/112; Paul Abs. 46/70; Julia Abs. 80; Stefanie Abs. 54	„Ich würde das eher zum Schreiben verwenden." Luca Abs. 54	Verwendung des iPads zum Schreiben	Verwendung des iPads zum Schreiben	Kognitiv-sprachliche Ebene > Sprachliche Fertigkeiten > **Schreiben**
Stefanie Abs. 36	„[...] *und dann, also hab ich auch noch die Aussprache aufgenommen*" Stefanie Abs. 36	Sprechen mittels iPad	Sprechen mittels iPad	Kognitiv-sprachliche Ebene > Sprachliche Fertigkeiten > **Sprechen**
Luca Abs. 38; Julia Abs. 76; Lea Abs. 62/64	*„Ich meine, die Bedeutungen von den Wörtern sind da besser erklärt, wenn zum Beispiel ein Wort mehrere Bedeutungen hat. Ich guck dann halt auch mal in dem Forum nach, weil die da dann darüber diskutieren."* Lea Abs. 64	Bedeutungs-aushandlung von Wörtern	Bedeutungs-aushandlung	Kognitiv-sprachliche Ebene > Wortschatz > **Bedeutungs-aushandlung**
Christian Abs. 24; Luca Abs. 16/40; Lea Abs. 8/60/62; Stefanie Abs. 16/32/50	*„Nee, ich habe die jetzt auf Deutsch gesucht und dann selber auf Englisch übersetzt, weil ich finde, dass es bei Informationen so leichter zu verstehen ist."* Luca Abs. 16	Übersetzen von Wörtern/ Sätzen von der Ausgangs- in die Zielsprache und vice versa	Übersetzen als Funktion des iPads	Kognitiv-sprachliche Ebene > Wortschatz > **Übersetzen**
Ben Abs. 54; Christian Abs. 24/56/86; Luca Abs. 10/40/42; Martin Abs. 80/98; Paul Abs. 14/36/46; Elena Abs. 42/88; Lea Abs. 38; Stefanie Abs. 20/34	*„Das fand ich zum Beispiel sehr gut mit den Vokabeln."* Stefanie Abs. 34	Vokabellernen mittels iPad	Vokabellernen	Kognitiv-sprachliche Ebene > Wortschatz > **Vokabellernen**

Christian Abs. 48; Luca Abs. 20/22/44/ 46; Martin Abs. 40/50/56/ 58/64; Lea Abs. 18/30/32/ 54; Stefanie Abs. 20	*„Zu Hause, glaube ich, eher auch nicht. Ich glaube, da ist sogar noch schlechter, weil man da halt sich noch mehr ablenken lässt, da dort keine Aufsicht ist oder so, die guckt."* Luca Abs. 28	Einsatz des iPads im außerschulischen Bereich	Einsatz des iPads im außerschulischen Bereich	Lernumgebung > **Außerschulischer Bereich**
Stefanie Abs. 36/42	*„Da hab ich dann auch zufällig passende Wörter gefunden, also andere halt, die ich mir auch aufgeschrieben habe."* Stefanie Abs. 36	Zufälliges Lernen/ Entdecken von Wörtern	Inzidentelles Lernen	Lernumgebung > Außerschulischer Bereich > **Inzidentelles Lernen**
Martin Abs. 40/112; Paul Abs. 46; Lea Abs. 44/66/68; Stefanie Abs. 22	*„Weil das nervt manchmal. HAT im Unterricht früher genervt, jetzt geht es."* Lea Abs. 68	Wahrnehmung des Einsatzes im schulischen Bereich	Darstellung des iPad-Einsatzes im schulischen Bereich	Lernumgebung > **Schulischer Bereich**
Christian Abs. 8/56/86; Luca Abs. 6/10/12/ 16/32; Martin Abs. 12/80; Paul Abs. 10/11; Elena Abs. 96; Lea Abs. 8; Stefanie Abs. 16/34/40/ 54	*„In Englisch ist das so, bei Präsentationen mache ich eigentlich viel lieber mit so iPad oder so."* Luca Abs. 32	Einsatz des iPads im FSU	Einsatz im FSU	Lernumgebung > Schulischer Bereich > **Einsatz im FSU**
Christian Abs. 28/46/92; Luca Abs. 6/26; Martin Abs. 12/52/76/ 78; Julia Abs. 56; Lea Abs. 8; Stefanie Abs. 18/24/26/ 40	*„In Mathe haben wir es mal eingesetzt, um uns die PQ-Formel zu merken."* Martin Abs. 52	Einsatz des iPads im Matheunterricht	Einsatz des iPads in anderen (nicht fremdsprachlichen Fächern)	Lernumgebung > Schulischer Bereich > **Einsatz in anderen Fächern**

Ben Abs. 36/46; Christian Abs. 86/88; Stefanie Abs. 26	*„Das wird halt wahrscheinlich die Hausaufgaben, also, die Rate von den Leuten, die die Hausaufgaben machen, erhöhen."* Christian Abs. 88	Einsatz der iPads für Hausaufgaben	Einsatz der iPads für Hausaufgaben	Lernumgebung > Schulischer Bereich > **Hausaufgaben**
Ben Abs. 38; Elena Abs. 78; Lea Abs. 18	*„Und ich denke auch die Eltern."* Ben Abs. 38	Eltern als Bezugspersonen	Eltern als Bezugspersonen	Soziale Ebene > **Eltern**
Ben Abs. 24/28; Martin Abs. 40; Paul Abs. 30; Julia Abs. 68	*„Aber ich finde es halt besser, wenn man sich bei so etwas unterhält"* Julia Abs. 68	Face-to-face Kommunikation mit anderen Personen	Kommunikation im realen Leben	Soziale Ebene > Kommunikation > **Reale Kommunikation**
Ben Abs. 18/28/48; Christian Abs. 18/46/48; Luca Abs. 8/18/20/ 22; Martin Abs. 56; Paul Abs. 26/30/58/ 64; Elena Abs. 34/78; Julia Abs. 28/42; Lea Abs. 18/28/32; Stefanie Abs. 20/24/26/ 52	*„Also, wenn das so ist, dann habe ich WhatsApp noch genutzt. Da haben wir in unserer Gruppe halt geschrieben und uns abgesprochen."* Paul Abs. 64	Kommunikation mit WhatsApp	Nutzung virtueller Kommunikationskanäle	Soziale Ebene > Kommunikation > **Virtuelle Kommunikation**
Ben Abs. 12/30/38/ 76; Christian Abs. 88; Martin Abs. 24; Paul Abs. 10; Elena Abs. 12/121; Julia Abs. 68/78; Lea Abs. 74	*„Und die Lehrer kennen sich öfters auch nicht so gut damit aus."* Elena Abs. 121	Umgang der Lehrer mit den iPads	Lehrer als Bezugspersonen	Soziale Ebene > **Lehrer**
Ben Abs. 72; Christian Abs. 90; Luca Abs. 36; Paul Abs. 38; Elena Abs. 50/62/66; Julia Abs. 48/52/ 56/60/62; Lea Abs. 38	*„Ich mache es persönlich, wenn es kleine Aufgaben sind, lieber im Heft, weil ich es dann übersichtlicher habe, sie wiederzufinden."* Christian Abs. 90	Präferierte Nutzung des Hefts bei kleinen Aufgaben	Angabe von Vorlieben bei der Nutzung von analogen/ digitalen Medien	Soziale Ebene > **Nutzungsvorlieben**

Ben Abs. 77; Christian Abs. 56; Luca Abs. 42/44/46; Stefanie Abs. 34/36/56	*„Ich hab mir dann noch quasi eigene Bilder eingefügt."* Luca Abs. 42	Einfügen von eigene Bildern in die App.	Personalisierung von Lerninhalten	Soziale Ebene > **Personalisierung**
Ben Abs. 36/62; Christian Abs. 88; Luca Abs. 36/52/60; Martin Abs. 12; Elena Abs. 121; Julia Abs. 8	*„Ich frag nicht gerne bei [Name der Lehrkraft] nach, weil ich da Angst hab, Fehler zu machen. [Name der Lehrkraft] denkt eh, dass ich nicht gut bin."* Luca Abs. 52	Angst des Schülers der Lehrkraft gegenüber Fehler zu machen	Darstellung des Verhältnisses zwischen Schüler und Lehrer	Soziale Ebene > **Schüler-Lehrer-Verhältnis**
Luca Abs. 56; Elena Abs. 10	*„Und ja, wir haben halt früher dann immer noch viel öfter gefragt im Unterricht, ob wir die mal benutzen können, jetzt eigentlich eher nicht mehr so."* Elena Abs. 10	Darstellung des Verhaltens der Schüler	Schülerverhalten	Soziale Ebene > **Schülerverhalten**
Ben Abs. 56; Christian Abs. 90; Luca Abs. 58; Martin Abs. 112; Paul Abs. 70; Elena Abs. 98/123	*„Außerdem finde ich, dass man uns halt auch mehr alleine machen lassen soll, also nicht so den Weg vorgeben, wie wir die iPads benutzen sollen."* Martin Abs. 112	Forderung nach weniger Fremdsteuerung durch die Lehrkraft	Mehr Selbststeuerung	Soziale Ebene > **Selbststeuerung**

Anhang 9: Code-Matrix-Browser

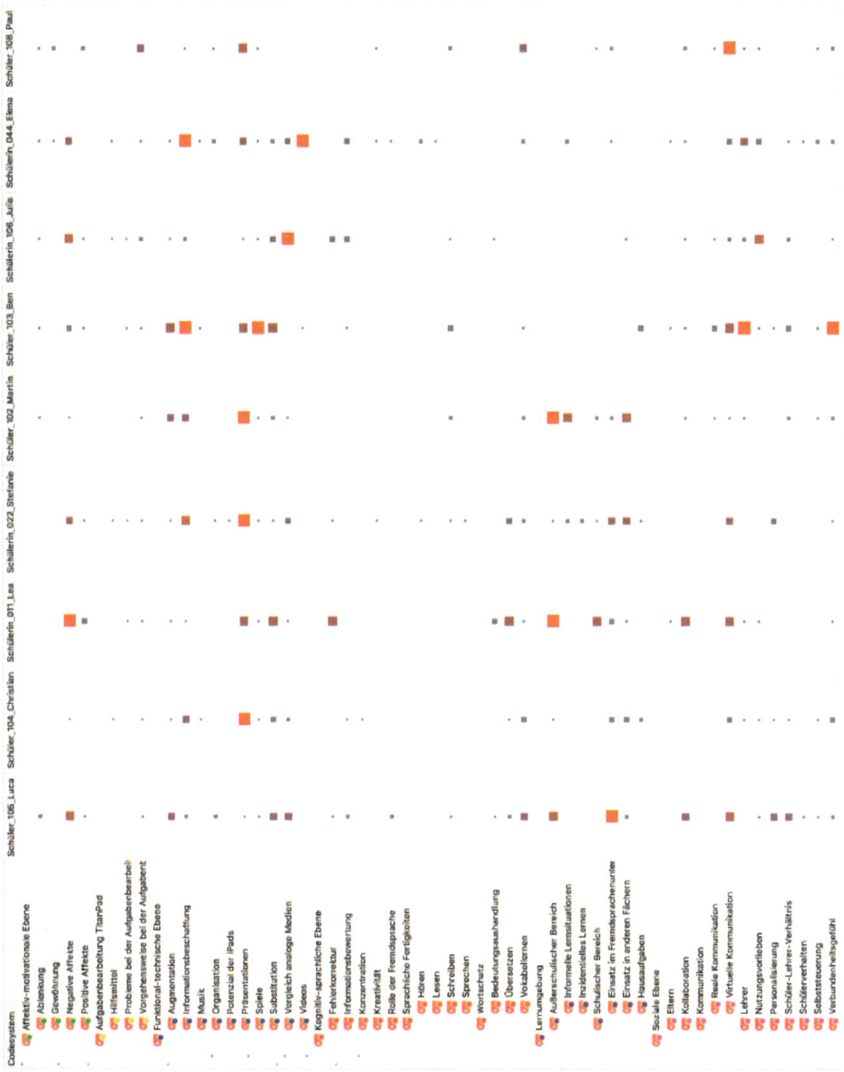

Abbildungsverzeichnis

Tabellenverzeichnis